D1727951

Nicole Genzky

# Unterwegs zur Erleuchtung

Eine fabelhafte Reise auf dem edlen achtfachen Pfad

*Taschenbuchausgabe*
*Copyright © 2022 Nicole Genzky*
*Alle Rechte vorbehalten.*
*Umschlag, Illustrationen: Vivien Jäkel*
*Schriftsatz: Paul-Georg Schönlau*
*ISBN 978-3-9824622-0-2*

# Inhalt

# Hier und Jetzt

Wasserbüffel blickte von seinem Papierstapel auf. »Witzig Huong, dass du eine Ratte bist und dies auch dein Sternzeichen ist. Freu dich! Das kommende wird dein Jahr.« Verdattert spuckte ich die Erdnussschale aus und pulte die beiden Nüsse raus.

»Wieso?«

Er seufzte. »Na, weil schon morgen das Jahr der Ratte beginnt. Die nächsten 365 Tage stehen unter der Schirmherrschaft deines Sternzeichens. Wusstest du, dass es das angesehenste Zeichen in unserem Kalender ist?« Das mittlere Wort des Satzes ließ mich aufhorchen. Mit einem langgezogenen ›Aha‹ hielt ich seinen Redefluss in Gang.

»Die Ratte wird uns das ganze Jahr über mit ihren positiven Eigenschaften ausstatten.«

»Aha, und welche meinst du da?«

»Das man sich gut anpassen kann und fürsorglich wie leidenschaftlich ist. Aber auch wendig, klug, vorausdenkend, kreativ und loyal wie Ratten eben sind. Und natürlich tatkräftig. Ist doch richtig, dass du ein Macher bist, also anpackst, was getan werden muss, oder Huong?«

»Stimmt alles Hörnchen. Deshalb knacke ich die Nüsse für unser Mahl heute Abend ja jetzt schon. However. Und von den guten Eigenschaften kriegt im nächsten Jahr jeder was ab, oder wie? Also auch die nicht Ratten?«

Er nickte und blätterte. »Zusätzlich wird allen mehr Lust am Sein geschenkt, denn Ratten finden ihr Glück im Erfolg *und* der Wunscherfüllung und warte ...« Ich wartete nicht, sondern grapschte mir eine weitere Nuss.

»Ach genau, hier. Die Ratte gilt außerdem als ehrgeizig, charmant, humorvoll sowie idealistisch, geistesgegenwärtig und vielseitig. Und so werden wir jetzt alle sein«, freute er sich und klatschte in die Vorderhufe. »Wie wir wissen kann die Ratte aber auch autoritär, neidisch und stolz sein. Obacht also!«

»Papperlapapp!«, schnitt ich ihm das Wort ab. Aber er gab nicht auf.

»Und hör dir das an, Huong! Ratten sind gesellig und können schnell Bekanntschaften schließen. Sie lieben rätselhafte Beziehungen und suchen emotionalen Anschluss. Apropos emotional.« Papier raschelte. »Eine Ratte gewährt anderen selten Einblicke in ihre Gefühle. Die versteckt sie lieber. Zusätzlich kann sie angriffslustig, besitzergreifend, eifersüchtig und ichbezogen sein.«

Ich winkte ab. »Da hast du wohl was verwechselt, mein Lieber. Was für andere gilt, stimmt für mich noch lange nicht. Ich bin ja keine Allerweltsratte!« Mittelmaß, also so wie alle zu sein ist mir zuwider. Warum zum Weißwangengibbon habe ich mich auf diese Art Gespräch eingelassen? Kurz war er still und blätterte. Ich schnappte mir den Stein und schlug die Nüsse in Stücke.

»Beziehung zum Tierkreiszeichen Pferd solltest du übrigens weiterhin meiden, Huong. Mit Hasen und Ziegen könntest du auch Probleme bekommen.«

»Wahrscheinlich ist der Bauer eines davon«, entgegnete ich. »Wir hatten nie eine gute Beziehung. Aber wie du weißt, gebe ich auf den Mumpitz, also diese Vorhersagen sowieso nix.« Ich stand auf, um den Behälter für die Erdnussstückchen zu holen, der im Schatten der offenen Stalltür stand.

Wasserbüffel fuhr fort: »Besonders gut kommen Ratte ja mit ihren Artgenossen und Büffeln klar.« Das stimmte zweifelsfrei. Unverzüglich sendete ich telepathische Grüße an meine Freunde in Saigon und hauchte Wasserbüffel einen Handkuss rüber.

»Und du? Welches Mitglied bist du eigentlich?«, wollte ich wissen.

»Mitglied? Na ja, grundsätzlich Erdbewohner«, lachte er. »Schätze du meinst Sternzeichen Huong. Bei mir ist es wie bei dir. Ich bin Büffel und als Sternzeichen ebenso. Büffel sind drauf aus, bestehendes zu sichern. Beständigkeit tut mir gut. Wie du weißt, arbeite ich hart und nehme meine Aufgaben und die damit verbundenen Pflichten sehr ernst. Ich trage gerne Verantwortung, bin lernbereit und kaum aus der Ruhe zu bringen. Büffel gelten auch als kompromisslos und stur. Außerdem das zweite Zeichen im Jahresverlauf.«

»Verstehe ich nicht, warum ich vor dir im Tierkreiszeichen komme. Du bist doch viel imposanter als ich.«

Wieder kramte er in seinen Unterlagen. »Das ist auf eine Legende zurückzuführen.«

Ich rubbelte mir die Ohren. »Legende wie legendär, meinst du?«

»Meinetwegen auch das. Glaube aber Legende ist hier eher im Sinne von Geschichte gemeint. Vor langer Zeit nämlich lud der Jadekaiser zwölf Tiere zu einem Fest ein. Er wollte die Reihenfolge der Tiere im Tierkreiszeichen nach ihrem Eintreffen beim Fest bestimmen. Was tat die schlaue Ratte also?« Ich zuckte die Schultern.

»Na, sie überredete den Büffel auf ihm reiten zu dürfen. Direkt vorm Ziel, sprang sie von seinem Rücken und landete so als erste beim Fest. Schlau, ne? Der Trick könnte von dir sein, Huong. Ach, und hier steht noch was Interessantes. Pass auf! Ratten sind gerne schöpferisch tätig. Allerdings können sie besser initiativ arbeiten als etwas zu Ende bringen.« Er zog die Augenbrauen hoch und blickte mich an. »Stimmt auch, oder?«

»Blödsinn!« So viel Unsinn vor dem Frühstück konnte ich nicht länger ertragen. Kopfschüttelnd ließ ich vom Erdnusshaufen ab.

»Ich sag doch nur, was in den Sternen steht, Huong!«

Mit den Worten: »Dann mach ich den Sternen mal alle Ehre und höre jetzt einfach auf «, erhob ich mich. »Ich geh zu Dong Thi Phucs Schrein. Wir sehen uns später.«

Schleunigst huschte ich aus dem Stall. Im Weggehen grinste ich energisch, denn ich wollte guter Stimmung bleiben. Der Grinsetrick macht ein super Gefühl. Ich lernte ihn damals von Oberguru, in Saigon. Wer es ausprobieren möchte, muss einfach kräftig grinsen. Das kann ruhig eine Grimasse sein. Wichtig ist, das Grinsen mindestens eine Minute zu halten, auch wenn es in den Wangen schmerzt. Und das wird es! Oberguru hatte mir erklärt, dass durch Druck auf bestimmte Stellen im Gesicht, Hormone ausgeschüttet werden, die uns glücklich machen. Diese Punkte werden automatisch gedrückt, wenn man lacht. Famos, nicht wahr? Ich sprintete los.

Wie damals wohnen Wasserbüffel und ich bei Bauern Nguyen in Vinh, Vietnam. Nguyen bewirtschaftet den Hof schon lange allein. Dass seine Frau gestorben war, merkte ich zuerst an unserem Speiseplan, denn plötzlich gab die Abfalltonne nicht mehr viel Abwechslung her. Dazu später mehr. Wasserbüffel schuftet wie eh und je in den Reisfeldern. Nur mit kürzeren Arbeitszeiten als vor seiner Erkrankung. Mittlerweile habe ich eingesehen, dass er keine andere Wahl hat, denn er ist ein Arbeitstier, wie alle Wasserbüffel hier in der Gegend. Also kümmere ich mich ums Essen und das wir es zu Hause schön haben.

Nach Dong Thi Phucs Tod hatte ich mir schnell angewöhnt in Wasserbüffels Stall zu schlafen. Mittlerweile wohne ich fest bei ihm. Meine Höhle habe ich behalten, denn wenn es mal Streit gibt, kann sich jeder zurückziehen, bis der Ärger verraucht ist.

Euphorisch sprang ich über zwei Grasbüschel, was schlecht war, denn sofort plagte mich wieder dieser dumpfe Knieschmerz. Darunter leide ich schon länger. Auch wenn ich in meine Hängematte steige, sowie beim Gehen auf unserem unebenen Gelände nervt mich ständig dieser Schmerz. Morgens tut es am meisten weh. Ist das nicht verwunderlich? Nachts bewege ich mich doch so gut wie gar nicht. Frage mich, was die Ursache für diesen quälenden Umstand ist. Ich bin nicht dick, denn ich weiß, dass überflüssige Pfunde Gift sind. Gift will ich nicht haben. Deshalb rauche und trinke ich auch nicht. Es kann weder die Spätfolge eines Unfalls oder einer Verletzung sein, denn mit beidem hatte ich nie etwas zu tun. Nach langem Sitzen wie beim Meditieren schmerzte es auch immer arg. Deshalb habe ich mit Meditation aufgehört. Mein Geist war dafür sowieso zu unruhig. Obwohl ich gedankenleer sein wollte, hagelte es Erinnerungen aus allen Zeiten, oder Pläne für morgen und die nächsten Jahre blitzten auf. Äußerst selten versandeten die Gedankenattacken in zwei ruhigen Sekunden. Und das, bei einer Meditationszeit von einer Stunde! Nee, da stand der Erfolg in keinem Verhältnis zum Einsatz. Apropos Erfolg: Ich bewundere Wasserbüffel, der – seit wir damals im Kloster waren – täglich in aller Frühe eine Stunde diszipliniert auf seinem Kissen hockt und meditiert. Abends auch. Bei ihm rippelt sich nix, wenn er in Stille sitzt. Keine Ohrspitze und bestimmt auch kein Gedanke.

Obwohl er im Normalfall die Ruhe selbst ist, verbreitete er seit Tagen eine subtile Unruhe. Nach Feierabend badet er nicht wie gewöhnlich stundenlang im Wassergraben, sondern steigt ein, taucht unter, kommt wieder raus, schüttelt seinen riesigen Kopf, trottet zum Stall, verschwindet kurz in selbigem und gleich drauf geht das Spiel von vorne los. Wirkt getrieben der Ärmste. Da er nicht krank aussieht, mache ich mir keine Sorgen. Zumindest keine allzu großen. Trotzdem werde ich ihn mir mal vorknöpfen und rausfinden was ihn beschäftigt. Das wird nicht leicht, denn mein Freund ist nicht der Typ für Lippenbekenntnisse. Da sind wir grundverschieden, denn ich kann gerne und viel über mich und meine Welt palavern und philosophieren.

Am Schrein angekommen zündete ich zuerst drei Räucherstäbchen an. Nach wie vor versorge ich den Ahnenschrein von Dong Thi Phuc, meiner verstorbenen Frau, täglich. Das hat nichts Trauriges mehr, denn ich weiß, dass wir weiter verbunden sind, wo immer ihre Seele auch sein mag. Nachdem ich den Schrein mit dem Räucherwerk dreimal umrundet und meiner Liebsten eine schmackhafte Libelle als Opfer dargebracht hatte, trieb mich die Fellpflege zum Wasser. Ich war total gut drauf. Kein Wunder, denn schon beim Augenaufschlag wusste ich, dass ein Wochenendtag ganz nach meinem Geschmack anstand. Gut, dass ich über den Mumpitz mit den Sternenzeichen nicht ausgerastet bin. Ich würde emotional andocken wollen … Was für ein Blödsinn. However. Sonntags haben Wasserbüffel und ich viel Zeit zusammen, denn er hat frei. Nach dem Waschen von Knieschmerzen keine Spur mehr. Prächtig! Sauber rannte ich nach Hause. Als ich um die Ecke bog, sah ich Wasserbüffel am Stall gelehnt sitzen. Er nuschelte etwas. Führt der Selbstgespräche? Wunderlich. Ein kleiner Teil von mir wollte ihn bestimmt nicht belauschen. Ein anderer schon. Und der war riesig. Auf leisen Sohlen pirschte ich mich ran. Hinter einem aufgestellten Brett konnte ich mich verstecken. Gespannt spitzte ich die Ohren. Der Wind stand günstig und trieb mir seine Wörter direkt in den Gehörgang.

» *Kein anderer Pfad wie dieser ist's,*
*der zur Erkenntnisreinheit führt.*
*Drum wandelt diesen Pfad entlang,*
*dann wird das Leiden geblendet sein.*

*Denn wenn ihr diesem Pfade folgt,*
*macht ihr ein Ende allem Leid.*
*Gelehrt hab' ich den Pfad,*
*erkannt wie man vom Stachel sich befreit.*
*Ihr selber müsst euch eifrig mühen,*
*die Buddhas zeigen bloß den Weg.*
*Wer diesem selbstvertieft folgt,*
*wird aus den Banden des Leidens erlöst.*«

Aha, von selbstvertieft und Erkenntnisreinheit redet er! Geblendet? Belustigt kniff ich die Augen zu und balancierte dann auf einem gedachten schmalen Pfad. Wasserbüffel als großer Lehrmeister? Ich grinste und rupfte mir aus Spaß jetzt noch einen imaginären Stachel raus. Das war zu viel. Ich pustete los, hielt mir den Bauch und muss versehentlich gegen das Brett gestoßen sein. Laut krachte es zu Boden. Im Nu war meine Tarnung aufgeflogen. Jetzt hieß es improvisieren, daher hob ich lässig meinen Strohhut auf, tat so, als klopfte ich mir Staub vom Fell und schwänzelte zu ihm.

»Ach nee, das hast du dir alles selbst ausgedacht? So viel Poesie steckt in dir?«, fragte ich verlegen. »Und, sag' mal was denn für ein Stachel? Leidest du an etwas Stachligem?« Nervös trippelte ich von einem Fuß auf den anderen, denn sobald ich mich um seinen Gesundheitszustand sorgte, wurde ich ängstlich.

»Beruhige dich, Huong«, sagte er und blickte mich fest an. »Setz dich. Es ist doch alles gut.«

»Ich wollte dich wirklich nicht belauschen, mein Lieber«, plapperte ich drauflos und setzte mich neben ihn. Wie zufällig berührte ich dabei seinen rechten Hinterhuf. Kleiner Gesundheitscheck. Temperatur und Festigkeit seines Hufs waren normal. Gut! Grinsend drehte ich mich zu ihm um.

Er atmete tief ein und erklärte: »Der Text, den ich aufgesagt habe, stammt natürlich nicht von mir, sondern von Buddha.«

Fix nachgedacht wusste ich, dass mir der Name Buddha geläufig war. Nur woher? War es ein Wasserbüffel aus dem Nachbardorf? In Saigon, hatte niemand so geheißen, das erinnerte ich genau. Ob Bauer Nguyen einen Zweitnamen hat? Ich hatte keine Ahnung. Da ich meine Unwissenheit nicht zugeben wollte nickte ich einfach.

# Die Reiseidee

»Apropos Buddha. Wenn wir schon drüber sprechen, Huong, kann ich dich ja jetzt fragen«, fuhr er fort.

»Schieß los mein Bester. Ich bin ganz Ohr. Was möchtest du wissen?«

»Ich will unbedingt nach Yangon und die Shwedagon Pagode sehen, bevor ich sterbe. Dort werden Reliquien von Buddha aufbewahrt.«

»Ähm, was sind noch mal Reliquien, Wasserbüffel?«

»Überbleibsel von Heiligen. Alles Zurückgelassene von Buddha sind heute Gegenstände der Verehrung.«

Damit schied der Bauer als Buddha schon mal aus. Heilig ist der bestimmt nicht! Außer der Heiligsprecher hätte sich kräftig geirrt. Das schloss ich aber aus. Bauer Nguyen hatte vor Jahren meine Frau hinterhältig gefangen und getötet. Nie im Leben würde der heilig werden. Bevor ich mich in Melancholie verfing rüttelte Wasserbüffels Stimme mich auf.

»Würdest du mich nach Yangon begleiten, Huong?«

»Was? Nach Yangon? Ich weiß nicht. Was soll ich denn bei den Heiligtümern? Ich meditiere ja nicht mal regelmäßig. Und Yangon hört sich ganz schön weit weg an.«

»Ja das ist es auch. Der Weg wird mehrere Monate dauern.«

Jetzt fiel mir fast der Hut vom Kopf. »Was? Hast du mehrmonatige Anreise gesagt? Ist nicht dein Ernst!«

»Doch. Aber dort können wir ja auch länger bleiben. Eine Woche an der Pagode sollten wir einplanen. Und wenn wir schon unterwegs sind, können wir noch eine schöne Zeit in Thailand dranhängen«, meinte er verträumt.

»Damit meinst du nicht, dass wir wieder ins Kloster müssen, oder?«, vergewisserte ich mich sofort.

Er lachte und schüttelte den Kopf. »Nein. Ich dachte eher an Strand und Meer.«

»Strand und Meer? Noch nie gehört. Was für Erfindungen sollen das wieder sein? Und überhaupt: Stell dir doch beim Meditieren einfach ganz doll vor, dass du bei der Pagode bist«, sagte ich aus der Not heraus.

»Nein. Das geht natürlich nicht. Ich meditiere ja gerade, um nicht zu denken oder mir was vorzustellen, sondern für die Lücke zwischen den Gedanken. Nun, ich werde auf jeden Fall an der Shwedagon Pagode meditieren. Punkt. Und zwar noch in diesem Leben.« Er guckte mich mit sanften Augen an. »Ich will doch nur dieses große Heiligtum sehen, bevor mein Leben zu Ende ist, Huong. Schätze das dauert noch, aber der Weg wird nicht kürzer und wir nicht jünger«, sagte er mit Nachdruck.

»Ich will nicht, dass du stirbst, Hörnchen. Hörst du?«

Er schnaufte. »Machen wir uns nichts vor, Huong. Wir sind älter geworden. Irgendwann werde ich sterben und du auch. Ob wir wollen oder nicht. Das ist der Lauf des Lebens.«

Ich schüttelte heftig den Kopf. »Wie das Sterben zum Lauf des Lebens gehören soll ist mir ein Rätsel. Frage mich, wer sich den Schwachsinn ausgedacht hat«, spulte ich mich auf.

»Und gegen das Älterwerden können wir ja was tun.«

»Ja? Und was schlägst du da vor?«, fragte er.

»Na, keine Ahnung. Das überlegen wir uns dann. Ist ja noch nicht so weit.«

»Glaubst du, ja? Hier, lies das!« Er reichte mir sein Buch mit dem merkwürdigen Text. Die Buchstaben waren verwaschen.

Ich rieb mir die Augen. »Tut mir leid. Ich kann nix entziffern. Das ist ganz schlecht gedruckte B-Ware, Wasserbüffel. Wie kannst du sowas lesen?« Mit diesen Worten schob ich das Buch zurück.

Er hielt es hoch und fragte: »Und jetzt?« Oh! Wer hätte das gedacht, plötzlich waren die Buchstaben glasklar.

Ich las: »Kein anderer Pfad wie dieser ist's, der zur Erkenntnisreinheit führt. Drum wandelt diesen Pfad ...«, und stutze. »Wahrscheinlich sind die Buchstaben nur klar, wenn du das Heft hältst. Ist ja deins«, improvisierte ich.

»Mit Sicherheit nicht, Huong! Du bist altersweitsichtig. Genau wie ich. Graues Fell kriegst du auch schon. Guck' dir deine Schnauze an. Alles grau. Und hier ...«, er kam näher, »Sieh mal! Meine Augenbrauen, weiß!«

Stimmt. Auch seine Barthaare waren bei genauer Betrachtung weiß. Oder Silber? Na ja, auf jeden Fall nicht braun. Meine seltsame Fellfarbe war mir vor geraumer Zeit auch schon aufgefallen. Habe die gräuliche Verfärbung auf mangelnde Wasserqualität geschoben. Schmeckt ja auch nicht mehr so frisch wie früher. Schlechtes Wasser, schlechter Spiegel folgerte ich. Da erscheint das Fell schon mal grau.

Wasserbüffel erhob sich und trottete Richtung Stall. Verdattert sah ich ihm nach. Er wankte hin und her, blieb stehen, schüttelte sich und ging dann noch langsamer weiter. Und so wollte er Monate allein unterwegs sein, ja? Das ist ganz unmöglich. Ich müsste mit, dachte ich, stand auf und schwang mich in meine Hängematte. Während ich schaukelte wertete mein Hirn die neuesten Informationen aus.


»Heiliger Reissack. Du meinst, das Älterwerden hat schon angefangen? Oh nein! Was machen wir denn jetzt?«, jammerte ich nach dem Frühstück.

»Eine Entscheidung treffen. Nämlich die, nach Yangon zu reisen. In ein paar Jahren wird uns das zu anstrengend. Ich würde so gerne an der großen Pagode meditieren. Und für dich wäre das auch gut. Ich frage mich sowieso, warum du das Meditieren drangegeben hast, Huong.«

Verlegen malte ich Kreise auf den Boden. »Ach, ich weiß auch nicht. Ich bin eben nicht so konsequent wie du. Mir fällt es schon schwer einmal pro Woche die Stunde still zu sitzen.«

Mein Freund erhob sich, dass es nur so staubte. »Na ja. Denk' du in Ruhe über die Reise nach. Ich nehme jetzt ein Bad. Und wenn es nachher kühler ist, können wir noch ein Stück spazieren. Hast du Lust, Huong?«

Ich nickte. »Auf jeden Fall, das machen wir. Sag mal, für wann hast du die Abreise nach Yangon denn geplant?«, fragte ich vorsichtig.

»Na ja, lieber heute als morgen«, antwortete er.

»Heute noch??? Zum Weißwangengibbon! Wir sind doch überhaupt nicht vorbereitet!«

»Natürlich nicht heute! Damit wollte ich nur sagen: So schnell wie möglich. Wir müssten uns nachts wegschleichen, wenn der Bauer wieder einmal vergisst, den Stall zu verriegeln. Entscheide du, ob du mitkommen möchtest, dann sehen wir weiter.« Gemächlich trottete er zum Wassergraben und ließ mich zurück.

# Gedankenattacke

An Ruhe war absolut nicht zu denken. Yangon und das Altern wühlten mich auf. Beides so schlimme Sachen. Während ich überlegte, glitten meine Augen an mir runter. Was wuchs denn das da zwischen meinen Krallen? Graues Fell? Das gibt es doch gar nicht. Das war doch gestern noch braun, oder? Schnell versuchte ich es abzukauen, aber das funktionierte nicht. Wie werden wir jetzt bloß wieder jünger? Offensichtlich drängte die Zeit zum Handeln. Ich überlegte. Mal angenommen, ich stelle mir aus Erde und Wasser eine Farbe her. In der bade ich dann, so ähnlich wie Wasserbüffel in seinem Graben, dann wird mein Fell doch wieder braun. Brillant. Ich kicherte. Gute Ideen muss man sofort umsetzen. Also raus aus der Hängematte und ab in meine Höhle. Grandios. Hier stand seit Jahren die alte Messingbadewanne. Gut, dass ich die aufbewahrt hatte. Heute würde sie zu neuem Glanze kommen. Ich wischte den Staub raus, hustete, klemmte sie mir unter den Arm und huschte zurück nach draußen. Flink schippte ich Erde in die Wanne. In einer Verschnaufpause sah ich zum Himmel. Schade! Schlecht mitgedacht. Ich wollte einen Schattenbadeplatz, aber hier stand ich in praller Sonne. Unter Ächzen schleifte ich den Trog hinter mir her. Der Schweiß lief an mir runter, aber zu guter Letzt hatte mein Badebecken seine endgültige Position erreicht. Im Schatten. Mit 120 Umdrehungen pro Minute schüttelte ich mich trocken. Das Schlimmste kam jetzt. Wasser auftreiben. Es half nichts. Mutig lief ich mit meinen Erdnussschaleneimern zum Wassergraben. Rasch schöpfte ich Wasser in die Eimer und wankte damit zur Wanne. Das wiederholte ich, bis ich meine Arme nicht mehr spürte und der Wasserstand so hoch war, dass man von Vollbad sprechen konnte. Erst jetzt fiel mir ein, dass ich baden hasste. Wegen des Wassers. Das hatte ich vor Begeisterung völlig vergessen.

»Komm schon! Es ist für einen guten Zweck«, sprach ich mich an und nickte. Bevor ich es mir anders überlegen konnte stieg ich ein. Damit die Farbe überall hingelangen konnte, aalte ich mich in der braunen Brühe. Da Fell bekanntlich von innen nach außen wächst, wäre es sicher gut, einige Schlucke Farbe zu trinken. Also überredete ich mich zu fünf gemäßigten Schlucken und noch einen zur Sicherheit. Es knirschte zwischen den Zähnen, der Geschmack war furchtbar. Aus dem Augenwinkel sah ich Wasserbüffel aus dem Graben steigen. Braune Brühe rann wasserfallartig aus seinem Fell. Sogleich ging mir das zweite Licht für heute auf. Zukünftig werde ich mich einfach von ihm abduschen lassen. Das ist ja viel einfacher als Farbwasser herzustellen. Mein Freund schlenderte Richtung Stall. Da ich ihn mit meiner Verjüngung überraschen wollte tauchte ich unter, zählte bis zehn und kam prustend wieder hoch. Sandigen Blickes sah ich mich um. Von Wasserbüffel keine Spur. Sicher hatte er sich hingelegt, was er sonntags immer tat. Aufmerksam betrachtete ich mein Fell und meine Pfoten. Schön braun war ich geworden. Zeit auszusteigen. Zum Trocknen ab in die Sonne mit mir. Ermattet legte ich mich hin, schloss die Augen und stellte fest, dass es ganz schön anstrengend ist, so aktiv was gegen das Altern zu tun.

Stunden später trotteten wir durch die sonntägliche Stille. Die Reisfelder waren wundervoll grün, der Himmel blau. Keine Ahnung warum mir das Fell plötzlich so juckte. Ständig musste ich stehen bleiben und mich kratzen. Wie unangenehm.

»Hast du dir Flöhe eingefangen, Huong, oder was ist los?«

»Ich hoffe nicht. Keine Ahnung warum es so juckt. Sag mal, fällt die eigentlich was an mir auf?« Erwartungsvoll sah ich zu ihm hoch.

Er blieb stehen und musterte mich. »Nee. Bis auf die ständige Kratzerei nichts. Was sollte mir denn auffallen?«, fragte er mit einer Note Besorgnis in der Stimme.

Ich schenkte ihm ein Lächeln und um ihm auf die Sprünge zu helfen fragte ich:»Wie alt schätzt du mich? Und, sieh mich genau an bevor du antwortest.«

»Was? Diese Frage ist völlig absurd, Huong. Ich schätze dich auf 73 Tierjahre, weil ich weiß, dass du so alt bist. Hast du zu heiß gebadet oder was?« Beim Stichwort ›baden‹ musste ich mich wieder kratzen. Konnte der Juckreiz mit dem Farbbad zu tun haben? Plötzlich fiel Schatten auf mich und sein Riesenkopf kam ganz nah ran.

»Von der Kratzerei hast du schon eine blutige Stelle auf dem Rücken.« Er stutzte.»Du bist ja voller Erde! Kein Wunder, dass das juckt.« Jetzt schnupperte er an mir.»Und wie du riechst!« Er wich zurück.

»Unangenehm?«, fragte ich. Er nickte und sah mich erwartungsvoll an.»Na ja. Unser Gespräch übers Altern, hat mich so beschäftigt, dass ich nach Ideen suche wie wir wieder jünger werden«, gestand ich.

»Aha.« Langsam gingen wir weiter.

»In einem Bad aus Wasser und Erde habe ich mein Fell gefärbt. Damit es wieder braun wächst, habe ich die Farbe auch getrunken. Das schmeckte vielleicht widerlich«, gab ich kleinlaut zu. Ich kickte einen schwarzen Stein zur Seite.»Na ja, war wohl keine gute Idee. Also, mach sie bloß nicht nach, hörst du? Wie du siehst funktioniert es nicht.«

»Was hast du gemacht? Gebadet? Freiwillig? Das glaube ich nicht!« Er blieb stehen, lachte schallend und japste dann: »Aber da ich das Ergebnis sehe und rieche, glaube ich dir doch. Ich schätze, dass es für dich heute noch ein zweites Bad gibt. Ohne Farbe. Das müssen wir unbedingt abwaschen, Huong. Los steig auf! Ich trage dich nach Hause.« Das ließ ich mir nicht zweimal sagen. Er kniete sich hin und ich kletterte dankbar auf seinen Rücken. Am Stall angekommen, musste ich die Tortur des Bades noch einmal über mich ergehen lassen. Wasserbüffel holte frisches Wasser in einem großen Eimer und unter seiner Aufsicht musste ich mich kräftig reinigen. Als wir später zusammensaßen, prustete er noch mal über meinen Versuch jünger zu werden. Belustigt knuffte er mich in die Seite.

»Ich habe dich lieb, Wasserbüffel. Egal wie alt wir sind.«

»Ich dich auch, Lieblingsratte! Und ich schätze, dass du dich mit dem Älterwerden abfinden musst. Es ist wie es ist.«
Um mich nicht mit ihm anzulegen, schwieg ich.

Apropos Tortur: Nach dem Abendessen haben wir tatsächlich noch eine Stunde meditiert. Ich hielt durch, obwohl ich die ersehnte Ruhe auch heute nicht fand. Noch als ich in meiner Schlafmulde lag kreisten seine Worte durch meine Gehirnwindungen. ›Mit dem Älterwerden abfinden müssen‹, hatte er gesagt. Niemals würde sich eine Ratte mit etwas einfach abfinden. Das ist völlig ausgeschlossen. Eine Ratte wird immer probieren ihre Situation zu beeinflussen. Und die von ihren Liebsten gleich mit. Jawohl! Zu einer anderen Zeit und an einem anderen Ort geboren, wäre ich sicher als Missionar in die Geschichte eingegangen. Vorausgesetzt ich hätte mir aussuchen können, zu welchem Thema ich missioniere. However. Im Dunklen suchte ich weiter nach Möglichkeiten wie wir uns fit halten und jünger werden könnten. Der Jahreswechsel vollzog sich während ich grübelte und mein Freund friedlich schnarchte.

# Sport

Da ich von Natur aus Ideensprudler bin und die Nacht lang genug war, fiel mir einiges ein. Dabei kam mir meine frühere Tätigkeit als Heilkundiger zugute. Ich lud all meine Erkenntnisse über Physiologie und Pathologie aus dem Wissensspeicher ins Bewusstsein hoch. Prompt tauchten entsprechende Themenbereiche auf: Bewegung, Atmung, Ruhe, mentales Training und Ernährung waren Schrauben, an denen wir drehen könnten. Noch ist der Alterungsprozess bestimmt umkehrbar. Mit diesen brillanten Einfällen im Kopf war an Schlaf nicht zu denken. Sei's drum!

Leise stand ich auf und schlüpfte aus dem Stall. Draußen empfingen mich das erste Licht des Tages und angenehme Kühle. Hoch motiviert begann ich mit dem ersten Thema: Bewegung. Ich fing an langsam auf der Stelle zu traben. Schnell war klar, dass ich kein Stellenläufer war. Das tat meinem Knie auch nicht gut. Strecke wäre bestimmt besser. Ich biss die Zähne zusammen und begann um den Stall herum zu laufen. Ruck zuck entpuppte sich dieser viel größer als angenommen. Nach zwei Runden sank ich keuchend zu Boden. Kurz verschnauft ging's weiter. Jetzt mit Rückenübungen. Ich stellte mich auf die Hinterpfoten, hob beide Arme hoch über den Kopf und streckte abwechselnd die Arme nach oben. Das zog die Wirbelsäule in die Länge und fühlte sich gut an. Als nächstes breitete ich meine Pfoten nach oben zu einem Vogel-V aus, gerader Rücken. Geraden Rücken halten und den Bauchnabel nach innen ziehen. Dann ließ ich mich mit rundem Rücken hängen. Von dieser Übung schaffte ich zehn.

Die Sonne kroch langsam über die Reisfelder und es sah alles noch so aus wie letztes Jahr, also gestern. Als nächste gute Tat zum Thema Selbstfürsorge hob ich jetzt die Pfoten seitlich

auf Schulterhöhe an und kreiste mit beiden Armen erst vorwärts, dann rückwärts. Wieder vorwärts und wieder rückwärts.

Für mehr Beinmuskeltraining marschierte ich danach auf
der Stelle. Stellenmarschierer war ich, na klar, auch nicht.
Also variierte ich das Ganze und trippelte zwei große Schritte
nach links, dann nach rechts. Ein kleiner Hüpfer zwischendurch konnte auch nicht schaden. Wow! Der Effekt war unglaublich. Gut gelaunt hüpfte ich auf und ab wie ein Flummi.
Dabei entsprang meinen Gehirnwindungen eine neue Varian-
te. Spontan nannte ich sie: ›Marschieren mit Arschtritt‹. Dafür
ging ich auf der Stelle, schwang das linke Bein nach hinten
und trat mir kräftig in den Po. Dann das Ganze mit rechts und
abwechselnd, links, rechts, links, rechts. Tempo steigern und
doppelt pro Seite. Klitschnass japste ich nach Luft.

In dem Moment bog der Bauer um die Ecke. Keuchend versteckte ich mich hinter einem Grasbüschel. Er öffnete Wasserbüffels Stalltür. Sofort trieb er meinen Freund zur Eile an. Gemächlich wankte Büffel aus dem Stall. Bestimmt hatte er bis eben meditiert. Das dauerte dem Bauern anscheinend zu lange, denn ungeduldig schlug er Wasserbüffel mit seinem blöden Stock auf den Rücken. Meine Aggressionen waren direkt auf dem Siedepunkt. Ich sprintete los und biss Nguyen ordentlich in die Ferse. Das hat er davon, wenn er meinen besten Freund schlägt und mit Flipflops statt Gummistiefeln zur Arbeit kommt. Erschrocken zuckte er zusammen, drehte sich um und trat nach mir. Schnellstens ergriff ich die Flucht. In geeigneter Entfernung hielt ich an, zeigte ihm eine doppelte Stinkepfote und legte mich zum Verschnaufen auf den Boden.

Toll, Büffel wird bis nachmittags auf den Reisfeldern beschäftigt sein. Meine Ideenpräsentation müsste also warten. So ein Mist, wo warten noch nie meine Stärke war. Ich musste was tun und setzte mich auf. Nach der körperlichen Anstrengung wäre jetzt Gedächtnistraining gut. Dafür schimpfte ich beherzt auf den Bauern und wartete mit Begriffen auf, die ich hier nicht wiederholen möchte. Geradezu genial wie viele verschiedene Wörter mir einfielen. Aber es half ja alles nichts. Mein Freund steckte vorerst in den Fängen des Arbeitstreibers.

Um das Thema Bewegung fortzusetzen, zwang ich mich im Storchenschritt zur Wasserstelle. Dort angekommen stellte ich erfreut fest, dass mich der Wind schon wieder trocken gepustet hatte. Super, da kann das Waschen getrost entfallen. Im Umdrehen drängte mich eine innere Stimme an den kritischen Stellen zu schnuppern. Ausdünstungen vom Sportlerschweiß wollte ich Wasserbüffel auf jeden Fall ersparen. Ich schnüffelte und scheuchte mich ins Wasser. Nach dem Waschen im Storchenschritt zurückgelatscht und erst mal ab in die Hängematte. Dort hielt ich ein ausgiebiges Belohnungsschläfchen.

Als ich Stunden später erwachte, knurrte mir ordentlich der Magen. Passenderweise dachte ich sofort über das zweite Thema nach: Unsere Ernährung. Ich bin ja Allesfresser und mag was meinen Nagetrieb befriedigt. Je nachdem was Nguyens Abfalltonne so hergibt, habe ich reichlich Abwechslung. Von trockenem Brot über gekochtes Ei bis hin zu Obst- und Kuchenresten. Apropos Kuchenreste: Selbige Leckerei befand sich noch in unserer Küchenkiste. Ich holte mir das größte Stück in die Hängematte und verputzte es genüsslich. Als ich mir die Pfoten abschleckte, traf mich ein Geistesblitz. Schade, nicht alles was ich gewohnheitsmäßig in mich reinstopfe, ist gesund. Vor allem Zucker nicht, verzuckert dieser ja die Zellen. Außerdem kommt frisches Grün oft zu kurz. Weil ich einen empfindlichen Organismus habe, sollte ich mich ab sofort ausgewogener ernähren. Das heißt mehr Trockenfutter in Kombination mit frischer Kost. Außerdem sollte ich nicht zu viele Nüsse naschen, da sie sehr fetthaltig sind. Und mein Freund? Könnten wir seine Ernährung auch optimieren? Erst mal die Fakten sammeln. Wasserbüffel sind Wiederkäuer. Gräser, Kräuter und Wasserpflanzen sind Grundnahrungsmittel dieser Hornträger. Auch Laub und kleine Äste stehen auf seinem Speiseplan. Igitt so ein trockenes Zeug! Das würde ich nur im Notfall anrühren. Im absoluten. Da wir in der Nähe von Menschen leben, frisst Wasserbüffel auch angebautes Getreide. Ist für ihn – glaube ich – nicht gut. Und das bei seiner Blutgruppe!

Ich sprang zu den nächsten Punkten weiter. Diese hießen: Ruhe und mentales Training. Zugegeben, darin ist mein Freund um Längen besser. Wie schon erwähnt, meditierte er, seitdem wir Mönche auf Zeit im thailändischen Kloster gewesen sind, täglich. Eigentlich wollte ich aufgrund chronischer Unlust und akuter Knieschmerzen nur einen Tag Meditationspause machen. Leider kam es wie es die Mönche vorhergesagt hatten. Ein Tag Pause bedeutet, dass man nicht wieder anfängt zu meditieren. Zumindest als Anfänger nicht. Je länger ich nachdachte, desto mehr Fragen drängten sich mir auf. Gleich heute Abend werde ich meinen Freund zum Thema Meditation interviewen.

Ein Blick zur Tür raus und ich sah ihn weit draußen den Pflug durch den Schlamm ziehen. Also schnappte ich mir den Besen und kehrte fix durch. Den Rest des Tages verplemperte ich mit diesem und jenem.

Ruck zuck war es Zeit, mich ums Abendessen zu kümmern. Alles bis auf Koriandergrün musste der Gesundheitsfanatiker in mir nun schweren Herzens in Nguyens Abfalltonne der Verrottung preisgeben. Bevor mir aus Versehen doch noch ein Nudelrest in die Fellfalte rutschen würde, kletterte ich eilig aus der Tonne. Wasserbüffel hatte nach der Arbeit gebadet und sich hingelegt und so deckte ich gut gelaunt vor dem Stall ein. Lecker. Grashalme, Wasserspinatblätter, getrocknete Libellen, Ingwerwurzel und Koriandergrün, es gab alles was das Herz, bessergesagt der Magen, begehrte.

Während wir gemütlich beisammensaßen, berichtete er von der Arbeit. Ich war so erpicht darauf, meine neusten Erkenntnisse mit ihm zu teilen, dass ich kaum imstande war ihm mein Ohr zu schenken.

»Und was gibt's bei dir neues, Huong?«

Yes! Die Frage war goldrichtig. Idee um Idee sprudelte aus mir raus, wie wir besser für unsere offensichtlich alternden Körper sorgen könnten.

»Ausgewogener essen, Bewegung und Ruhephasen im

Wechsel sind in unserem Alter wichtig«, endete mein Monolog. Er kaute die Grashalme von links nach rechts und hörte sich dann die Einzelheiten an.

»Bewegung habe ich durch die Feldarbeit ja reichlich. Aber, du hast recht, Huong. Rückengymnastik würde mir bestimmt guttun. Der Rücken macht mir öfter Probleme. Der Pflug ist schwer. Vor allem, wenn wir die Felder gerade gewässert haben.«

Ich seufzte, nickte und es tat mir in der Seele weh, dass er so schwere körperliche Arbeit verrichten musste. Aber ich konnte es nicht ändern. Um den Blick wieder darauf zu richten, was wir beeinflussen können, sprach ich den letzten Punkt auf meiner Gedankenliste an: Die Atmung.

»Wir sollten, so oft es geht, tief und in den Bauch atmen oder noch besser: Herzfokussiert. Meistens atmen wir viel zu flach, wie alle«, beendete ich meine Ausführungen.

»Was wieder für Meditation spricht«, konterte er mit einem Grinsen.

»Wieso?«

»Na, weil wir beim Meditieren die Atmung verlängern und die Herzfrequenz runterbringen. Von hohem Blutdruck bin ich weit entfernt. Aber kommen wir noch mal zu deinen Ideen. Das ist ein kerniges Programm, wenn du an allen Schrauben gleichzeitig drehen willst, Huong.«

»Es dient ja alles der Verjüngung und Gesunderhaltung. Bitte, bitte mach mit. Alleine will ich auch nicht ewig leben«, quengelte ich.

Er lächelte mich verschmitzt an. »Solange ich nicht in irgendwelche Farbbäder steigen muss, bin ich gerne bereit, das alles mit dir auszuprobieren.« Er kräuselte die Stirn. »Meinst du, wir schaffen das? Es ist ziemlich viel.«

»Ja. Wir können an drei Schrauben gleichzeitig drehen, Hörnchen. Und das ist ganz einfach. Wir peppen unsere Ernährung auf. Darum kümmere ich mich. Wir achten auf frühes zu Bett gehen. Darum kümmerst du dich. Und jeder macht zweimal pro Woche Sport und sonntags sind wir gemeinsam aktiv. Was hältst du davon?«

»Okay gut. Wenn wir dann noch die gemeinsame Meditation am Sonntag beibehalten, bin ich einverstanden.«

Jetzt wurde ich geradezu euphorisch:»Wunderbar, Hörnchen. Wir werden sicher schon bald fitter und jünger.«

»Also gut. Abgemacht, Huong.« Huf auf Pfote, wir schlugen ein. Zufrieden schob ich mir eine letzte getrocknete Libelle in den Mund. Die Grasbüschel ließ ich zum Naschen noch liegen, rollte alles andere ordentlich in unsere Essensdecke ein und bugsierte das Bündel nach drinnen. Nach Abwaschen stand mir gerade gar nicht der Sinn, denn irgendwie fühlten sich meine Arme schwer an. Gleich mal die Steine mitnehmen, die ich heute Nachmittag zusammengesucht hatte. Ich ging wieder raus. Heiliger Reissack, die Steine haben in den letzten Stunden an Gewicht zugenommen. Wie war das denn möglich? Ich schüttelte mich und schleppte weiter.

»Guck mal Huong, der Himmel ist heute auch Feuer und Flamme. Sieht zumindest so aus. Diese Farben, einfach toll, nicht?«

»Oh, stimmt, wie schön.« Ich setzte das Steinbündel und mich neben ihn und wir betrachteten still den orange-rosafarbenen Abendhimmel. »Apropos Feuer und Flamme, begeistert wie ich für alles Neue bin, habe ich heute gleich mit Bewegung angefangen«, berichtete ich dann.

»Wie, du hast Sport gemacht?«, fragte er ungläubig und drehte sich zu mir um. »Das ist ja toll. Selbst beim Yoga habe ich dich ja schon eine Ewigkeit nicht mehr gesehen.«

»Ja, ja«, winkte ich ab. »Ich habe viel zu lange faul in der Matte gelegen. Letzte Nacht habe ich nachgedacht. Du hattest recht. Alle, die wir kennen, werden älter. Wir auch. Würde

Dong Thi Phuc noch leben, hätte sie jetzt bestimmt auch schon ganz graue Ohrhärchen. Stell dir das mal vor, wie süß sie damit aussehen würde.« Ich schwelgte kurzfristig in Erinnerungen an meine geliebte Gattin.

Er lachte. »Oh ja. Das würde sie bestimmt.«

»However. Das Licht ist mir nach unserem Gespräch gestern aufgegangen. Und, Yoga ist auch eine tolle Idee. Das nehmen wir noch mit in unser Verjüngungsprogramm auf, okay?«, begeistert rieb ich mir die Pfoten.

»Ich finde, wir sollten es nicht übertreiben. Ich kenne einen, der dazu neigt«, meinte Wasserbüffel und langte vom frischen Gras noch mal zu.

»Ja, ja. Den kenne ich auch. Und weißt du was?«, fragte ich, um ihn abzulenken. »Derjenige hat sich ganz fest vorgenommen wieder regelmäßig zu meditieren. Gleich heute fange ich an. Am liebsten mit dir.«

»Mach das, Huong. Ich freue mich.«

# Effekte von Meditation Teil 1

»Was wolltest du zum Meditieren eigentlich wissen?«, fragte er und schob sich mehr Grashalme zwischen die Zähne.

»Erzähl mir alles, was du weißt. Und ich lege für jedes Argument ein Steinchen ab. Die Steine habe ich schon hier, siehst du?« Ich deutete auf den Haufen neben mir.

»Wenn du mir noch mal ein paar Gründe sagen könntest, warum Meditation so gut ist, könnte ich den Faden viel leichter wieder aufnehmen«, erklärte ich.

»Also gut. Wo fange ich an?«

»Am besten am Anfang, Hörnchen. Fang einfach am Anfang an.«

»Mein Lieblingsgrund ist, dass Meditation gut für die Gesundheit ist.«

»Ach tatsächlich? Für die Gesundheit? Wie das denn?«

Er nickte. »Meditieren steigert die Fähigkeit unseres Körpers, Entzündungen entgegenzuwirken. Wusstest du, dass viele Entzündungen auf Stress zurückzuführen sind?«

»Ach nee.«

»Regelmäßige Kontemplation hilft uns.«

Ich war verwirrt. »Regelmäßige was?«

»Kontemplation. Das ist ein anderes Wort für Meditation.«

»Moment mal. Kannst du bitteschön einfach Meditation sagen, wenn du das meinst und mich mit Fremdwörtern verschonen«, echauffierte ich mich.

»Ganz wie du meinst, Huong. Und witzig ist ...«, er kicherte, »Witzig, dass du ein wandelndes Beispiel für die bist, die dringend meditieren sollten.«

»Ich? Wieso? Was ist denn mit mir?«

Er winkte ab. »War nicht so gemeint. Was ich sagen wollte ist, dass regelmäßige Meditation uns im Umgang mit schwierigen Gefühlen und Situationen hilft. Wenn du so willst, steigert Meditation unsere Fähigkeit Probleme zu lösen.«

»Ach was.«

»Ja. Mit der Zeit verändert sich nämlich nicht nur die Art und Weise wie wir denken und Ideen entwickeln, sondern auch unsere Lern- und Gedächtnisleistung verbessert sich.«

»Ach, tatsächlich?« Für diese Argumente legte ich schnell drei Steinchen zur anderen Seite und schenkte uns Wassermelonenshake nach.

Er fuhr fort: »Viele stehen Meditation skeptisch gegenüber. War bei dir ja auch so, als wir vor zwei Jahren ins Kloster gingen. Stillsitzen, nichts tun und nicht denken ist für den Geist keine attraktive Beschäftigung.« Beschämt nickte ich und nippte am Shake. Mein Freund fuhr fort: »Sogar das wissenschaftliche Interesse an Meditation hat in den letzten Jahren zugenommen.«

»Hm. Na ja, wenn das All schon fertig erforscht ist, können sich Wissenschaftler jetzt wohl mit diesem Thema befassen«, faselte ich.

»Nee, nee.« Er schüttelte den Kopf. «Weil Meditation so gut ist, wird sie erforscht.«

»Meinst du? Woher weißt du das denn?«

»Weil ich mich viel damit beschäftigt habe. Gelesen, also die Schriften studiert und wie du weißt, übe ich täglich. Ich bin sozusagen im Selbstversuch.«

Erstaunt stellte ich fest, wie wenig ich registrierte, wie und womit mein Freund seine Freizeit verbringt. Stimmt, gelesen hat er öfter, aber was, das wusste ich nicht. Seine Stimme holte mich zurück.

«Mehrere Studien haben gezeigt, dass sich die Nervenzellen in unserem Gehirn durch regelmäßige Meditation verändern können. Stell' dir vor, das hat positive Auswirkungen auf den ganzen Körper und unseren Geist noch dazu.«

»Ach!«

»Ja. Sieh, wie gut ich mich von meiner Krankheit erholt habe. Das ich wieder so fit werde hätten wir doch nie gedacht.« Er lächelte und ich musste ihm recht geben. Wieder wechselte ein Stein den Platz. Wasserbüffel fuhr fort: »Meditation steigert die Wahrnehmung positiver Gefühle und hat daher eine sehr gute Wirkung auf unser Glücksempfinden. Das spüre ich selbst ja auch.«

»Geht 'n bisschen in Richtung Grinsetrick, finde ich«, unterbrach ich ihn.

Er zuckte die Achseln, kaute mehrmals und erklärte weiter: »Weißt du noch wie niedergeschlagen ich in der Krankheitsphase war. Depressiv würde ich im Rückblick sagen. Und nun? Ich strahle jeden Morgen und bin glücklich und zufrieden. Auch wenn die Arbeit noch anstrengender ist als früher. Ich bin in Frieden mit mir und der Welt und da bleibe ich auch, egal was passiert.«

Steinwanderung von links nach rechts. Es war schon ein klitzekleiner Haufen guter Argumente Steine entstanden.

»Meditation hilft uns außerdem dabei, uns selbst besser kennenzulernen. Wir registrieren mehr wie und was wir denken. Und, es macht uns weniger besorgt, weniger wertend und weniger wütend. Im Gegenteil. Meditieren steigert unser Mitgefühl für andere Lebewesen. Für alle, weißt du. Mitgefühl meint ja nicht nur das Mitschwingen mit den Gefühlen anderer.«

»Ach nein?«

»Nein. Mitgefühl ist das grundlegende Wohlwollen anderen gegenüber. Allen. Auch Lebewesen, die wir gar nicht kennen.«

»Wie jetzt? Wie soll ich denn mit wem mitfühlen, den ich gar nicht kenne?« Er deutete mit dem Huf auf die Libelle, die über dem Wassergraben schwebte und die perfekte Nachspeise wäre.

»Schau diese Libelle zum Beispiel. Wir können diesem Lebewesen das allerbeste wünschen und uns so mit ihm verbinden«, meinte er.

»Alternativ könnten wir sie auch totschlagen und aufessen. Nachdem sie gut durchgetrocknet ist«, konterte ich.

»Im Moment bist du satt, da hat die Libelle Glück«, lachte er. »Wir können auch Lebewesen Gutes wünschen, die wir normalerweise nicht mögen. Das ist eine sehr wertvolle Übung, Huong. Jeden Abend wünsche ich dem Bauern das Allerbeste. Und zwar von ganzem Herzen.« Diese Vorstellung war mir auf Anhieb zuwider.

»Was? Diesem Ekel, der dich schlägt und so viel arbeiten lässt, dem wünschst du Gutes? Dem wünsche ich bestimmt nix Gutes. Niemals!«, entgegnete ich entschlossen und verschränkte die Arme vor der Brust.

»Wenn du weiter fortgeschritten bist, ändert sich deine Einstellung.«

»Eher nicht«, winkte ich ab. »Und wenn ich nochmal sehe, dass er dich schlägt, beiße ich ihn gleich in beide Fersen. Und zwar kräftig!«

»Deine Aggressionen können ganz schön über dich bestimmen, Huong. Bessergesagt, über deine Handlungen. Aber wenn du jetzt wieder anfängst zu meditieren, wirst du ausgeglichener und ruhiger. Und ich glaube für dich daran, dass sich deine Einstellung verändern wird«, lächelte er.

»Danke Wasserbüffel. Ich werde dich auch immer verteidigen. Egal in welcher Lage. Und für mein Temperament kann ich ja nix. Ich bin eben Blutgruppe 0. Der aggressive Jäger und Sammlertyp stecken noch in Teilen in mir. Mit Flüsterstimme und Streicheleinheiten hätten wir die Mammuts früher bestimmt nicht erlegt«, fügte ich erklärend hinzu.

Er stutze kurz, lachte dann und schlug mit den Hufen auf den Boden. »Dass du ein Mammut jagst, kann ich mir ganz schlecht vorstellen, Huong. Weißt du, wie groß die waren?«

Ich zuckte die Achseln und sah ihn gespannt an. »Größer als ich«, meinte er.

»Pah ... Meine Ur-Ur-Ur-Vorfahren waren auch größer als ich. Sehr viel größer sogar. Größer als Riesenratten und die Anlagen sind eben noch in mir«, beharrte ich und tippte auf meinen Körper. »However. Du bist Blutgruppe B richtig? Eher der harmonische Typ. Deine Vorfahren haben anders gelebt als meine.« Ich betrachtete den Steinhaufen vor mir. Wasserbüffel streckte sich und gähnte.

»Gibt es noch mehr?«, wollte ich wissen.

»Argumente fürs Meditieren? Na klar. Massenhaft. Aber für heute machen wir Schluss. Das war ein ereignisreicher Tag mit sehr vielen Inspirationen.« Er gähnte wieder. »Wie viele Gute-Argumente-Steine hast du schon?«

»Wow, schon sechs«, entgegnete ich verblüfft.

»Ich denke, ich meditiere noch ein bisschen, du auch?«, fragte er prompt.

»Ich? Ähm ...« Da ich nach seinen Ausführungen und meinem Versprechen schlecht ablehnen konnte, holte ich mein Meditationskissen aus der hinterletzten Ecke des Stalls, entstaubte es und setzte mich neben ihn.

»Beobachte einfach deinen Atem an der Nase, wie er ein- und ausströmt. Wenn das gut klappt, kannst du die Energie von Kopf bis Fuß fließen lassen und dabei deine körperlichen Empfindungen beobachten«, wies er mich an. »Vielleicht gibt es auch blinde Stellen, an denen du nichts fühlst. Nimm einfach wahr, was da ist. Klopfen, Pochen, Hitze, Kälte, Stechen oder anderes. Es gibt so viele körperliche Empfindungen. Beobachte sie oder deinen Atem. Eines davon kannst du als Anker benutzen. An den heftest du deinen Geist, der immer wieder abwandern will und wird. Alles klar soweit?« Ich nickte und er schlug den Gong.

Ich schloss die Augen, atmete und ließ es fließen, wo es ging. Leider entpuppte sich mein ganzer Körper als einzige blinde Stelle. Da floss gar nix. Statt in Ärger abzudriften trieb ich mich an weitermachen. Also richtete ich meine Aufmerksamkeit auf die Kopfspitze, dann den Hinterkopf, die rechte Schläfe, linke Schläfe, die Stirn. Auf die Mitte der Stirn. Dann den ganzen Kopf. Zufrieden dachte ich, dass ich einen guten Kopf habe, weil der mir nie Schmerzen verursacht. Nur Gedanken. Mal bessere und mal schlechtere. Apropos Gedanken: Verursacht das Gehirn die Gedanken, oder ich? Aber woher zum Weißwangengibbon soll ich denn wissen, was ich denken will? Ich kehrte zum Atem zurück und dann zum Energiefluss durch meinen Hals. Dann spürte ich in meine Schultern. Hier war das Gefühl wunderbar, absolut entspannt. Weiter zu den Oberarmen, Ellenbogen, Unterarmen.

Plötzlich kamen mir die Kochbücher von Dong Thi Phuc in den Sinn. Die müsste ich mal rauskramen. Vor meinem inneren Auge sah ich mich die Bücher durchgucken. Nicht denken, zügelte ich meinen Geist und konzentrierte mich auf alles in den Pfotengelenken. Dann auf die Pfoteninnenflächen, Pfotenaußenflächen, einzelne Krallen.

Wassermelonen sollten ab sofort ganz oben auf unserem Speiseplan stehen, trieb ich gedanklich weg, denn die dicken Früchte sind sehr basisch. Wie Bananen. Aber mit Bananen brauchte ich meinem Freund nicht kommen. Heiliger Reissack! Schon wieder Gedanken! So ein Mist! Ich holte mich ins Hier und Jetzt zurück und strengte mich noch mehr an, die Energie fließen zu lassen. Oberer Rücken, mittlerer Rücken, unterer Rücken, dann die ganze Wirbelsäule. Ich streckte mich, dass es nur so knackte. Schlimm. Damals im Kloster war es mir die ersten Tage auch so ergangen. Ständig musste ich während der Meditation über dieses oder jenes nachdenken. On top noch die Schmerzen! Vor allem der Rücken schmerzte sowie alle anderen Knochen, sämtliche Muskeln und beide Knie. Im Waldkloster haben wir elf Stunden am Tag meditiert. Zwischendurch gab's die heißen Quellen zur Muskelentspannung. Ich dachte und dachte, ärgerte mich, wurde ungeduldig und fragte mich, wie lange ich noch sitzen bleiben müsste. Aber aufgeben wollte ich auch nicht.

In kleinen Schritten glitt ich mit der Aufmerksamkeit weiter durch den Körper. Jetzt vorne. Apropos vorne: Vorne rechts in der Küchenzeile meiner Höhle musste noch der alte Mixer stehen. Oder war es links? Egal. Mit etwas Glück würde ich ihn finden. Mit dem Mixer könnte ich uns viel einfacher gesunde Getränke herstellen, als alles per Pfote zu pressen. Es war zum Verzweifeln. Ich dachte ja schon wieder. Und zwar an die Zukunft. Und die hat ja noch nicht mal begonnen. Mistige Zukunft. Voller Konzentration setzte ich meine Meditation fort. Thymusdrüse, Herzchen, Lunge links, Lunge rechts, Zwerchfell, oberer Bauch, Bauchorgane, unterer Bauch, Sonnengeflecht, Iliosakralgelenk, Hüften, ganzes Becken, dann die Oberschenkel. Ob Wasserbüffel beim Meditieren auch mal denkt? Kurz nach rechts geschielt sah ich ihn reishalmgerade sitzen. Sah nicht so aus, als ob er dachte. Also Augen schließen und weiter machen. Jetzt achtete ich erst auf den Atem, dann auf beide Knie und die Unterbeine. Heißen die überhaupt so? Unterbeine ist irgendwie 'n komisches Wort. Na ja, es gibt schon seltsame Ausdrücke. Huong, konzentrier' dich, ermahnte ich mich. Es half nichts, die Gedanken sprangen hin und her und zogen mich mit. Von den Hinterpfoten floss ich mühsam, mehr in Gedanken als achtsam zurück bis zum Kopf. So ein Frust. Mir reichte es. Mucksmäuschenstill stand ich auf und verkrümelte mich.

In der Dunkelheit suchte ich am anderen Ende des Raums leise nach den Kochbüchern. Heiliger Reissack, alles ganz schön staubig hier. Ich sollte öfter aufräumen und Staub wischen. Ruckzuck hatte ich die Bücherkiste und in ihr das Rezeptbuch gefunden. Bevor ich die Kiste schloss, fiel mir ein anderes Buch in die Pfoten. Mein altes Medizinbuch ›Gesund sein, gesund bleiben‹. Perfekt. War was für später, daher klemmte ich es mir in eine Fellfalte. So leise wie möglich blätterte ich mich durch die Kochbücher. Ich suchte Wasserspinatauflauf. Unter ›W‹ kamen zuerst Rezepte für Wasserspinatnudeln, Wasserspinatcracker, Wasserspinatshake … Na guck mal einer an: Wasserspinat eignet sich auch für Shakes. Mit Melone bestimmt auch lecker.

Ich war so vertieft in die Lektüre, dass ich wahnsinnig zusammenzuckte, als Wasserbüffel den Gong schlug.

»Die Meditation ist beendet. Möchtest du die Mettasätze sprechen, oder soll ich?«

»Du«, antwortete ich knapp aber laut damit es nicht auffiel, dass ich mich entfernt hatte. Schnell schlich ich zurück und setzte mich.

»Mögen alle Lebewesen glücklich und zufrieden sein«, begann er. »Alle Lebewesen, die Großen und die Kleinen, Sichtbare und Unsichtbare, die in der Nähe und die in der Ferne, alle Tiere und Menschen. Mögen sie alle sicher sein und warm. Mögen sie gesund sein an Körper, Geist, ihren Gefühlen und der Seele. Mögen alle Lebewesen von den Errungenschaften unserer Meditation profitieren.« Prompt meldete sich mein schlechtes Gewissen. Ich hatte doch gar nicht richtig meditiert. Hoffentlich wirkte sich der Umstand, dass ich mich weggeschlichen hatte nicht nachteilig auf alle anderen aus. Das wäre schlimm, aber nicht beabsichtigt, tröstete ich mich und lauschte weiter seinen Sätzen.

»Mögen alle Lebewesen weit entfernt sein von Problemen, Krankheit, Ärger, Übelwollen und Zorn.«

Und von Knieschmerzen sowieso, ergänzte ich in Gedanken.

»Mögen alle Lebewesen Liebe sein und Liebe spüren. Zu sich und anderen. Mögen wir die reine Liebe erlernen. Die wahre Liebe, die frei ist von Bedingungen. Mögen wir die Liebe erlernen, die liebt, um der Liebe willen.«

Ich gähnte.

»Mögen alle Lebewesen glücklich und in Frieden leben. Frei von Ablehnung und Anhaftung«, schloss er.

Ich applaudierte. »Das hast du schön gesagt Hörnchen.«

»So, Schlafenszeit«, sagte er, legte sein Sitzkissen weg und machte es sich im Stroh gemütlich.

»Was jetzt schon? Warte kurz, ich will noch schnell was in dieser Rezeptsammlung nachschlagen«, protestierte ich.

»Lights off, Huong! Du hast selbst gesagt, dass wir auf ausreichend Schlaf achten müssen. Und ich bin der Schlafchef. Schon vergessen? Das hast du doch selbst veranlasst«, erinnerte er mich.

»Okay. Lights off Wasserbüffel.« Er löschte das Licht. Wir wünschten uns gute Nacht und gutes Gelingen für unsere Vorhaben zur Verjüngung. Wunderbare Dunkelheit umfing uns und es dauerte nicht lange, bis wir tief schliefen.

# Seltsame Schmerzen

Am nächsten Tag konnte ich mich vor Schmerzen kaum rühren. Und das gerade heute, wo doch Mittwoch war. Mein Haushaltstag. Mit Mühe und Not quälte ich mich hoch. Und das alles vom Meditieren! Unglaublich. Es half nichts, die Hausarbeit wollte erledigt werden. Ich fing mit ausfegen an. Die Arme bekam ich kaum hoch, um den Besen zu bewegen. Das musste am Gerät liegen. Ich guckte mir Wasserbüffels Augenbrauen durch, aus denen ich den Auskehrer hergestellt hatte. Nee, damit war alles in Ordnung.

Als ich das Stroh sortierte, spürte ich meine Beine bei jedem Niederbeugen. Bevor es zu heiß wurde, trottete ich so langsam wie möglich zur Wasserstelle. Unsere Decken mussten unbedingt gewaschen werden. Die Tücher konnte ich nur hinter mir herziehen, tragen war ausgeschlossen. Mein armer Rücken fühlte sich auch ganz furchtbar an, als ich mich zum Waschen tief vornüberbeugte. Die nassen Decken waren irgendwie schwerer als sonst und zogen mich kopfüber ins Wasser. Ich keuchte und hievte erst meinem Eigengewicht und dann die Tücher aus dem Wasser. Ächzend breitet ich alles zum Trocknen aus, denn nass könnte ich die Sachen heute keinesfalls zurückschleppen. Während die Sonne unsere Decken trocknete, wusch ich mir das Gesicht und legte mich fix und fertig ins Gras.

Obwohl alles langsam ging, hatte ich mittags einiges geschafft. Hängemattenzeit. Zufrieden schaukelte ich hin und her und überlegte, ob ich mit nach Yangon wollte, sollte, oder nicht. Fakt ist: Wenn ich ihn begleite, wird es anstrengend. So erpicht war ich nicht darauf Buddhas Reliquien zu sehen und dafür Monate zu latschen.

Wenn ich hierbleibe, geht Büffel trotzdem. Ach du Schande,

das heißt ja auch, dass ich dann ganz alleine bin. Bis auf meine Zeit in Saigon waren wir noch nie getrennt und ohne ihn zu sein war in mir vorgeburtlich nicht angelegt.

Hinzu kam, dass mein Freund nicht so fit war wie früher. Der Weg und die Vorbereitungen wären zu viel für ihn alleine. Vielleicht würde er nie wiederkommen. Er könnte sich verlaufen oder krank werden. Nichts zu fressen finden und verhungern. Vor meinem geistigen Auge sah ich ihn ausgemergelt und schnaufend im Straßengraben liegen. Mitten im nirgendwo. Oder er würde von einem dahergelaufenen Bauern gefangen und müsste bis zum Ende seiner Tage in dessen Feldern schuften. Ich entschied, dass ich ihn niemals alleine gehen lassen würde. Was in der Konsequenz bedeutet, dass ich mitgehen müsste. Leider ist alles, was ›müssen‹ heißt, per se nix für mich und manch andere. Je mehr ich darüber nachdachte, desto unattraktiver wurde das Ganze. Ein verlorener oder toter Freund wäre natürlich noch hunderttausend Mal schlimmer als die Reise. Wie ich es auch anging, ich war außerstande mich zu entscheiden.

Ablenkung wäre das Beste. Schlaff glitt ich aus der Hängematte, verkrümelte mich in den Schatten und wandte mich den Kochbüchern zu. Büffel würde sich zum Abendessen bestimmt über Wasserspinatauflauf freuen, denn den liebt er über alles. Mit der Zutatenliste im Kopf schleppte ich mich zum Wassergraben, wo das Zeug zu Hauf wuchs. Ich erntete so viel in meine Fellfalten passte und ich zusätzlich tragen konnte. Reiskörner hatten wir noch. Der Rückweg führte mich praktischerweise an Nguyens Mülltonne vorbei. Aus selbiger stieg mir ein lieblicher Duft in die Nase. Prima, der Deckel stand auf. Unter Schmerzen stieg ich ein und förderte einige Stücke Süßkartoffeln und Reste von Ananas zutage. Beides würde dem Auflauf die richtige Note geben. Schwer bepackt huschte ich nach Hause.

Nach einer Minipause rührte ich die Zutaten semiprofessionell laut Anleitung zusammen, füllte die Kokosnussauflaufformen und schob sie zum Garen in die Sonne. Zum Weißwangengibbon, wie mir die Arme schmerzten! Meditationsschmerzen müssen kuriert werden, deshalb erlaubte ich mir, mich wieder hinzulegen. In die Hängematte schaffte ich es nicht, also legte ich mich in den Schatten der offenen Stalltür. Ermattet döste ich weg und erwachte erst als es anfing zu regnen. Ach, sieh an! Es regnet gar nicht. Die Tropfen sprühten aus Wasserbüffels Fell, der neben mir stand und sich schüttelte.

»Ups, was machst du denn hier? Wie spät ist es?«, fragte ich und reckte mich bis zur Schmerzgrenze.

»Zu deiner Information: Ich wohne hier. Dieser Verschlag ist mein Stall, den ich freundlicherweise mit einer Ratte teile. Hast du die zufällig gesehen?«, scherzte er. »Es ist halb Sonnenuntergang und ich komme vom Feierabendbad. Der Tag war hart und ich habe Kohldampf.« Er blickte sich um. »Da hinten steht Wasserspinatauflauf und duftet bis hierher. Wer hat den wohl gezaubert? Hast du eine Idee?«

»Ja. Das war die Ratte, die heute unter Schmerzen die Hausarbeit erledigt hat, obwohl sie selbst erledigt war.«

Seine Stirn schlug drei kräftige Denkfalten. »So, so, unter Schmerzen, ja? Hat der Herr Huong denn eine Idee, woher die Beschwerden kommen?«

»Ich erzähle es dir gleich. Lass mich erst das Essen auftragen«, antwortete ich und stand auf.

»Na, da bin ich ja gespannt«, grinste er und setzte sich. Seltsam. Ich klage über Schmerzen und er grinst. Unverschämt, dachte ich und bugsierte die Auflaufformen zu unserem Platz. »Hier mein Bester, fünf für dich, und eine für mich. Lass es dir schmecken.«

»Du auch, Huong. Danke, dass du das alles machst. Ich würde es nicht schaffen mich nach Feierabend noch um den Haushalt zu kümmern. Es schmeckt vorzüglich«, schmatzte er.

»Das freut mich, Hörnchen. Noch ein Melonenshake dazu?« Ohne seine Antwort abzuwarten, füllte ich seine Trinkschale. Er leerte sie in einem Zug und rülpste, dass sich die Reiskörner schälten. »Köstlich. Und jetzt verrate mir doch bitte, woher deine Schmerzen kommen und welcher Art sie sind.«

»Es ist ein ganz klarer Fall von Meditationsschmerzen, fürchte ich. Ich habe gestern eine Stunde mit dir gesessen«, übertrieb ich. »Meditieren ist also doch nix für mich.«

Prompt schüttete er sich aus vor Lachen. »Das dachte ich mir. Sport treiben wie ein Irrer und den Muskelkater aufs Meditieren schieben.«

»Wie? Du meinst, die Schmerzen kommen vom Sport? Das kann nicht sein! Bewegung ist doch so gut.«

»Oh doch!«, widersprach er. »Ich denke nicht, dass sie vom Sport kommen ...« Sein Gesicht kam jetzt ganz nah ran. »Ich weiß es sogar. Du hast Muskelkater, Huong, das ist doch klar. Wann hast du dich das letzte Mal sportlich betätigt?«, fragte er.

Ich rang nach Luft und fuchtelte mit den schmerzenden Pfoten vor seiner Nase rum. »Na gestern. Das habe ich doch gerade gesagt.«

»Nein. Davor meine ich.«

»Ach so, vorher ... Im Kloster wahrscheinlich als wir morgens Yoga hatten.«

»Und das ist bitteschön wie lange her?«, quetschte er mich aus.

Ich wurde ärgerlich. »Keine Ahnung du Horntier. Was stellst du für blöde Fragen? Du warst doch auch im Kloster. Sag' du mir, wann das war. Du bist doch viel besser mit Zahlen als ich!«

»Zwei Jahre«, stellte er trocken fest. »Du hast Muskelkater, weil du es gestern total übertrieben hast mit deiner Gymnastik. Du bist doch gar nicht trainiert, Huong. Aber na ja, das ist wieder typisch für dich. Stark anfangen und kräftig nachlassen. So kenne ich dich.« Er schüttelte den Kopf.

»Was? So siehst du mich? Das ist ja interessant! Und wie bin ich noch?«, wollte ich wissen. Statt zu schweigen begann er allen Ernstes mit einer Aufzählung, sodass mir voller Entsetzen der Mund offen stehen blieb.

»Aufmüpfig, aggressiv, naiv, provokant, ein Übertreiber, Unruhegeist und Schrottsammler. Du willst alles auf einmal, hörst schlecht zu und möchtest oft gar nicht wissen, was ich zu sagen habe. Alles zusammen kannst du eine ganz schöne Nervensäge sein.«

Bedröppelt schaute ich zu Boden. Ein starker Macher war ich gerne, aber kein kräftiger Nachlasser. Und die anderen Eigenschaften, hätte ich mir ja niemals zugeschrieben.

»Du bist auch anstrengend!«, schleuderte ich ihm entgegen. Ich wollte fauchen, dass er in meinen Augen immer nur seine Ruhe haben will und ein Gefühlsanalphabet ist. Jawohl! Aber das würde nur zu Streit führen. »Und die Knieschmerzen?«, fragte ich daher ruhig.

»Wenn du anfängst zu meditieren, können Schmerzen auftreten«, stieg er auf mein Ablenkungsmanöver ein und wir konnten unseren Puls runterfahren und in Frieden weiter essen.

»Siehst du, die hab' ich. Und was für welche. Die ziehen sich durch den ganzen Körper.«

Wieder schüttelte er den Kopf. »Huong, erinnere dich mal ans Kloster. Jeder hatte Schmerzen. Überall im Körper! Weil das Sitzen ungewohnt war. Am fünften oder sechsten Tag waren sie verschwunden, oder?«

»Stimmt«, pflichtete ich ihm bei.

»Halten wir fest: Wenn man regelmäßig meditiert, verschwinden die anfänglichen Schmerzen. Stattdessen erfährt man die positiven Wirkungen, die wir gestern besprochen haben. Wo ist eigentlich dein Steinhaufen?«

»Drinnen«, antwortete ich knapp.

# Effekte von Meditation Teil 2

Er stand auf und trottete rein. »Es sind sechs Steinchen auf dem Guten-Argumente-Haufen«, rief er, kam wieder raus und setzte sich.

»Und still sitzen soll alles das bringen? Entzündungswerte runter, Blutdruck runter, verlängerte Atmung, bessere Problemlösung, mehr Glücksempfinden und was du gestern erzählt hast, ja? Bin gespannt auf die Erklärung.«

»Schau Huong, unser Gehirn ist ein komplexes Organ.« Er tippte sich an den Kopf. »Das verrückte ist, dass sich 90 % seiner Aktivität in unserem Unterbewusstsein abspielt. Unglaublich, oder? Dabei glauben wir gerne, dass wir unser Denken, Fühlen und unser Verhalten kontrollieren. Aber so einfach funktioniert das nicht.« Ich sah ihn von der Seite an und er sprach weiter: »Moderne Wissenschaftler gehen davon aus, dass sich unser Gehirn ständig umformt.«

»Echt? Wieso? Kann ich mir gar nicht vorstellen.«

»Ja. Sie haben herausgefunden, dass unsere Wahrnehmung beeinflusst, welche Netzwerke und Hirnareale gestärkt und welche geschwächt werden.«

»Ach. Ist ja n Ding. Erzähl weiter«, forderte ich ihn auf und schlürfte an meinem Shake.

»Wenn wir in negativen Gedanken festhängen, werden die dafür zuständigen Netzwerke in unserem Gehirn stärker ausgebildet. Einfacher ausgedrückt: Je mehr Sorgen wir uns machen, desto besser werden wir darin. Wir können Weltmeister im Sorgen machen werden, weißt du. Das ist doch schlimm, oder?« Ich nickte.

»Im Sorgen machen bin ich eh schon viel zu gut. Ich rechne ja immer mit dem Schlimmsten, hab' für alle Fälle n' Notfallplan in einer Fellfalte und freue mich, wenn es besser kommt als gedacht.«

»Ich weiß. Ich kenne dich ja nicht erst seit gestern. Deine Mutter war auch so. Du hast die Schwarzmalerei mit der Muttermilch aufgesogen. Wie dem auch sei, Huong. Jetzt kommt die gute Nachricht.« Ich spitzte die Ohren.

»Der Effekt lässt sich auch ins Positive kehren.«

»Was? Wie meinst du das denn?«

»Na, wenn du dich darauf konzentrierst ruhig und entspannt zu sein und dich auf gute Gefühle ausrichtest, stärkt das die dafür zuständigen Netzwerke natürlich auch.«

»Und das passiert alles im Gehirn?«, fragte ich vorsichtig um Missverständnisse auszuschließen, die doch noch zu Zank führen könnten.

»Ja, richtig«, bestätigte er. »Was ich sagen will ist: Wir sollten nicht nur unsere Körper trainieren, sondern auch unser Gehirn. Meditation ist eine Technik, die uns helfen kann, bestimmte Prozesse gezielt zu verstärken. Wir können lernen unser Bewusstsein zu lenken. Mit der Zeit wird uns immer klarer, was wir denken, fühlen und tun. Im Hier und Jetzt sein, ohne gedanklich ständig in die Vergangenheit oder Zukunft abzudriften sollte unser Ziel sein. Durch Meditation können wir lernen den Geist zu kontrollieren. Daher haben die Mönche im Kloster gesagt, wir sollen täglich meditieren. Erinnerst du dich?«

»Stimmt. Sie haben gesagt, dass es nicht darum geht stundenlang zu meditieren. Selbst zehn Minuten täglich Sitzen sind wertvoll. Regelmäßig war der springende Punkt, oder?«

Wasserbüffel nickte. »Das sind noch mal drei gute Argumente Steinchen. Und jetzt halt dich fest, Huong.«

»Was? Es geht noch weiter?«

»Ja. Höchstwahrscheinlich kann Meditation sogar die Alterung des Gehirns verlangsamen.«

»Nein, echt? Das wäre wirklich ein Grund wieder regelmäßig zu praktizieren. So hieß das Wort doch oder?«

Er schnaubte. »Ja. Nenn' es praktizieren oder machen. Wichtig ist täglich. Hörst du *täglich*. Und nicht nur wollen, sondern machen.«

»Ich gebe mir Mühe, Hörnchen.«

»Das solltest du, denn leider verschwinden die positiven Effekte wieder, wenn man aufhört zu meditieren.«

»Au Backe.«

»Ja. Aber die, die dranbleiben können zu tieferen Fragen des Lebens vordringen. Buddha ist dafür das beste Beispiel«, stellte er fest.

»Gut, dann steige ich wieder ein. Ich sitze morgens und abends mit dir. Nur nicht so lange wie du.«

»Mach es, wie du meinst. Ich freue mich, wenn du wieder mein Meditationspartner bist und eines Tages werden wir erleuchtet sein wie Buddha«, sagte er zufrieden. Seine riesige Zunge schleckte alle Auflaufförmchen noch einmal gründlich aus. Er rülpste.

Weil ich mit Buddha wieder nichts anfangen konnte und es auch jetzt nicht zugeben wollte, wechselte ich abrupt das Thema.

# Lebensverbesserung mit Brauenbürsten

»Übrigens, kann ich ein paar Augenbrauen von dir haben?«, fragte ich.

»Augenbrauen?« Er runzelte die Stirn. »Sag mir erst wofür. Ich werde mir nämlich nicht mehr für irgendwelche seltsamen Ideen deinerseits meine Brauen rausreißen lassen. Das hat beim letzten Mal so weh getan. Und das alles nur, weil du dir einen Fächer daraus machen wolltest, der – wie ich dich erinnern möchte – doch nichts taugte und auf den Müll wanderte.« Ich betrachtete ihn und streichelte zärtlich seinen Vorderhuf.

»Sie sind wirklich schon sehr gut nachgewachsen. Ich habe damit etwas sehr Sinnvolles vor, du wirst sehen.«

»Nee, nee.« Er lachte. »Erst die Auskunft, dann die Brauen. Sonst ist da nichts zu machen.« Das klang entschlossen.

»Also gut, weil es deine Brauen sind, und du mein allerbester Freund bist, verrate ich es dir. Mundhygiene sollte ein Bestandteil unserer neuen Lebensführung werden. Ich möchte Bürsten werken, mit denen wir uns die Zähne reinigen können. Man könnte sie auch Zahnbrauen – oder treffender – Zahnbürsten nennen. Ist ein ganz neues Wort. Wenn wir so was hätten könnten wir uns damit nach dem Essen die Zähne putzen. In meinem alten Medizinbuch habe ich gelesen, dass wir ganz viele Bakterien in unseren Schnauzen haben. Sie können schlimme Sachen machen. Es ist also eine weitere Schraube, an der wir gesundheitstechnisch drehen können. Morgens putzen, abends putzen, fertig.« Ich hielt mir die halb geöffnete Pfote vor die Schnauze und hauchte kräftig hinein. Aufmerksam schnupperte ich und stellte zufrieden fest, dass meine Atemluft nicht stank.

»Hauch mich an!«, forderte ich ihn auf. Auch seine Atemluft roch gut. Begeistert sprang ich auf. »Mit unseren Zähnen ist alles okay, Hörnchen. Es ist gut jetzt mit deren Pflege anzufangen. Ich brauche Brauen. Ich brauche Brauen«, sang ich. Unbekümmert schaute er stur geradeaus. »Oh bitte, bitte sag ja«, bettelte ich. »Ich brauche auch nur zehn.«

»Zehn? Pro Bürste?«, fragte er beunruhigt.

»Nein, insgesamt.«

Nach weiteren Überredungskünsten hatte ich ihn so weit. Er legte seinen Kopf auf den Boden. Bevor er es sich anders überlegen konnte, stellte ich mich mit einem Bein auf seine Unterlippe, das andere stemmte ich in eines seiner Nasenlöcher. So konnte ich mich hochdrücken.

Ich suchte die besten Brauen aus. Mit einem Ruck riss ich so fest, wie es meine Schmerzen erlaubten. Schnell hatte ich das benötigte Material zusammen.

Er schnaufte. »Wenn das so weiter geht mit deinem Gesundheitstrip, werden wir ja über hundert.«

»Mit dir zusammen wäre mir das sehr recht«, gab ich zurück und küsste ihn dreimal auf seine rosa-braune Unterlippe. »Danke dir.« Mit meiner Brauenbeute huschte ich in meine Handwerkerecke und verstaute sie in einem Beutel. Gleich morgen würde ich uns die Bürsten herstellen.

»So, meditieren und ab ins Bett«, schlug er vor, als ich zurückkam.

»Ganz wie du meinst.« Kurz darauf fand ich mich auf dem Meditationskissen wieder.

Bevor er den Gong schlug, sprach er: «Wenn du mit gestreckten Beinen besser sitzen kannst, ist das okay. Es muss kein Lotussitz sein. Den kann ich auch nicht. Wichtig ist, dass die Wirbelsäule gerade ist. Du kannst dich sogar irgendwo anlehnen. Nur hinlegen solltest du dich nicht, dann schläfst du nämlich ein.«

»Oh prima, warte. Dann verändere ich noch was.« Ich zog mein Kissen zum Bambusgitter. Dort konnte ich mich anlehnen. Ich setzte mich bequem und mit ausgestreckten Beinen hin. »Startklar.« Der Gong ertönte und es ging los.

»Spür zuerst den Atem an den Nasenlöchern, Huong. Achte darauf, wie und wo dein Atem ein- und ausfließt. Im Bereich der Nase kannst du ihn gut spüren. Danach kannst du deine Aufmerksamkeit durch den ganzen Körper fließen lassen. Beobachte, was du spürst, ohne zu bewerten oder darauf zu reagieren.«

»Alles klar«, gab ich zurück. Gedanklich war ich gerade bei Lotus. Hatte er gesagt, er könne nicht im Lotus sitzen? Das wunderte mich nicht bei seiner Statur. Selbst ich wäre zu groß, um auf einer Lotusblüte Halt zu finden. Sogleich stieg mir der liebliche Duft dieser Pflanze in die Nase. Ein Wunder wie schnell ich den Duft von Lotus wahrnahm, wenn ich nur daran dachte. Lag wohl am Gehirn. Es wuchs ja kein Lotus in unserem Stall. Wie auch, ohne Wasser? Mir fiel ein, dass ich mich auf den Atem konzentrieren sollte, statt auf die Gedanken. Ja, da spürte ich auf jeden Fall was an der Nase. Super. Erfolg Nummer eins. Ehe ich mich versah, beschäftigte sich mein Geist mit den anderen Erfolgen, die ich heute, trotz Schmerzen, die jetzt Muskelkater hießen, verzeichnen konnte. Haushalt, Wasserspinatauflauf und Brauen für die Bürsten. Ich stellte fest, dass ich dachte. Fix zurück zur Atmung.

Ja, da spürte ich die Luft wieder. Motiviert konzentrierte ich mich weiter auf meine Atemzüge. Die Gedanken wurden immer weniger und mein Atem erst tiefer dann flacher. Mein Sitzplatz wurde mit jeder Ausatmung gemütlicher. Ich rutschte in eine halbliegende Position. Für die Wirbelsäule hatte ich mich ja gestern ins Zeug gelegt, die würde schon gerade bleiben.

Den nächsten tiefen Atemzug nahm ich erst, als der Gongschlag mich aufweckte. Heiliger Reissack! War ich tatsächlich eingeschlafen. Wortlos schlichen wir auf unsere Schlafplätze. Das fühlte sich an wie damals, als wir zehn Tage Mönche waren. Da sagte ja auch niemand was. War ja auch verboten. Da war nur schweigen erlaubt. Ich kicherte, gähnte still, rollte mich auf die linke Seite und schlief gleich wieder ein.

# Regentag und Mittagsschlaf

Der neue Tag brachte Schmerzen allererster Güte. Dazu Regen satt. Im Umdrehen drückte mir die Blase und Wasserbüffel schmatze gerade im Schlaf. Ich huschte zu meinem Stalleingangsloch und spähte hinaus. Bäche überspülten die Wege und der Guss hatte Seen geschaffen, wo sonst keine waren. Nee, bei dem Wetter würde sich keine Ratte vor die Tür trauen und Bauern nicht arbeiten.

Der Wolkenbruch brachte genug Wasser auf die Felder, ohne dass mein Freund und der Bauer irgendetwas dafür tun müssten. Mit dem Rücken an die Wand gedrückt wagte ich mich ein paar Schritte raus und urinierte mitten in den Regen. Fein. Leise wie eine Feder schlich ich zurück. Ich legte mich auf die Seite und beobachtete meinen Freund. Augenblicklich quoll mein Herz über vor Liebe. Später würde ich ihn ganz doll drücken und ihm mal wieder sagen, dass er ein dufter Kumpel ist. Ich beobachtete ihn. Er atmete ganz von alleine. Und ich sah, wie sein Herz schlug. In seiner Brust. Das schlug auch ganz von alleine. Auch sein Blut fließt, ohne, dass er was dafür tun muss. Der Regen prasselte aufs Dach. Herrlich. Damit lag ein freier Tag vor uns. Mit nix, was wir tun müssten. Ich drehte mich auf den Rücken und zählte die Spinnennetze an der Decke durch. Spinnen waren mir egal. Also wünschte ich ihnen das Allerallerbeste.

Mir fiel ein, dass ich immer noch nicht entschieden hatte, ob ich zur Reiseratte werden sollte oder nicht. Plötzlich ereilte mich die brillante Idee, Kontakt zu Annapurna aufzunehmen. Mein kleines Rattenmädchen lebt mit ihrer Familie nach wie vor in Saigon. Ich dachte so fest wie möglich an sie. Als ich ihr Bild deutlich vor mir sah, trug ich mein Anliegen mit allem Für und Wider vor. »Was würdest du an meiner Stelle tun?«, wollte ich abschließend wissen. Zufrieden schickte ich die Nachricht ab. Sogleich klingelte mein Ohr mit der prompten Bestätigung, dass sie die Botschaft erhalten hatte. Fein! Gedankenpost war doch einfach am schnellsten.

Während ich vor mich hindöste, überlegte ich, wie lange ein Brief bis zu ihr nach Saigon gedauert hätte. Erst mal hätte ich ihn formulieren und schreiben müssen. Kotz! Obwohl ich es konnte, hasste ich schriftlichen Kram. Schreiben hatte ich von Wasserbüffel gelernt. Lesen auch. Lesen konnte ich gut, aber schreiben lag mir nicht. Da ich selten übte, verbesserte ich mich auch nicht. Einerlei. Schreibarbeiten waren Büffels Aufgabe, und das würde auch so bleiben.

Plötzlich raschelte es im Stroh. »Morgen Huong, es schüttet ja aus Eimern. Da brauche ich gar nicht aufs Feld.« Behäbig stand er auf, streckte sich und ging pinkeln.

Dann rückte er wortlos unsere Meditationskissen zurecht und schlug den Gong. Schnell setzte ich mich. Ich probierte es wieder im Schneidersitz und mit dem Atem als Aufmerksamkeitsanker. Das klappte und so konzentrierte ich mich erst auf meine Atemzüge und wenig später auf das Fließen der Energie. Tatsächlich fühlte ich sie durch meinen Körper rieseln. Als ich mit meiner Aufmerksamkeit dann Stück für Stück durch den Körper ging, war es, als ob sich sanfte Riesenpfoten kurz auf jede fokussierte Stelle legten. Wie schön. Von Kopf bis Fuß und wieder zurück. Ich fühlte mich entspannt. Als der Gong schlug wunderte ich mich, dass ich eine Stunde geschafft hatte. Wasserbüffel sprach die Sätze liebender Güte für alle Lebewesen. Danach fühlte ich mich frei und irgendwie rein, was nichts mit waschen zu tun hatte, sondern, aus meinem tiefsten Inneren kam.

»Ich habe zwar noch immer Schmerzen, aber was hältst du von Yoga bevor wie frühstücken?«, fragte ich.

»Klar. Können wir machen«, entgegnete er spontan.

Er holte unsere Matten und wir begannen uns aufzuwärmen. Armschwingen nach vorne und nach hinten. Dann leichte Drehungen zur Seite. Beinschwingen, Kniedrehen, Kopfdrehen. Der Muskelkater machte schlapp und ich fühlte mich geschmeidig. Wir standen gemeinsam in der nach unten schauenden Hund Position, dann der Delfinposition und hoben unsere Köpfe in der kleinen Kobra Yogaposition. Für die Sonne, die heute frei hatte, machten wir drei Grüße. Wir praktizierten noch fünf Schulterbrücken und dehnten uns, bis unsere Mägen knurrten. Nach dem Frühstück beschäftigte ich mich mit meinen Büchern, bis mir die herzustellenden Brauenbürsten wieder in den Sinn kamen. Ich kramte in meinen Handwerkerkisten und trug alles zusammen, was brauchbar erschien. Während Büffel sich irgendwelchem Schreibkram widmete, bastelte ich uns die weltbesten Brauenbürsten. Voller Stolz präsentierte ich sie ihm.

»Toll gemacht, Huong. Die können wir gleich heute Abend ausprobieren«, lobte er mich.

Der Tag blieb regnerisch. Da ich morgens viel Interessantes in meinen Medizinbüchern quergelesen hatte, schlug ich nach dem Mittagessen ein Schläfchen vor.

»Was? Schon wieder schlafen? Wir sind doch spät aufgestanden. Warum soll ich mich da hinlegen?«, fragte er irritiert.

Ich fläzte ich mich ins Stroh. »Weil ein kurzer Mittagsschlaf Wunder wirkt.«

Verdutzt sah er mich vom Schreibtisch aus an. »Wie kommst du denn jetzt darauf?«

»Menschen, die mittags regelmäßig ein Nickerchen halten, sterben seltener an Herzinfarkt. Das lässt sich bestimmt auch auf uns Tiere übertragen.«

»Jetzt machst du mich aber neugierig.« Endlich erhob er sich, kam rüber geschlendert und ließ sich neben mir nieder. Ich nuckelte lässig an einem Strohhalm, pustete Luft raus und sog sie wieder ein.

»Wissenschaftler haben beobachtet, dass in Ländern, in denen eine mittägliche Ausruhzeit verbreitet ist, Herz-Kreislauf-bedingte Krankheiten und Todesfälle viel seltener auftreten als anderswo. Habe ich heute Morgen gelesen.«

»Aha, und was genau?«, wollte er wissen.

»In rund sechs Jahren haben Gesundheitsforscher mehr als 23.000 Männer und Frauen aus Griechenland, das ist, glaube ich, in Europa, beobachtet", erklärte ich und Wasserbüffel nickte. »Diese Menschen waren zwischen 20 und 86 Jahre alt. Keiner von ihnen hatte zu Beginn der Studie eine Herz-Kreislauf-Erkrankung. Die Forscher befragten die Teilnehmer dazu, ob sie Mittagsschlaf hielten, und wenn ja, wie häufig und wie lange. Außerdem mussten sie Auskünfte über ihre Ernährungsgewohnheiten geben und darüber, ob und wie oft sie Sport trieben.«

»Und, was kam dabei raus?«

»Ein Drittel weniger Herztode«, fasste ich neun Buchseiten galant in vier Worten zusammen. »Im Verlauf der Studie konnten die Forscher nachweisen, dass Mittagsschläfer ein viel geringeres Herztodrisiko haben als die, die sich kein Nickerchen gönnen. Stell dir vor, eine halbe Stunde reicht total aus. Bei noch kürzeren Mittagsschläfchen, also kürzer als eine halbe Stunde, sinkt das Herzinfarktrisiko auch noch um 12 Prozent. Ist das nicht genial?«

»Das ist ja enorm. Aber muss das Schläfchen ausgerechnet mittags sein?«, wollte er wissen. »Ist im Alltag ja eine ungünstige Zeit für mich. Da arbeite ich.«

»Ja, muss es. Die beste Zeit ist zwischen 13.00 und 14.30 Uhr.«

»Das haben die so genau rausgefunden?« Er klang skeptisch.

»Ja klar, waren doch richtige Wissenschaftler!«

»Dann haben sie bestimmt auch gesagt, wann man wieder

aufstehen soll, oder?«

Ich spuckte den Strohhalm im hohen Bogen aus. »Haben sie mein Bester. Nach der ersten Tiefschlafphase. So wird der Schlaf optimal ausgenutzt. Wann das ist, weiß der Körper selbst und wird wieder wach. Die Forscher vermuten, dass ein Mittagsschlaf die Stressbelastung deutlich senkt. Träumend betreiben wir Stressabbau, ohne es zu merken, ist das nicht klasse? Der Blutdruck sinkt. Das Herz hat weniger Arbeit mit uns. Wie beim Meditieren«, zwinkerte ich.

»Ist ja interessant.«

»Finde ich auch. Man vermutet, dass beim Mittagsschlaf die Stresshormone schneller abgebaut werden als im Wachzustand. Und überleg mal, Hörnchen, wie oft man sich schon vormittags über irgendwelche Kleinigkeiten ärgert. Stresshormone sind ziemlich gefährlich.«

»Ach!«

»Ja, sie könnten die Herzkranzgefäße schädigen.«

»Ach was! Wieso das denn?«

»Großer oder ständiger Stress kann zu Entzündungen in den Blutgefäßen führen. Die erhöhen das Risiko für Herzinfarkt. Außerdem ist man nach einem Mittagsschlaf in der zweiten Tageshälfte genauso stark, munter und guter Dinge wie in der ersten Hälfte. Was meinst du, wie zackig ich die Hausarbeit erledige, wenn ich mittags in der Hängematte ausgeruht habe. In null Komma nix sag ich dir. Die halbe Stunde täglich ist eine lohnende Investition in eine gesunde Zukunft!«

Sein Blick verriet Interesse.

»Ich habe ein paar Tipps, falls du es mal ausprobieren möchtest«, prahlte ich.

»Na, dann lass mal hören.«

»Mach es dir so bequem wie möglich aber sei nicht zu wählerisch, was den Platz angeht. Dein Schlafstroh ist ja mittags meist nicht in Reichweite.« Wir lachten, als wir uns Wasserbüffel schlafend im Reisfeld vorstellten.

»Stell zur Sicherheit deinen inneren Wecker auf dreißig Minuten, hörst du? Und, bist du eigentlich lichtempfindlich, Hörnchen?«, fragte ich.

»Ich glaube nicht.«

»Na ja, falls doch, trägst du besser eine Schlafbrille. Zum Abdunkeln. Ich kann dir gerne eine basteln. Ist kein Problem.«

»Falls dafür Brauen, Wimpern oder Fellstücke benötigt werden, brauche ich definitiv keine Schlafbrille«, winkte er ab und ich fuhr fort: »Idealerweise gönnst du dir die Ruhezeit zwischen 13:00 Uhr und 14.30 Uhr.«

Er stöhnte. »Ja, hast du schon gesagt. Tja, dann müsste mir der Bauer mittags frei geben.«

»Also gut. Angenommen du hast Zeit für eine Siesta, dann musst du nicht unbedingt einschlafen. Dösen reicht! Hörst du?« Er nickte. »Und: Letzter Tipp ist, dass du probieren solltest dir den Mittagsschlaf zur Gewohnheit zu machen. Du wirst von Mal zu Mal leichter einnicken. Alternativ kannst du es mit Hypnose probieren, der Effekt ist gleich. Erinnerst du dich, dass Dong Thi Phuc mittags oft Hypnose gemacht hat?« Er nickte wieder. Da ich ihn fast überzeugt hatte setzte ich noch einen oben drauf. »Es ist also nicht nur Bewegung, gesunde Kost, Meditation und Gehirntraining, sondern auch der kleine Schlaf zwischendurch, der uns gesund halten wird. Und fit. Und jung.«

»Gut Huong«, gähnte er. »Lass es uns ausprobieren. Ich bin sowieso grad ein bisschen schlapp.«

Und so schlossen wir die Augen und während der Regen weiter aufs Dach trommelte, ließen wir alles los, was uns beschäftigte und dösten. Zu unserer Zufriedenheit erwachten wir kurz drauf total erholt. Der Regen hatte nachgelassen.

Während ich später den Stall ausfegte und überlegte, was wir abends essen könnten, beschäftigte sich Wasserbüffel mit irgendwelchen Rechenaufgaben. Wir müssten dringend noch an die Luft. Mein Freund bräuchte Bewegung, in den Beinen und nicht nur im Kopf. Also kletterte ich auf seine Schulter und lugte ins unermessliche Zahlenmeer, das er notiert hatte.

»Komm' Hörnchen, lass uns noch spazieren, ja? Es regnet auch nicht mehr.«

Er spähte nach draußen. Manchmal war mein Freund ein Schnellentscheider. Abrupt ließ er den Stift fallen, erhob sich und trottete zur Tür.

»Steig auf Huong, ich trage dich ein Stück, denn du hast schon so viel geputzt heute. Richtig schön sieht es hier wieder aus«, schnaubte er.

Seiner Einladung folgte ich gerne, zumal vor der Tür immer noch Wasserlachen waren, mit denen ich keinesfalls in Berührung kommen wollte. Unterwegs sprachen wir über Belanglosigkeiten und was die nächsten Tage so anstand. Gemächlich schlenderten wir noch um das übernächste Reisfeld herum und bogen dann zu unserem Hof ein. Nach dem Essen probierten wir voller Begeisterung die Brauenbürsten aus und lagen danach mit sauberen Schnuten den ganzen Abend faul rum. Wie eh und je, das war super.

# Im Nachbardorf

Nach dem morgendlichen Zähneabbrauen, meditieren und Sportprogramm hatte ich heute einige Besorgungen zu erledigen. Der Bauer fuhr einmal pro Woche ins Nachbardorf und gab er mir jedes Mal ahnungslos kostenlosen Transport. Hin und zurück. Ich musste nur früh genug in die Tasche klettern, die vorne an seinem Blechtier hing. Wasserbüffel hatte an diesem Tag immer eine besonders doofe Aufgabe.

»Wie hältst du das eigentlich aus, den ganzen Tag im Kreis zu laufen?«, fragte ich ihn, als wir die Morgenmeditation beendet hatten.

»Nun ja«, gähnte er und streckte sich. »Ändern kann ich den Job ja nicht. Also übe ich mich in Gelassenheit. Und, dann habe ich noch einen Trick.«

»Trick?« Sofort wurde ich hellhörig.

»Ja, weißt du, ich sehe es als Gehmeditation an. Ich schreite Schritt um Schritt ganz bewusst und drehe dabei den Stab. Das Gewicht spüre ich nach ein paar Runden nicht mehr. Und mittags fällt Schatten in den Kreis. Da gönne ich mir heute ein wunderbares Erholungsschläfchen. Ist ja niemand da, um mich anzutreiben«, kicherte er.

»Warte, Moment mal. Dadurch, dass du den Stab drehst, reiben die dicken Steine aufeinander und die zerquetschen die Cashewnüsse, richtig?«

»Ja, so werden die Nüsse gemahlen. Die Flüssigkeit, die unten rauskommt, ist Öl aus den Nüssen«, erklärte er. »Ist alles gar nicht so schlimm, Huong. Mach dir keine Sorgen um mich und grüß die anderen.«

Toll, dass er immer guter Dinge ist. Und außer ihm kannte ich niemanden, der im Stehen schlafen kann.

»Gut Hörnchen, ich muss los.« Er bückte sich und wir küssten uns. Ich ein Zehntel seines Hufs und er mich ganz. Dann sprintete ich los. Ich hatte gerade in der ersten und einzigen Sitzreihe Platz genommen, als ich eine Erschütterung bemerkte. Bauer Nguyen stieg auf, es knatterte und wir starteten. Auf der Fahrt wurde ich sacht hin- und hergeschaukelt.

Bei Herrn Minh Phạm war mein Frühstückslokal. Er hatte einen kleinen Imbiss an einer befahrenen Straße. Dort hielten wir jedes Mal. Die Mülltonnen waren immer rappelvoll mit Köstlichkeiten. So auch heute.

Kaum in der Tonne, stopfte ich mir Reste von Banane im Teigmantel in die Backen und kaute hastig. Oh wie lecker, Honig war auch drauf. Prompt fiel mir ein, dass weder das Mehl noch der Zucker im Honig meiner Gesundheit zuträglich wären. Schade. Bloß keine Ausnahme machen! Ich spuckte alles wieder aus und wühlte mich ein Stück tiefer. Aha, da kam was Gesünderes zum Vorschein. Ein Stück Ingwerwurzel und Korianderblätter. Genüsslich biss ich in den Ingwer. Heiliger Reissack, der war höllenscharf! Schien nicht mehr der frischeste zu sein. Mit brennendem Maul floh ich aus der Tonne und hetzte zum Reisfeld gegenüber. Einige Schlucke Wasser machten es erst noch schlimmer, mittelfristig aber besser. Stieg ich eben ohne Frühstück wieder in die Tasche.

Meine Besorgungen im Dorf bestanden darin, Bekannte zu besuchen und Neuigkeiten sowie Dinge des täglichen Lebens auszutauschen. Obwohl ich noch nicht fest entschieden war, meinem Freund Geleit zu geben, berichtete ich ihnen von unserer bevorstehenden Reise nach Yangon, damit sich niemand sorgt, wenn ich hier in nächster Zeit nicht auftauchen würde. Sofort fragten sie nach Details. »Wann es konkret losgehen soll, weiß ich nicht. Das hängt ja nicht nur von uns, sondern Bauer Nguyen ab. Wir wollen nachts los und das klappt nur, wenn unser Stall mal nicht abgeschlossen ist. Sonst kommt Büffel ja nicht raus. Durch meine Tür passt er nicht«, schloss ich meinen Bericht.

Im Gegenzug erfuhr ich, wer sich mit wem verheiratet hatte, wer sich von allen und jedem trennen musste, welche Leckerbissen in den Gärten jetzt zu holen sind und ein paar andere Klopfer. War eben immer was los.

Nachmittags ging es zurück nach Hause. Zur Sicherheit war ich immer deutlich früher an der Abfahrtsstelle als mein Chauffeur. Bei dem Gedanken, dass ich hier zurückbleiben würde und es dann womöglich noch dunkel wird, schlotterten mir die Knie! Nee, nee. Da war ich lieber viel zu früh zur Stelle. Sicher ist sicher.

Ich lungerte lässig im Schatten des Blechtieres und beobachtete den Bauern mit einem Freund den Weg runtergehen. Zeit einzusteigen. Ich saß längst gemütlich auf meinem Platz, als ich Stimmen vernahm. Ich spitzte die Ohren, als es links im selbigen klingelte. Oh, die Antwort von Annapurna war eingetroffen. Das Abrufen der Nachricht müsste warten, denn hier gab es bestimmt noch was Interessantes zu erfahren. Fix sendete ich eine Empfangsbestätigung und lauschte weiter.

»Dann sehen wir uns nächsten Mittwoch. Ich freue mich, wenn ihr kommt und werde uns einige Leckereien auftischen«, vernahm ich die Stimme von Bauer Nguyen.

»Das du schon 70 wirst, Nguyen. Unglaublich wie die Zeit vergeht.«

»Du sagst es. Wünschen wir uns Gesundheit und Frieden. So ich muss los, der Wasserbüffel steht angepflockt am Drehstein. Der braucht dringend Wasser und Futter. Ist ja ein heißer Tag heute. Bis Mittwoch.«

»Ja, bis Mittwoch. Wir freuen uns. Danke dir für die Einladung«, verabschiedeten sie sich. Endlich bewegte sich das Blechtier, es knatterte und los ging's.

Auf dem Rückweg hatte ich Zeit für Annapurnas Nachricht.

Sie lautete: »Allerliebster Ziehpapa, bitte entschuldige, dass ich dir erst jetzt antworte. Hier ist so viel los, du kannst es dir nicht vorstellen. Die Kinder und dann der Hängemattenverleih … Es ist Hochsaison, ich bin ganztags beschäftigt und falle abends rattenmüde ins Bett. Aber wir sind alle wohlauf. Mein lieber Mann lässt dich ganz herzlich grüßen. Die Kleinen natürlich auch. Zu deinem Anliegen: Wenn ich dich richtig verstanden habe, ist Büffel von seiner Idee nicht mehr abzubringen. Ich habe nachgeschaut, Yangon ist von euch sehr weit weg, aber ich denke, mit vernünftigen Wegstrecken und viel Zeit schafft ihr es. Wenn es dir möglich ist, geh mit! Sollte ihm alleine unterwegs was passieren, wirst du dir immer Vorwürfe machen. Und, wer weiß, was dich in Yangon erwartet? Als du damals nach Saigon gekommen bist, wusstest du ja auch nicht, dass es hier – nach anfänglichen Schwierigkeiten – so eine tolle Zeit werden würde. Ich muss wieder an die Arbeit und sende dir die allerallerbesten Rattengrüße von Herz zu Herz.

Dein dich liebendes Rattenmädchen Annapurna.

PS: Was sagt Wächterratte immer? ›Wenn es in einer Richtung nicht weitergeht, schlag' die andere ein.‹

PPS: Er lässt dich herzlich grüßen.«

Im Schnelldurchlauf dachte ich noch mal drüber nach. Sie hatte in allen Punkten recht. Zu Hause angekommen war ich sicher, dass ich mitging.


Nachdem wir gehalten hatten beschäftigte sich der Bauer sofort mit Wasserbüffel. Ich sah mich in der Tasche um, ob noch was Brauchbares rumflog. Was war das? Mehrere kleine Räder. Ich hatte mich schon gewundert, was mich im Rücken so gedrückt hatte. Ohne zu wissen, ob und wofür ich die Dinger jemals brauchen könnte, warf ich eines nach dem anderen raus. Dann stieg ich aus. Schwupp-di-wupp schleppte ich die

Räder in unseren Stall. Dort legte ich alle nebeneinander und pustete den Staub ab. Es waren zehn und noch mal sechs. Alle gleich groß und rot. Wasserbüffel bekam manchmal eine Krise, denn ich konnte alles gebrauchen, was mir in die Krallen fiel. Ich feixte mir einen, zog die Dinger in meine Handwerkerecke und verstaute sie unter einer alten Decke. Richtig gut gemacht, lobte ich mich und sah mich um. Und die Arbeit sah mich. Also ging der Tag mit Haushaltsführung weiter. Stroh sortieren, endlich überall abstauben und die Meditationskissen auslüften. Dann war es Zeit unser Mahl zu kredenzen. Gesundes Futter aufzutischen, war viel zeitaufwendiger, weil ich die Zutaten nicht mehr einfach aus der Tonne zusammenwürfeln konnte. Jetzt wählte ich ja mit Bedacht aus. Außerdem war es ziemlich anstrengend Melone und Ananasstücke in Shakes zu verwandeln. Zwar hatte ich tatsächlich den alten Mixer aufgetrieben, doch der funktionierte auch nur mit Muskelkraft. Heißt, ich musste mich oben ins Stabführerhäuschen setzen und ordentlich in die Pedalen treten. Dadurch drehten sich die Pürierstäbe und das Getränk entstand. Der Nebeneffekt war ein schweißtreibendes Beinmuskeltraining. Doch heute wollte ich mehr und probierte eine Kombination aus Shakeherstellung und Ganzkörpertraining. Während ich strampelte, hielt ich den Rücken gerade, hob die Arme seitlich an und wiederholte die Kreisbewegungen von neulich. Zehn Mal vorwärts dann rückwärts. Als Sahnehäubchen zog ich den Bauchnabel nach innen. Gleichmäßig treten und das Atmen nicht vergessen, spornte ich mich an. Aus dem Augenwinkel sah ich Büffel den Weg rauftrotten und weil der Shake just fertig war, ließ ich alles stehen, lief auf ihn zu und begleitete ihn zum Baden. Während er sich im Wasser aalte, wusch ich mir den Sportlerschweiß aus dem Fell, setzte mich dann an den Rand des Wassergrabens und betrachtete die Schönheit um mich herum. Die Reisfelder glitzerten still im goldenen Licht und kündigten das Ende des Tages an.

»So mein Lieber, heute hast du dir eine schöne Massage von deiner Lieblingsratte verdient«, überraschte ich ihn, als wir kurz drauf Richtung Stall schlenderten. »Aber erst wenn du trocken bist, hörst du? Also ab in die Sonne mit dir.« Ich scheuchte ihn ins Licht und kam selbst gleich mit. Obwohl ich kurz vorm Platzen war, passte ich auf, ihn nicht gleich mit Neuigkeiten vollzuquatschen.

»Warum bekomme ich eine Massage?«, fragte er verwundert, als er sich wenig später drinnen hingelegt und ausgestreckt hatte.

»Weil du so hart geschuftet hast.« Ich krallte mich an sein rechtes Ohr und zog mich hoch. Vorsichtig kroch ich über seinen Kopf Richtung Rücken. Dort erhob ich mich und stampfte mit voller Kraft parallel der Wirbelsäule seinen Rücken runter.

»Huong, das ist toll«, stöhnte er.

Sein Lob motivierte mich und ich fuhr fort. Danach waren seine Ohren dran. Dabei streckte ich mich mal nach rechts, dann nach links, um beide Ohren zu erwischen. Meine Wirbelsäule freute sich über die Bewegung. Erst als ich alle körperliche Kraft verbraucht hatte, ließ ich mich auf seinem Rücken nieder. Wir lagen da, entspannten uns und sein Atemrhythmus schaukelte mich sanft auf und ab.

»Wie war es im Dorf?«, wollte Wasserbüffel wissen.

Ich fuhr hoch. »Das Allerneueste ist, dass unser Bauer nächsten Mittwoch Geburtstag hat. Da wird es hier ein Fest geben. Freunde kommen zum Essen. Ich weiß sogar das er 70 wird«, fielen mir die Worte aus der Schnute.

»Achtung Rutsche«, sagte Wasserbüffel und erhob sich, dass ich von seinem Fell glitt. Er riss die Augen auf. »Nächsten Mittwoch? Sicher?«

»Ja Mittwoch hat er gesagt. Das weiß ich genau. Wieso? Was

ist denn? Was bedeutet das für dich? Mehr Arbeit oder weniger?«

Er lachte. Unvermittelt umfasste er mich mit dem Schwanz und hob mich direkt vor sein Gesicht. Voller Freude grinste er mich an.

»Das bedeutet sie werden Mittwoch eine Menge Zuckerrohrschnaps trinken, viel essen und wenig schlafen. Und weißt du, was das für den nächsten Tag heißt? Rate!«, forderte er mich auf und rieb sich vor Begeisterung die Vorderhufe.

»Also der nächste Tag ist Donnerstag«, überlegte ich laut. »Du hast keine Arbeit, weil es dem Bauern schlecht geht?«

»Nein. Rate weiter!« Ich riet noch einige Male, tippte aber immer daneben.

»Pah«, rief er schlussendlich. »Das bedeutet, Huong, dass er sich Donnerstag total übermüdet durch den Tag quälen wird. Arbeit gibt es genug, Samstag ist ja Markt. Frei machen kann er sich nicht leisten. Aber er wird fix und fertig sein und abends nur noch ins Bett wollen. Darüber wird er vergessen den Stall zu verriegeln. Das heißt, Donnerstagnacht geht's los. Ja!!!«

»Uhiuhiuhi Donnerstag!« wiederholte ich.

Er setzte mich ab. Willkommen auf dem Boden der Tatsachen!

»Kommst du mit?«, fragte er. »Und bitte, fühl' dich nicht gezwungen. Ich gehe auch alleine. Ich will Buddhas Reliquien sehen. Die Shwedagon Pagode ist so ein wichtiger Sakralbau. Leider ganz unten in Yangon, aber das ist mir egal. Den Weg schaffe ich. Diese Pagode ist eine der berühmtesten weltweit. Da muss ich hin.«

»Und deine kleine nervende Lieblingsratte, die wird mitgehen, Hörnchen«, sagte ich und schlagartig wurde mir mulmig. Aber wir würden es schon schaffen. Wenn Büffel das sagte, konnte ich mich darauf verlassen.

»Du kommst mit? Oh Huong! Das ist ja wunderbar.« Er jauchzte, setzte mich ab und schien außer sich vor Freude. »Oh Huong, das wird eine tolle Reise. Wir nehmen Zuflucht in Buddha und stell' dir vor, wir beide in Yangon, fern des Alltags, Zeit zum Leben das ist ...«

»Wie Zuflucht in Buddha? Ich will nicht flüchten. Ich denke, das ist eine Reise!«, unterbrach ich ihn sofort.

»Na ja, nein, mit Zuflucht meine ich, dass wir an uns arbeiten. Also unsere persönlichen Schwächen überwinden und unsere Möglichkeiten erkennen, damit wir uns selbst und allen anderen Wesen bestmöglich helfen können. Nach meiner Erkenntnis die Basis für ein zufriedenes Leben. Also richten wir uns nach Buddhas inneren Qualitäten. Wir nehmen den achtfachen Pfad.«

»Über die Autobahn meinst du? Oh nee! Muss das sein? Der achtfache Pfad geht sicher kilometerweit stur geradeaus. Wie langweilig. Und was ist mit Mautgebühr? Wir haben doch gar kein Geld außer meinen Talisman«, quengelte ich.

Er lachte. »Der edle achtfache Pfad ist doch keine Straße, Huong.«

»Wieso? Was denn dann?«

»Eine Anleitung von Buddha wie sich jeder endgültig von dem befreien kann, was Unzufriedenheit oder Leid im eigenen und dem Leben anderer verursacht. Wenn wir dem achtfachen Pfad folgen, entwickeln wir Mitgefühl für alle Wesen da draußen, bemühen uns um Weisheit und verhalten uns richtig. Das heißt wir sind achtsam, denken und handeln stets besonnen. Wir üben uns gelassen und friedfertig zu sein. Hörst du? Gelassen und friedfertig ist das Ziel.«

Ich dachte zwar, Yangon wäre das Ziel, wollte aber nicht schon wieder unterbrechen, also folgte ich absolut friedfertig seinen weiteren Ausführungen.

»Es bedeutet weiter, dass wir niemals lügen, keinem Lebewesen Böses tun und die Natur schützen. Es ist unsere Pflicht, für ein glückliches Leben zu sorgen, und zwar für uns selbst und für andere? Nach der Selbstfürsorge probieren wir anderen hilfreich zu sein, wann immer sich eine Gelegenheit bietet. Und, wir meditieren täglich um unsere inneren Beobachter zu stärken und nicht mit jedem Gedanken und Gefühl mitzuschwimmen.«

»Und das gehört alles zum Reiseprogramm?«, fragte ich skeptisch. Er nickte.

»Okay. Eine Frage habe ich trotzdem noch.«

»Na, welche denn?«

»Wer ist noch mal Buddha, wegen dem wir den ganzen Rambazamba machen?«

»Ich erkläre es dir. Lass uns Abendessen und ich erzähle dir alles, was ich über Buddha weiß.«

»Abgemacht«, ich schlug ein.

# Siddharta Gautama

Kurz drauf kauten wir gesunde Grashalme und in Öl eingelegte Reiskörner. Kaltgepresst. Also das Öl. Dazu gönnten wir uns mehr vom gut durchgezogenen Ananas-Melonen-Shake. Mit vollen Bäuchen schleppten wir uns dann vor die Stalltür. Der Abendhimmel sah wieder toll aus. Sicher ein gutes Zeichen.

»Schieß los mit Buddha«, forderte ich ihn auf. »Warum machen wir diesen Riesenmarsch?«

»Für inneren und äußeren Frieden.« Er grinste. »Also pass auf, Siddharta Gautama war der Sohn eines indischen Adeligen.«

»Moment mal. Wieso denn jetzt Siddharta? Ich denke, es geht um Buddha?«

»Nun warte doch ab, Huong. Und unterbrich mich bitte nicht.« Er holte Luft und fuhr fort: »Als Siddharta geboren wurde, war nicht zu erahnen, dass er später eine Weltreligion gründen würde. Er ist ein Königssohn, weißt du, und wächst behütet in einem wunderbaren Palast auf. Er führt ein Leben in Wohlstand und voller Annehmlichkeiten.«

»Du meinst, gutes Essen, großen Swimmingpool, tolle Kleidung und so viel nette Unterhaltung, wie er haben wollte?«

»Du sagst es. Noch dazu wurden alle unangenehmen Dinge von ihm ferngehalten.«

»Hm. Da haben es die Eltern wohl ein bisschen übertrieben!«, stellte ich fest.

Mein Freund ging gar nicht drauf ein. »Als er 29 Jahren alt war, wollte Siddharta unbedingt hinter die Mauern des Palastes schauen. Er war bis dahin noch niemals ohne Begleitung oder triftigen Grund, wie einer königlichen Zeremonie, draußen gewesen.«

»Noch nie? Auch nicht beim Arzt oder beim Markt oder sonst wo?«, wollte ich wissen.

»Nein. Das gab es alles im Palast. Der war wie eine Stadt mit einer großen Mauer drum.«

Ich war total verblüfft. »Da haben ja selbst wir beide einen größeren Bewegungsradius. Ich dachte, als Prinz kann man alles machen und befehlen und haben, was man will.«

Er winkte ab. »Es kommt noch etwas Tragisches hinzu. Siddharthas Mutter ist nämlich kurz nach seiner Geburt gestorben. Für den Vater ein harter Schlag. Denn damit war klar, dass Siddharta Einzelkind bleiben würde.«

Ich nickte und Siddharthas Vater tat mir sofort leid.

»Und der Vater wurde dann Buddha oder was?«

»Sein Vater doch nicht. Um den geht es doch nur am Rande. Pass auf ...«

»Am Rande?«, unterbrach ich ihn. »Du meinst die jungen Dinger machen Geschichte und um den armen, alten Vater, der sich all die Jahre aufgeopfert hat, um den geht es nur am Rande? Unglaublich«, spulte ich mich auf.

»Huong, weißt du was?« Jetzt sah er mich durchdringend an. »Ich glaube, du willst gar nicht zuhören. Du machst dir zu jedem Stichwort sofort deine eigenen Gedanken und Geschichten. Willst du jetzt wissen, wer Buddha war oder nicht?«

Au Backe. Das hat gesessen. Ich schluckte. Ich schlechter Zuhörer. Ich Fragensteller, ich arger Freund. »Ich weiß auch nicht, Hörnchen. Ja, ich will zuhören. Ich will unbedingt zuhören lernen.«

»Gut, dann kannst du hier und jetzt sofort üben. Wo waren wir stehen geblieben?«

»Bei Siddharthas armen Vater. Äh, normalem Vater. Also Vater eben«, stotterte ich.

»Ach ja, der König. Seine Frau war also früh gestorben. Sein Sohn war einziger Thronfolger, deshalb wollte er mit aller Macht verhindern, dass Siddhartha in die Welt hinausziehen würde. Damit er gar nicht auf den Gedanken kommen konnte, gehen zu wollen, sollte er nichts anderes sehen, verstehst du?«

Ich nickte und stöhnte: »Armer Siddharta.«

»Als Siddhartha früher einmal erlaubt wurde den königlichen Palast zu verlassen, wurden vorher die Straßen von Alten, Kranken und Sterbenden frei gemacht. Das sollte er alles nicht sehen.«

»Nein. Das glaube ich nicht.«

»War aber so. Eines Tages schlich er sich einfach weg. Als ganz normaler Mann verkleidet verließ er den Palast und mischte sich unters Volk.«

»Der hat sich wahrscheinlich zum ersten Mal richtig frei gefühlt und wollte dann nie wieder nach Hause, stimmt's?«

»Nee. Es kam ganz anders. Siddhartha bekam den Schock seines Lebens.«

»Was? Warum? Versteh einer die Inder.« Ich konnte nur noch den Kopf schütteln. Mittlerweile war es dunkel geworden und das Lämpchen über der Stalltür spendete schwaches Licht. Es hatte ganz den Anschein, dass der Bauer heute auch zu müde war, den Stall zu verriegeln. Also blieben wir draußen.

»Insgesamt verließ Siddharta den Palast viermal. Immer heimlich«, hauchte Wasserbüffel geheimnisvoll.

»Strolch, der! Die Geschichte ist voll spannend, mein Lieber. Merk dir, was weiter geschah, ich hole uns noch was zu trinken raus. Deine Zunge ist ja vom Reden bestimmt schon ganz lila.«

Er trank und fuhr fort: »Jedes Mal sah Siddhartha draußen das echte Leben. Alte, Kranke und Sterbende. Aber bestimmt auch viel Gutes. Schöne Frauen in aufregenden Kleidern und das alltägliche Tun der Menschen. Vieles muss ihm bis dahin unbekannt gewesen sein«, sinnierte mein Freund. »Er hatte eine Begegnung mit einem alten Menschen. Alte hatte er zuvor nie gesehen. Du erinnerst dich, dass sein Vater immer alles aus dem Palast entfernen ließ, was für Siddhartha schlimm sein könnte.« Guten Gewissens – weil ich zugehört hatte – nickte ich.

»Das zweite Mal sah er einen Kranken. Das Mal darauf einen verwesenden Leichnam und als er das vierte Mal in der Stadt kam, traf er einen Mönch«, sagte Büffel.

»Da hat der Arme ja das Komplettpaket in kürzester Zeit bekommen. Und all das, wovor ihn die Eltern, na ja – in diesem Fall der Vater – beschützen wollte, hat er doch mitbekommen.«

»Ja. Wahrscheinlich musste das so sein«, schnaubte er.

»Das war mit meinen Kleinen ja auch so. Weißt du noch? Wir wollten auch, dass sie alle hier im Ort bleiben. Und was ist draus geworden? Alle weg. In alle Himmelsrichtungen verstreut.«

»Und weißt du, was Siddhartha durch diese Erlebnisse klar geworden ist?«, fragte Wasserbüffel.

»Nee, kein Schimmer. Sag' es mir.«

»Punkt eins: Er begriff, dass Jugend vergänglich ist. Punkt zwei: Alle Lebewesen werden krank und alt. Punkt drei: Jeder stirbt eines Tages und, Punkt vier: Dabei spielt es keine Rolle, ob man arm oder reich ist. Gestorben wird sowieso. Dafür brauchst du keinen Reichtum.«

»Geht das mit der Sterberei schon wieder los!«, jammerte ich und klammerte mich an seinen Vorderhuf. »Ich will nicht, dass wir sterben. Und wenn schon, können wir dann wenigstens zusammen totgehen?«

»Wir werden sehen, Huong. Lass uns bei Siddhartha bleiben. Das Leben, wie er es kannte, erschien ihm plötzlich ohne Sinn und er fragt sich: ›Wenn ich eines Tages sterbe, was zählt dann von dem, was mir jetzt so wichtig scheint?‹ Dieser Gedanke ließ ihn nicht mehr los. Wie gesagt, das war alles in Indien. Seine Lehren sind erst später in anderen Ländern bekannt geworden.«

Mir fielen mehrere Steine vom Herzen, dass wir nicht Buddhas oder meinetwegen auch Siddharthas Geburtshaus besuchen müssten. Es ging ja nicht nach Indien, sondern nur nach Yangon. In schlappen sechs Monaten! Ich gähnte. Büffel meinte, dass es für heute genug sei. Wir meditierten noch, aber lange hielt ich nach dem ereignisreichen Tag nicht durch und ging schlafen.

Als ich morgens aufwachte, war mein Freund schon weg. Arbeiten. Das Sportprogramm schwächelte und ich schwenkte nach drei halbherzigen Sonnengrüßen, zwei Kniebeugen auf eine spontan erfundene Kurzatemmeditation um. Einmal geatmet war auch das erledigt. Perfekt. Ich holte mir Erdnüsse und den Rest Ananas und verzog mich damit in die Hängematte. Bis es zu heiß wurde, tat ich nichts und dann tat ich nichts, weil es zu heiß war, was zu tun. Und was sollte ich schon tun, wenn wir eh von hier weggingen, nächste Woche.

# Drei Arten von Leiden

»Durch seine Wandlung vom behüteten Prinzen zum ›Erleuchteten‹, kam Siddharta zu der Überzeugung, dass es im Leben um zwei wesentliche Dinge geht«, nahm Büffel nachmittags den Erzählfaden wieder auf.

»Nämlich?«, fragte ich gespannt.

»Um das Erleben von traurigen, leidvollen Erfahrungen und wie man dieses überwindet. Irgendwann, es war in Bodhgaya, setzte sich Siddharta zum Meditieren unter einen Baum. Er schwor sich, so lange sitzen zu bleiben, bis er die Lösung gefunden hätte«, berichtete Büffel.

»Bei dem ist das Reisweinglas immer halb leer, statt halb voll, oder wie? Es gibt doch auch so viel Gutes. Freundschaft zum Beispiel«, sagte ich.

»Das stimmt. Es gibt viel Gutes. Bleiben wir beim Thema Freundschaft. Freundschaften sind bedeutend und wichtig, aber sie enden immer mit Trennung«, sprach er unverschämt sachlich.

»Warum? Das muss doch nicht sein. Ich meine, wenn man sich nie streitet, dann werden gute Freunde doch immer zusammenbleiben«, beharrte ich.

»Selbst ohne Streit – was in einer langen Beziehung per se schon mal unvorstellbar ist – steht fest: Beide sterben. Aber einer zuerst. Was wird mit dem, der übrig bleibt?«, fragte er und klimperte mit den Augen.

»Na, der wird arg traurig sein und vielleicht auch nicht mehr leben wollen, so alleine.«

»Siehst du, im Endeffekt endet die Freundschaft im Leid, zumindest für einen von beiden.« Ich musste ihm recht geben. Das war wirkliches Leid.

»Buddha erklärt, dass es drei Arten von Leiden gibt.«

»Wieso denn gleich drei? Das Leiden, weil man wen geliebtes verliert, ist doch schon schlimm genug. Und überhaupt, wie kommt einer, der unterm Baum sitzt, auf solche Ideen? Bäume sind doch so schön. Also, wenn wir unter einem Baum sitzen, picknicken wir oder dösen. Aber niemals kauen wir da solche Probleme durch.«

»Stichwort Probleme durchkauen, Huong. Genau das war es, was er nicht mehr wollte. Er wollte weder der Vergangenheit hinterher weinen, weil sie so schön oder so schlimm war, noch sich in Gedanken über eine ungewisse Zukunft verlieren.«

»Und was wollte er stattdessen?«, musste ich wissen.

»Hinter all die Sachen sehen, die vor sich gehen. Irgendwann erkannte er, dass alles im Geist entsteht. Auch das Leiden. Also übte er sich darin, seinen Geist zu zähmen und bewusst im Moment zu sein. Um das zu erreichen, benutzte er den Atem als Anker zur Selbstbeobachtung, aber dazu später mehr.«

»Und wie hat er herausgefunden, dass alles im Geist entsteht?«

»Na ja, ich schätze durch alles, was er erlebt, gehört und beobachtet hatte. So erfuhr Siddharta, dass wir uns ständig in einem der drei Leidenszustände befinden. Nur die Erleuchtung bringt Frieden. Aber das führt jetzt zu weit. Lass uns zunächst bei den drei Arten des Leidens bleiben. Das erste ist das Leid des Leidens«, meinte er.

Ich stand auf, verbeugte mich tief, wedelte theatralisch mit den Armen. »Meine Damen und Herren, aufgepasst: Wir präsentieren ihnen das Leid des Leidens. Seien sie gespannt. Vorhang auf«, witzelte ich.

Wasserbüffel grinste und fiel in meinen Scherz ein. »Tatataaaa. Das Leid des Leidens ist das, was wir schon besprochen haben, Huong. Man leidet, wenn man zum Beispiel Freunde oder Familienangehörige verliert, wenn Körper und Geist nicht mehr richtig funktionieren und natürlich bei unangenehmen Zuständen und Schmerzen. Das ist die gröbste Form des Leidens. Buddha hat dies noch weiter aufgeschlüsselt.«

»In Grade oder wie?«

»Nee. In Untergruppen. Das Leid des Leidens ist das Leid der Geburt, des Alterns, der Krankheit und des Sterbens. Das Leid, von Geliebten getrennt zu sein. Aber auch Umständen zu begegnen, die man ablehnt, das, was man sich wünscht nicht zu bekommen und alles, was man erlangt hat beschützen zu müssen. Darüber hinaus gibt es eine zweite Form des Leids, die häufig mit Glück verwechselt wird.«

»Wie kann man denn Leiden mit Glück verwechseln?«

»Kann uns auch betreffen, Huong. Nimm Folgendes an: Deine Lebenslage ändert sich, sagen wir dadurch, dass du dich verliebst.«

»Ich verliebe mich nie«, redete ich sofort dagegen.

»Du sollst es dir doch auch nur vorstellen.«

»Okay, weil du es bist. Ich war nur in Dong Thi Phuc verliebt, und zwar bis zur letzten Sekunde.«

Er zischte mich an: »Du unterbrichst mich schon wieder ständig. Hör auf und nimm an, du hast eine Lebenslage. Punkt. Die sich irgendwie verändert hat. Wodurch ist jetzt egal. Weil dir das, was sich verändert hat, gefällt, freust du dich über den Zustand. Du wirst versuchen diesen festzuhalten, oder?«

»Ja, jetzt weiß ich, was du meinst. Sonntags in der Hängematte zum Beispiel. Wir haben frei, du bist da, wir haben Zeit was zusammen zu machen und jeder auch für sich. Herrlich. Stimmt, den Zustand hätte ich gerne immer.«

»Gut. Aber indem du probierst, den zu halten, ist dein Leiden schon vorprogrammiert. So sehr du es dir auch wünschst, nichts ist von Dauer. Um bei deinem Beispiel zu bleiben: Es wird Montag, ich muss wieder arbeiten und du machst hier alles. Da funktioniert das mit der Hängematte und uns schon mal nicht. Verstehst du?« Ich zuckte die Achseln und rubbelte mir die Ohren.

»Ich will sagen ...« setzte Büffel noch mal an »Dass sich jede Situation immer wieder ändert oder auflöst. Letztendlich zerrinnt einem sowieso alles zwischen den Hufen.«

»Oder den Pfoten, ne?«

»Ja. Jedenfalls wollte Buddha darauf aufmerksam machen, wie schlimm es sein kann, von Dingen und Lebenslagen andauerndes Glück zu erwarten, die sich sowieso verändern werden. Das Einzige, was sicher ist, ist, dass nichts bleibt, wie es ist. Alles entsteht und vergeht.«

Gut, mit der Version konnte, nein musste ich leben.

»Kapito und Zustimmung meinerseits. Kann ich dich mal

drücken, Hörnchen? Wer weiß, ob das später oder morgen noch geht.«

»Klar Lieblingsratte. Komm her.« Wir drückten uns, jeder auf seine Art, und genossen den Moment. Als wir uns voneinander gelöst hatten sagte ich: »Jetzt will ich die dritte Leidensform auch noch wissen. Kannst du noch?«

»Ja klar. Meistens ist man mit den beiden ersten Formen des Leids schon so beschäftigt, da entdeckt man die dritte gar nicht. Das gilt vor allem für Menschen.«

»Glaubst du, dass mich das nicht wundert?«, hakte ich ein.

Er nickte und erklärte weiter: »Sieh' mal, der Geist ist fast immer ... sagen wir verschleiert und wir haben keinerlei Kontrolle über unser Leben. Diesen Umstand nannte Buddha: Das Leid der Bedingtheit. Es bedeutet, dass wir im Kreislauf unserer Existenzen, also unseren ewig wiederkehrenden Leben, immer wieder Leid erfahren. Das Leid wechselt höchstens die Form, bessergesagt den Ausdruck, aber es bleibt Leid.«

»Und was ist denn mit all dem Schönen? Könnten wir das nicht als neuen Gedanken mit aufnehmen? Ich meine, so was wie ›Gutes macht das Leiden weg‹, oder so?«, schlug ich vor.

Er überlegte kurz. »Können wir schon. Bringt uns nur nichts. Denn selbst unsere angenehmsten Zustände werden früher oder später leidvoll«, entgegnete er.

Mein letzter Hoffnungsfunke, dass das Ganze doch noch irgendwie Sinn machen würde, erlosch und endete mit Tunnelblick meinerseits. »So ein Mist. Da will ich aber nicht mitmachen, hörst du?« Ärger kroch in mir hoch. Oder war es ein Gefühl der Ohnmacht dem Leiden ausgeliefert zu sein? »Und ich kann gar nix dagegen tun?«, fragte ich.

Er atmete tief. »Na ja, du solltest an deiner Erleuchtung arbeiten, Huong. Das mache ich übrigens auch. Denn nur in unserem wahren Wesen, der Buddha-Natur gibt es Freude. Die Freude der Erleuchtung reicht weit über alle uns bekannten

Glückszustände hinaus, weißt du?«

»Vorher nicht, jetzt ja«, antwortete ich »Puh, ganz schön viel, was Buddha sich da überlegt hat«, stöhnte ich »Weißt du, was ich glaube?«

»Nein, was denn?«

»Vielleicht hat der Herr unter dem Baum sitzend gegorenes Obst gegessen oder ist von einer Schlange gebissen worden und nur deshalb auf solche Gedanken gekommen. Kann doch sein. Oder er hat einfach zu viel gegrübelt. Dabei hätte er König werden und sich ein schönes Leben machen können. Verstehe ich nicht.«

»Dann könnte aber auch niemand von seinen Lehren profitieren, denn die wären ja nie entstanden und wir hätten eine Weltreligion weniger. Wobei Buddhismus ja keine Religion im herkömmlichen Sinne ist. Merk' dir das, Huong. Und merk' dir gleich mit: Buddhas Lehren sind für alle gemacht. Nicht für eine kleine Minderheit. Er wollte allen helfen aus dem Rad des Lebens und Leidens auszusteigen.«

»Wie allen? Seine Lehre war auch für die, die er gar nicht kannte? Wie viele Lebewesen gab es denn damals?«, fragte ich verdutzt.

»Ach Huong, was weiß ich.«

Ich zog die Augenbrauen hoch. »Sag mal, hattest du gerade ›aussteigen‹ gesagt? Aus dem Leben, dem Hamsterrad oder woraus wollte er aussteigen?«, bohrte ich.

»Aus dem Rad des Lebens aussteigen, habe ich gesagt«, korrigierte er mich. »Schau, es ging ihm um eine Veränderung der inneren Haltung gegenüber all den vergänglichen und vermeintlich äußeren Umständen und Dingen.«

»Ach so. Ja, dann ist alles klar. Fahr' fort«, scherzte ich und checkte schon gar nix mehr.

»Zustände des relativen Glücks sollte man loslassen. Und statt vom Extrem des Habenwollens, also der Anhaftung in das andere Extrem, nämlich das der Ablehnung, also weg von etwas zu wollen, von dem, was ohnehin gerade da ist, wählt man besser den mittleren Weg und genießt, ohne innerlich an dem bedingten Glück zu haften. Dann ist man frei.«

# Siddharta als Mönch

»Na das hört sich schon besser an. Auf den mittleren Weg komme ich mit. Und der führt zuerst ins Speiseeckchen.«, sagte ich während ich aufstand und mir den Staub vom Hintern klopfte.

»Was hältst du davon, wenn wir uns erst einmal einer vergänglichen Freude widmen und deine geliebte Ratte den Rest Wasserspinat zum Knabbern holt?«, schlug ich vor. Er war unbedingt dafür. Es war total komfortabel neben ihm zu sitzen und zu naschen und es fühlte sich so an, als ob unser Leben für immer so weiter gehen würde. Schön. Ich kaute.

»Erzähl weiter von Siddharta!«

»Also gut. Du erinnerst dich, dass er einen Mönch traf, als er außerhalb des Palastes war?«

Ich nahm meinen Strohhut vom Kopf. »Klar. Mönche leben ja das ganze Gegenteil von Königen. Bei denen ist nix mit Prunk und Annehmlichkeiten. Die meditieren fast den ganzen Tag und leben nur von Essensspenden. Das tun Mönche doch, oder?«, fragte ich.

»Ja. Du hast absolut recht, Huong. Siddhartha war von dem bescheidenen Leben des Mönchs so beeindruckt, dass er den Entschluss fasste, seinen Vater zu verlassen.«

»Vater verlassen, wieso das denn?«

»Nun ja, wahrscheinlich inspiriert von dem Mönch wollte er ohne Hab und Gut nach Erlösung von allen Leiden suchen.«

»Was die totale Kehrseite des Wohlstandes ist. Als Mönch würde er auf jeglichen Besitz wie ein Haus, schicke Kleidung, opulentes Essen und Trinken verzichten. Stattdessen würde er nur nehmen, was ihm gegeben wird«, überlegte ich laut.

»Stimmt. So hat er es dann auch gemacht. Außerdem führte er immer wieder Gespräche mit einfachen Menschen, Mönchen und Philosophen. Nach einigen Jahren stellt er fest, dass ihm das Leben als Mönch auch keinen Frieden schenkte.«

»Ob Siddharta vielleicht zu anspruchsvoll in seiner Zielsetzung war?«, gab ich zu bedenken.

»Nun ja, er wollte eben einen Weg finden, der ihn und alle anderen vom Leiden erlöst. Mit ungefähr fünfunddreißig Jahren war er so müde von seiner Wanderschaft und seiner erfolglosen Suche. Da war er gerade im Wald. Er fand einen Platz unter einem Feigenbaum, setzte sich und beschloss, wie ich vorhin schon sagte, diesen Platz nicht eher zu verlassen, bis er die Erleuchtung, also die Einsicht in die Natur der Dinge erlangt haben würde.«

»Kindisches Verhalten. Jetzt bleibe ich hier sitzen, bis ich habe, was ich will. Das ist ganz schön trotzig, findest du nicht auch? Und was denn für eine Erleuchtung?«, wollte ich wissen.

Er drehte sich zu mir um, schüttelte den Kopf und blies so starken Wind aus der Nase, dass mir kühl wurde.

»Sag' mal, was hast du eigentlich im Kloster gemacht, als wir täglich die Vorträge gehört haben, Huong? Hast du das alles vergessen? Das gibt es doch gar nicht!«

Beschämt schaute ich zu Boden. »Weil das alles auch so schwer verständlich war, habe ich meistens im Sand gemalt.« Sanft stupste er mich an und sagte: »Na, ist ja auch egal. Durch Meditation tief in sich versunken, durchsuchte Siddhartha sein Innerstes nach den Antworten auf die Fragen, die ihn so sehr beschäftigten.«

»Du meinst, die Antwort auf die Frage wie er das Leiden beenden könnte?« Wasserbüffel nickte.

»Und wie lange hat er dann unter dem Baum gesessen?«, musste ich wissen.

»Tja, das ist nicht ganz klar. Vielleicht mehrere Jahre. In der Zeit muss es einen Moment gegeben haben, indem ihm plötzlich alles klar wurde. Er selbst nannte es dann ›Erleuchtung‹. Aus Siddharta ist somit Buddha geworden, was ›der Erwachte‹ heißt.«

»Und mit diesem Wissen ist er dann nach Jahren mal so eben aufgestanden und nach etwas Beinmuskeltraining wieder nach Hause marschiert, oder wie?«

»Nein. Natürlich nicht. Wo denkst du hin, Huong? Es ist überliefert, dass er sich verpflichtet hat, anderen auf ihrem Weg zur Erleuchtung zu helfen«

»Bei wem denn verpflichtet?«, wollte ich wissen und rubbelte mir wieder die Ohren, die vom Zuhören glühten.

»Erkläre ich dir gleich, warte. Um das Versprechen einzulösen, wollte er seine Erkenntnisse anderen zur Verfügung stellen. Also zog Buddha die nächsten fünfundvierzig Jahre durch Nordindien. Er gründet einen Mönchsorden und predigte und lehrte.«

»Fünfundvierzig Jahre durch Indien? Ich wusste gar nicht, dass Indien so groß ist. Und das Lehren im Umherziehen damals noch erlaubt war, kann man sich heute gar nicht mehr vorstellen!«

»Stimmt.« Wasserbüffel rülpste und rollte sich auf die Seite.

»Heiliger Reissack! Und der arme Vater!«, platze es aus mir raus. »Ob er sehr enttäuscht war, dass Siddhartha nicht König geworden ist? Was meinst du?«

»Na du kannst Fragen stellen, Huong. Keine Ahnung. Das ist nicht überliefert. Er hätte doch allen Grund gehabt, stolz auf seinen Sohn zu sein. So viel Wissen wie der erlangt hat. Seine Lehre, die er aus seinem Wissen ableitete, ist auf jeden Fall ganz einfach.«

»Na da bin ich ja gespannt. Erzähl!«

»Also schön. Siddharta erkannte, dass jeder die Wahrheit für sich allein finden muss. Denn jeder ist für sich und sein Handeln selbst verantwortlich. Den Schlüssel zur Erlösung aus dem Kreislauf der Wiedergeburten trägt daher auch jeder bereits in sich, weißt du? Seine Lehren sollen nur Wegweiser sein, um die Ausgangstür ins Nirwana zu finden.«

»Das gibt's ja gar nicht.« Jetzt kringelte ich mich vor Lachen und schlug mir auf die Schenkel. »Und dann hat er Türen verkauft oder was? Weltbeste Geschäftsidee.«

Verständnislos blickte Büffel mich an. »Ich weiß gar nicht, was du hast, Huong.«

Ich holte tief Luft. »Jeder trägt seine Verantwortung selbst, ab durch die Tür ins Nirwana und fertig ist es. Mal angenommen, Hörnchen, ich würde das nachlesen wollen, das wäre Fehlanzeige, oder? Ich meine, hat Siddharta das alles irgendwo aufgeschrieben? So wie eine Rezeptsammlung? Oder sind das nur so Behauptungen von einem, der – einsam unterm Baum – zu viel gärendes Obst genascht hatte?«

»Kannst du alles nachlesen, Huong. Seine Reden über die ›Vier Edlen Wahrheiten‹ stehen im Palikanon.«

»Kanon, hat das nicht was mit singen zu tun?«

Mein Freund schnaubte. »In diesem Fall nicht. Der Palikanon ist eine Sammlung der ältesten Schriften des Buddhismus. Daraus stammte auch der Text, den du mich neulich hast aufsagen hören.«

Ich konnte das alles irgendwie nicht glauben, also bohrte ich weiter: »Du meinst, obwohl seine Erkenntnisse ja nur Annahmen – oder sagen wir Thesen waren – aber keine bewiesenen Theorien, fing er an das zu lehren? Wie kam er denn dazu? Ausgebildeter Lehrer war er doch auch nicht, oder?«

»Es ist gut, dass du kritisch bist, Huong. Er begann zu lehren, obwohl er niemals Lehramt studiert hat. Das ist richtig. Es ist überliefert, dass Siddhartha von einem indischen Gott drauf hingewiesen wurde, sein Leben zu nutzen, um die Menschheit vom Leid zu befreien. Ich schätze, das war seine Motivation.«

Ich kratzte mich am Kopf. »Befreien durch Erleuchtung, meinst du das? Und, da fällt mir ein, dass Erleuchtung ja nix mit Lampe zu tun hat. Im Kloster dachte ich das ja zuerst.« Bei der Erinnerung an meine ersten Tage als Mönch musste ich lachen.

Wasserbüffel grinste und fuhr unbekümmert fort: »Dann müssen wir uns erst einmal darüber klar werden, was Erleuchtung ist. Stimmt, hat mit Lampe nichts zu tun. Es ist die Erfahrung, dass Körper, Gedanken und Gefühle kein wirkliches ›Ich‹ sind. Störende Gefühle wie Stolz, Zorn, Eifersucht und mehr dieser Geistesplagen sind im erleuchteten Zustand nicht mehr vorhanden. Frei von Begierden, Hoffnungen, Ängsten und falschen Vorstellungen sein zu können, nennt man Erleuchtung. Dabei kennt der Buddhismus davon zwei Ebenen«.

»War ja klar. Und welche sind das?«, brabbelte ich.

»Befreiung ist die Erkenntnis, dass Körper, Gedanken und Gefühle in ständiger Veränderung sind. Eben weil sie sich ständig verändern, können sie kein wirkliches ›Ich‹ bilden, verstehst du? Und indem man die Vorstellungen einer festen Identität aufgibt, erlebt der Geist einen Zustand von innerem Frieden. So sagt es auf jeden Fall der Theravada Buddhismus, und nennt es kleine Erleuchtung. Sie wird zum eigenen Nutzen erlangt. Du erinnerst dich, dass der Buddhismus jedem Interessierten einen Weg anbietet, der persönlichen Nutzen im Sinn von Glücklichsein bringt. Die kleine Erleuchtung wird also zum eigenen Nutzen erlangt. Bedenkt man nun das zufriedene Lebewesen eine glückliche Welt erschaffen, dient der Nutzen des Einzelnen aber so auch dem Ganzen.«

»Ach. Ich geh für mich und damit auch für alle, ist es so?«, hakte ich nach, damit ich wusste auf welchen Weg ich mich zukünftig konzentrieren müsste. Mittelweg schien auch schon wieder passé. Na ja.

Er antwortete: »Ja. Wenn man erst einmal verstanden hat wie der eigene Geist funktioniert, wird man freier, weil man aufhört, alles auf sich zu beziehen. Das ist sozusagen die Voraussetzung, damit man den Weg zur vollen Erleuchtung beschreiten kann.«

»Und wie?«

»Durch Meditation zum Beispiel. Die Zustände, in denen wir in der Ich-Illusion gefangen sind, schrumpfen. Wenn wir regelmäßig meditieren, erkennen, bessergesagt erleben wir, dass wir unser ›Ich‹ nicht greifen können, weil es das in der Form, wie wir es uns denken, auch gar nicht gibt und wir eigentlich nur eine Aneinanderreihung von Gedanken, Gefühlen, Bewusstsein und so sind.«

»Weil uns durch meditieren, also den Blick nach innen richten, insgesamt bewusster wird, was wir denken, fühlen und tun?«

»So ist es, Huong. Je größer die Bewusstheit ist, desto mehr wird jeder Augenblick zum einzigartigen Erlebnis, ohne dass man es festhalten will. Erst völlig frei von Störgefühlen und festen Vorstellungen darüber, wie etwas sein sollte, wird jede Erfahrung ein Ausdruck der Weisheit des Geistes. Also: Mach dich frei von Erwartungen, Lieblingsratte. Und auf dem Diamantweg möchte man andere Wesen auf die Möglichkeit der Erleuchtung aufmerksam machen«, endete er.

»Oh. So wie du jetzt. Du möchtest mich auf die Erleuchtung aufmerksam machen«, staunte ich.

»Bei dieser letztendlichen Erleuchtung kommen Allwissenheit, selbst entstehende Freude, tatkräftige Liebe und aktives Mitgefühl in grenzenloser Weise zum Vorschein.«

»Du wirst bestimmt mal erleuchtet, Hörnchen. Du weißt ja so viel über Buddha, da wird er dich ja wohl auswählen und erleuchten.«

Mein Freund lachte herzlich. »Lustige Vorstellung. Aber,

wie gesagt: Meine Erleuchtung liegt an mir und keinem anderen. Da sitzt keiner, der sagte: ›Ach ja, den da, den erleuchten wir und die Ratte da, die auch. Aber den da hinten, nee, den nicht.‹ So ist es nicht. Wie gesagt, lehrte Buddha, dass jeder für seine Erleuchtung selbst verantwortlich ist.«

»Ach ja, ich erinnere mich. Ist aber auch viel Input heute.«

»Stimmt. Und schon ist die Geschichte zu Ende, denn mit achtzig Jahren stirbt Buddha. Vermutlich an einer Lebensmittelvergiftung.«

»Ist ja ein Ding! Dann stirbt er einfach an einer Lebensmittelvergiftung wie jeder andere auch? Gab's denn keine Medizin?«

»Details weiß ich auch nicht. Man sagt, dass Buddha ins Nirwana aufgegangen sei, von dem er immer erzählt hat.«

»Was denn für 'n Nirwana?«, fragte ich und sah zum Mond, der eben aus einer Wolke auftauchte. Wir streckten uns.

»Weißt du was, Hörnchen? Vom Nirwana erzählst du morgen, oder auf der Reise, okay? Jetzt bin ich im Bilde, wer Buddha war. Lass uns Zähneabbrauen, meditieren und dann einschlummern.« Nachdem der Gong das zweite Mal geschlagen hatte, kuschelten wir uns hin. Zur Feier des Tages durfte ich in Wasserbüffels eingerolltem Schwanz schlafen. Mit seiner buschigen Schwanzspitze deckte ich mich zu und fühlte mich beschützt wie ein Baby.

.

# Reisevorbereitungen Teil 1

Der nächste Tag war ein Sonntag, genau nach meinem Geschmack. Zwischen Morgenmeditation und Frühstück machten wir Gymnastik. Sicherheitshalber übertrieben wir es nicht. Muskelkater können wir uns bei unserem Vorhaben nicht leisten. Fitness schon.

Unsere Mahlzeit war grün, gesund und lecker. Ich tische Büffel junge Reispflanzen auf, und zwar die besten, die ich am schlammigen Feldrand zu packen bekam. Dann schlürften wie eine frische Kokosnuss und beratschlagten die Reisevorbereitungen.

»Okay, ich plane jetzt weiter die Route. Das scheint mir am wichtigsten. Wenn du möchtest, such' schon mal deine sieben Sachen zusammen, Huong.«

»Ja das mache ich. Und um unsere Reiseküche und Proviant kümmere ich mich, mein Bester. Dann bist du das Tragerind und ich die Serviceratte.«

»Super Aufteilung«, lobte er mich. Er wirkte sehr zufrieden und das machte mich glücklich.

Während er kurz darauf Höhen und Längenmeter rechnete und verglich, kramte ich nach sieben Sachen. *Den* sieben Sachen, zuerst natürlich für uns als Reisegemeinschaft. Hm, Safety First! Also: Erste-Hilfe-Koffer, Rettungsdecke, Streichhölzer. Seltsam. Was machten die eigentlich in der Medizinkiste? Na ja. Zusätzlich legte ich noch Wundcreme und Pflaster bei.

Dann waren Küchenutensilien dran. Da Wasserbüffel alles tragen würde, wollte ich ihm nur die leichtesten Schüsseln und Lederbeutel aufhalsen. Tücher benötigten wir auch. Eines für den Essensplatz, eines welches ich immer feucht halten würde, damit unser Grünzeug auch verpackt knackig bliebe. Messer, Löffel, Trinkgefäße und ein drittes, falls eins zu Bruch geht und den Reservebeutel für Wasser.

Weiter in der Haushaltskiste: Taschenlampe, Schnur, noch mehr Schnur und Seife, falls wir mal ganz dreckig wären. Oh ja, ganz wichtig unsere brandneuen Brauenbürsten. Salz. Mit dem Zeug im Arm stolperte ich passenderweise über das Kochbuch. Ah ja, das Rezept für Wasserspinatauflauf. Na ja, das würde ich bis zur Abreise auswendig lernen. Nee. Zu unsicher. Besser ich reiße die Seite raus. Mit der Hinterkralle grapschte ich mir das Blatt und so war auch das schon fertig.

Ich legte alles auf drei verschiedenen Haufen. Ob wir die Yogamatten noch irgendwo unterkriegen würden? Wasserbüffels war sehr groß. Ob er die Übungen auf meiner machen könnte? Er saß mit dem Rücken zu mir. Ich nahm erst von meiner Matte und dann von meinem Freund Augenmaß. Nee, das wird zu knapp. Daher traf der Logistiker in mir die platzsparende Entscheidung: Keine Yogamatten.

Es könnte allerdings nicht schaden einen Blick in die Handwerkskiste zu werfen. Oh nein, lag schon wieder so'n alter Lappen drüber. Was für eine Unordnung schimpfte ich im Stillen und rupfte den Lappen weg. Wow, darunter kamen plötzlich die Rollen, mein Fund von Mittwoch, zum Vorschein. Die legte ich raus. Mal überlegen, was ich damit für die Reise noch anstellen könnte. In der Kiste tauchten Nägel auf, Reißzwecken auch. Ich wog ab und packte kurz entschlossen von allen vier Stück ein, waren acht insgesamt.

Dann schlappte ich zu Wasserbüffel rüber, kletterte auf seinen Rücken und sah ihm über die Schulter. Oh, er zeichnete gerade Karten. Leise machte ich mich wieder von dannen. Im Weggehen warf ich ihm einen doppelten Handkuss zu. Meinem geliebten Wasserbüffel.

Schneller als gedacht war es Zeit mich ums Mittagessen zu kümmern. Was sollten wir zu uns nehmen? Maiskörner, ge-

trocknete Papaya, Ananas satt und vor allem Melone. Immer rein mit Melone, dachte ich und drapierte alles nett auf unseren Essensplätzen. Weil die Wetterlage gar herrlich dazu einlud, klappte ich das Tuch zusammen und zerrte alles nach draußen.

Im Schatten breitete ich alles wieder aus. »Hörnchen, Futter ist fertig!«, rief ich ihn.

»Schon so spät geworden?«, fragte er, als er um die Ecke bog.

Wir spachtelten wie die Buddhas. Oder aßen Erleuchtete nichts mehr? Keine Ahnung. Uns schmeckte es auf jeden Fall vorzüglich.

Als wir uns zur Mittagsruhe hinlegten und ich in der Hängematte hin und herpendelte, hatte ich die Idee des Jahres. Ja, das ist es, dachte ich, rieb mir die Pfoten und feixte mir einen. Aus den Rädern würde ich Wasserbüffel Rollschuhe bauen. Hammeridee! Wenn er schon alles schleppen müsste, dann könnte er sich ja ab und zu auf die Rollschuhe stellen und ich würde ihn dann hinter mir herziehen. Zurrgurte flogen noch irgendwo rum. Zu diesem überaus grandiosen Einfall konnte ich mir nur gratulieren. Morgen eingerechnet blieben noch drei volle Tage, an denen ich alleine wäre und werken könnte. Hm, vier Rollschuhe durch drei Tage. Das ging nicht auf. Na ja, notfalls müsste ich eine Nachtschicht einlegen.

Ich popelte in der Nase. So konnte ich immer gut abschalten und irgendwann schlummerte ich ein.

Als wir später durch die Nachmittagssonne spazierten, hatten wir natürlich nur ein Thema: Die Reise, die Wasserbüffel in ›pilgern‹ umgetauft hatte.

»Wenn wir uns so aufteilen, dass du die Sachen trägst und ich den Service drumrum mache, hast du nach den täglichen Wegstrecken frei und kannst dich ausruhen.«

»Gut Idee, so machen wir das«, willigte er ein.

»Unsere täglichen Strecken liegen übrigens zwischen fünf und acht Kilometern. Ich denke, das ist zu schaffen«, sagte er locker. »Ich habe in den letzten Wochen gemessen wie viele Kilometer ich bei der Arbeit laufe.«

»Und, wie viele?«, fragte ich neugierig.

»Wundersamerweise sind es auch sieben.«

»Also keine außergewöhnliche Belastung für dich. Gut zu wissen, Hörnchen.«

Ich war schlapp und schlug eine Pause vor. Im nächsten Schatten blieben wir stehen und er legte die Karten ab, die er sich lässig mit 'ner Schnur um den Bauch gebunden hatte. Mein Freund lehnte sich gegen einen Baumstamm und ich mich gegen seinen Bauch. Gedankenversunken hockten wir da.

# Mentales Training

»Weißt du was?«, fragte er dann.

»Wenn das eine Einladung zu einer Runde Gedankenraten spielen sein soll: Ja, sonst Nein«, gähnte ich und zog meinen Strohhut tiefer ins Gesicht.

»War keine Einladung. Also, Huong, immer wenn wir an die Reise denken, gehen wir gedanklich alle Handlungen durch, die auf uns zukommen. So stellen wir unser Gehirn schon mal auf das Bevorstehende ein. Wir denken immer positiv und malen uns aus, dass wir die Anreise mit Bravour meistern und an der Pagode meditieren.«

»In den schillerndsten Farben«, gab ich zurück, da ich Buntes liebte.

»Meinetwegen auch das«, entgegnete er und legte die eingerollten Karten vor sich.

Plötzlich kamen mir Lehren aus meiner Medizinerlaufbahn in den Sinn. Klar, was er meinte.

Ich sprang auf, stellte mich vor ihn und stemmte die Pfoten in die Hüften. »Du meinst mentales Training.« Er schien verdattert. »Willst du alles über mentales Training wissen, was deine Lieblingsratte weiß?«

»Ich brenne darauf«, gab er zurück. Endlich konnte ich auch mal was erklären. Meistens war es ja umgekehrt. Voller Freude legte ich los – die Karten schon ganz aus meinem Bewusstsein verdrängt.

»Also, mentales Training ist eine geistige Übungsform. Es ist ein Begriff für Methoden, mit denen wir unsere Fähigkeiten verfeinern können, Gefühle wahrzunehmen, zu verstehen und zu beeinflussen.«

»Du meinst wahrnehmen, lernen, erinnern und denken?«, wollte er wissen.

»Ja, auch«, ging ich drüber weg. »Durch mentales Training

wachsen unsere Belastbarkeit und unser Selbstbewusstsein, was – wie du dir denken kannst – insgesamt natürlich unser Wohlbefinden steigert.«

Jetzt sprudelte es nur so aus mir raus. »Dabei arbeitest du mit Vorstellungsübungen und Selbstbeeinflussung. Nennt man auch Imagination, Selbsthypnose oder Visualisierung. Du stellst dir vor, wie du in einer bestimmten Situation denken, fühlen und handeln willst. Das ist es doch, was du vorgeschlagen hast. Mit mentalem Training kann man seelische Kräfte bündeln, verfügbar halten und zum richtigen Zeitpunkt abrufen. Weißt du noch, wie oft wir mit meinen Kindern trainiert habe, dass sie sich schnellstens vor Fressfeinden verstecken? Ein wichtiger Schritt war dabei, dass sie vor Angst nicht in Schreckstarre verfielen, sondern immer handlungsfähig blieben.«

Wasserbüffel nickte und grinste. »Stimmt, ich erinnere mich gut. Ich musste ja oft genug den Fressfeind spielen. Huong, wie lange ist das her?«

Seine Frage überhörte ich einfach. »Lass mich mal weiter erklären.«

»Ich bin ganz Ohr«, versicherte er und schaute mich an.

»Also«, ich atmete tief ein. »Unsere Fähigkeit, uns hundertprozentig zu konzentrieren und unsere Kräfte auf einen einzigen Punkt zu richten, ist für den erfolgreichen Umgang mit Problemen oder in Krisen total wichtig, verstehst du?« Er nickte.

»Seelische Stärke können alle brauchen. Aber die, die Besonderes leisten müssen erst recht. So wie wir auf der Reise.«

»Du meinst, wir üben uns darin, auch in Extremsituationen vernünftig und sicher handeln zu können?«, hakte er nach.

Ich nickte. »Richtig. Denn je stärker unsere seelische Bodenhaftung ist, desto weniger B und B haben wir auf dem Weg nach Yangon.«

»B und B? Was meinst du denn damit, Huong?«

»Na Bammel und Bedenken. Frei von diesen hemmenden Gefühlen hat man mehr Power Richtung Ziel, egal zu welchem. Mit genügend innerer Stärke kannst du alles erreichen, was du dir vorgenommen hast.« Er nickte, was mich zum Weiterreden trieb. »Fest steht: Wer seelisch gefestigt ist kommt auch in schwierigen Situationen nicht so leicht ins Kippeln, sondern bleibt auf sein Ziel ausgerichtet, verstehst du?« Auch hier hatte ich seine Zustimmung. Perfekt. Ich fuhr fort: »Und, ganz wichtig: Seelisch starke Wesen verzweifeln nie. Auch nicht bei Niederlagen. Niemals, hörst du?«

Er runzelte die Stirn und legte den Kopf schief. »Sondern?«

»Für sie sind Fehler Teil des Lernens. Sie geben nicht auf, sondern probieren es erneut, nur anders. Und jetzt kommt das Interessanteste.« Wasserbüffel stellte seinen Ohren nach vorne, so wie er es immer tat, wenn er gespannt war.

»Mentales Training unterstützt die körperliche und seelische Gesundheit. Denn was nützt dir die beste körperliche Kondition, wenn Kopf und Herz nicht mitziehen und dich Zweifel an dir und deinen Fähigkeiten auffressen? Scheußlich.« Ich schüttelte mich angewidert.

»Das ist echt interessant. Wie funktioniert mentales Training im Einzelnen?«, fragte er.

»Vielleicht überrascht es dich zu hören, dass mentales Training viele Ähnlichkeiten mit Meditation hat.«

»Ach, das ist ja praktisch.«

»Du sagst es. Wir bringen Körper, Geist und Seele in Einklang. Ist doch beim Meditieren dann auch so, oder? Deren Kräfte werden dann gebündelt und auf das anvisierte Ziel gerichtet. Wenn wir unsere Leistungsfähigkeit steigern wollen, müssen wir den Umweg, wenn du es so nennen willst, über Körper, Geist und Seele nehmen. Nur so können wir unsere Kraft und Möglichkeiten voll ausschöpfen.

Wenn dein Unterbewusstsein zweifelt, also dich mit Bammel und Bedenken überflutet, ist Scheitern wahrscheinlicher als siegen. Und, dabei ist es leider ganz egal, wie sehr dein Bewusstsein siegen will, das Unbewusste hat auch hier mehr Gewicht.«

»Klingt einleuchtend. Hast du trotzdem ein Beispiel?«, bat er mich.

Ich überlegte. »Klar. Weißt du noch, als ich nach Saigon unterwegs war?« Er nickte. »Und, als ich ohne es zu ahnen vor den Tunneln der Riesenratten übernachtet hatte.« Wieder bestätigendes Nicken seinerseits. »Ich hatte so große Angst, dass ich dort zwei Tage in Deckung lag und mich nicht vom Fleck rührte. Aber ich wollte ja unbedingt nach Saigon. Hätte ich mich meiner Angst ergeben, würde ich da vielleicht heute noch kauern. Mein Ziel, also Saigon, vor Augen hat mich weitergehen lassen. Unbewusst bin ich bestimmt davon ausgegangen, dass ich es schaffe«, beschönigte ich die damalige Situation.

»Weitergehen?«, fragte er verdutzt. »Weiterfahren, meinst du wohl. Hattest du bei den Chu-Chi Tunneln nicht diese Reisegruppe getroffen? Wenn ich mich recht erinnere, hast du dich als blinder Passagier in deren Tourbus geschlichen und dein Ziel auf diese Weise erreicht«, korrigierte er mich.

»Ja, ja«, gab ich zu. »Ist doch jetzt nur ein Beispiel. Weißt du, wie anstrengend es ist dir was zu erklären, wenn du mich ständig unterbrichst?«, jammerte ich.

»Ach nee. Ich kenne da noch einen chronischen Unterbrecher. Okay, ich bin jetzt ganz ruhig und frage mich nur noch, wie wir unsere geistige Stärke voll entwickeln können.«

»Durch Übung mein Lieber«, sagte ich, als er schon wieder ansetzte: »Mentales Training sollten wir noch mit in unser Gesundheits- und Verjüngungsprogramm aufnehmen und uns so oft es geht vorstellen, dass wir jung und knackig sind, oder was meinst du? Oh, entschuldige Huong, das war ja schon wieder eine Frage«, grinste er mich breit an.

Da ich mir keinen Rat mehr wusste, hielt ich mir die Ohren zu und redete einfach weiter. »Ich kenne sieben Möglichkeiten, mit denen wir unsere mentalen Kräfte stärken können.« Wie durch einen Wattebausch hörte ich ihn sagen: »Okay, lass hören.«

Da ich auf mein Ziel, ihm alles vom mentalen Training zu erzählen, ausgerichtet war, ließ ich mich nicht beirren und schon gar nicht aus dem Konzept bringen. Ich nahm die Pfoten von den Ohren und zeigte meine erste Kralle.

»Erstes Thema: Vorbereitung. Wer sich gründlich und intensiv auf eine Herausforderung vorbereitet agiert viel sicherer. Wir können die Aufgaben der Reise, also marschieren, uns orientieren, Sachen ein- und auspacken, unser Lager auf- und abbauen immer wieder in Gedanken üben. Das hattest du ja schon vorgeschlagen.« Jetzt war Kralle Nummer zwei dran. »Der zweite Trick ist, dass wir unsere Autosuggestionen nutzen.«

»Autosuggestion?«, wiederholte er.

»Ja. Das ist ein schlaues Wort für die Beeinflussung der eigenen Psyche. Sogar den Körper soll man mit Selbsthypnose und aufbauenden Gedanken positiv beeinflussen können. Wichtig ist auch hier – wie beim Meditieren – die Regelmäßigkeit. Sag' dir also immer wieder, dass du das, was du dir vorgenommen hast, schaffen wirst, mein Lieber.«

»Interessant«, kommentierte er und nickte.

»Letztendlich ist es ja so: Wenn du glaubst, du schaffst es, oder aber du glaubst, du schaffst es nicht, wirst du mit deiner Annahme auf alle Fälle recht haben! So ähnlich hat das mal irgend so ein berühmter Mensch auf den Punkt gebracht. Und das stimmt. Fest steht: Wenn wir zweifeln, wird das Zielerreichen umso schwieriger.«

Zur Verdeutlichung malte ich einen kleinen Kreis für das Ziel und einen großen Kreis für die Zweifel in unterschiedlicher Entfernung in den Sand. Dazwischen eine krakelige Linie, die genau am Ziel vorbeilief.

»Siehst du? Je größer die Zweifel, desto größer ist leider auch die Wahrscheinlichkeit zu scheitern. Selbstzweifel sind ja unkontrollierte Gedanken. Und genau dieses innere Gewäsch gilt es zu zähmen. Dann kann man mit positiver Selbstbeeinflussung beginnen. Je öfter, desto besser. Denke möglichst gleich morgens beim Augenaufschlag positiv über dich und dein Vorhaben. Gedanken, die dir einreden, es nicht zu schaffen, solltest du auf jeden Fall vermeiden.« Ich musste dringend Luft holen.

»Berechtigterweise brennst du jetzt darauf, zu erfahren wie wir schwächende Gedanken in stärkende umwandeln«, legte ich ihm meine Wunschworte ins Maul und er nickte. »Das ist ganz einfach«, gab ich lässig an, als würde ich den ganzen Tag nix anderes machen.

»Ach. Tatsächlich?«

»Ja. Wir können unser Unterbewusstsein mit Vorstellungskraft anzapfen und gleichzeitig füttern. Am wirksamsten ist es, wenn wir uns ausmalen, dass wir unser Ziel bereits erreicht haben und wie toll das dann ist.« Wasserbüffel meldete sich und ich nahm ihn sofort dran.

»Okay, ich stelle mir jetzt also immer vor, dass wir schon in Yangon sind und dort total glücklich bei der goldenen Pagode meditieren und spazieren.«

»Sehr gut«, lobte ich ihn.

»Freude oder Erleichterung den Weg geschafft zu haben und am Ziel zu sein stellen sich dann ja automatisch ein«, sinnierte mein Schüler.

»Richtig. Wie ich schon sagte: Je stärker die Gefühle und je schillernder die Gedankenbilder, desto größer ist der Effekt.

Dadurch programmierst du dein Unterbewusstsein nämlich direkt aufs Zielerreichen. Schlau ne?«

»Aha. Das sollten wir ab jetzt wirklich üben.«

»Machen wir Hörnchen, machen wir. Drei fantastische Fakten habe ich noch. Willst du sie hören?«

»Auf jeden Fall. Ich muss nur mal aufstehen. Die Unterbrechung kam mir gelegen, denn ich musste so dringend, dass ich schon beide Augen zukniff. Schnell huschte ich pinkeln. Ich war ganz schön stolz, wie gut ich mich mit mentalem Training auskannte.

»Ich kann gar nicht mehr sitzen, Huong. Wollen wir jetzt einfach weiter gehen und du verrätst mir deine drei fantastischen Fakten unterwegs?«, fragte er, als ich zurückkam. Ich nickte.

Er schnürte sich die Kartenrollen um und wir machten uns auf den Heimweg. Am Horizont lugte die Nachmittagssonne durch dünne Wolkenbänder. Als wir so gingen, erzählte ich weiter: »Leider geben Ängste und negative Gedanken nicht so schnell auf. Heißt, sie werden uns immer mal wieder heimsuchen. Ängste sind ja nützliche Schutzmechanismen, aber auch Stolpersteine auf dem Weg zum Ziel. Damit wir sie stoppen können, sollten wir uns bewusst mit ihnen auseinandersetzen. Ein großer Schritt ist dabei sich einzugestehen, dass man Angst hat.«

»Und wie soll das praktisch gehen?«

»Am besten mit Zettel und Stift. Du schreibst auf, wovor du Angst hast.«

»Sagt einer der ganz großen Schreiberlinge, dass ich nicht lache«, entgegnete er.

»Du Hornochse!« Glücklicherweise war ich schneller als mein Wutmonster und fuhr fort: »Hierfür kannst du ein Tagebuch nutzen. Dazu gleich der nächste Tipp: Leg dir ein Büchlein an, in das du jeden Abend gute Dinge einträgst, die du erlebt hast. Damit schaffst du dir ein Schatzkästchen deiner Erfolge an.« Er nickte.

»Diesem Buch kannst du aber auch Jammer und Sorgen anvertrauen. Indem du notierst was dir im Kopf rumgeistert, wirst du Gedanken besser erfassen. Die bewusste Beschäftigung mit einem Konflikt oder innerem Ärgernis führt ja nicht selten zur Lösung.«

»Ja, aufzuhören, gedanklich ständig das Problem zu umkreisen, sondern uns auf die Lösung zu konzentrieren wirkt meist wunder«, stimmte er zu.

Motiviert fuhr ich fort: »Und frag dich bloß niemals ›Warum‹, hörst du? Niemals.«

»Warum?«, fragte er spontan und grinste.

»Die Frage ist ein Auftrag an deinen Geist, nach der Ursache für das Problem zu fahnden, statt nach der Lösung. However. In dein Tagebuch schreibst du also so viele Situationen wie möglich, die du schon gemeistert hast.«

»Aber das sind doch Sachen aus der Vergangenheit und die ist doch längst vorbei«, schnaubte er.

»Das stimmt. Aber im Rückblick schauen wir auf erreichte Erfolge. Deine guten Gefühle von damals kommen zurück und stärken dein Selbstvertrauen im Hier und Jetzt. Du kannst das Buch auch Erfolgstagebuch nennen oder so. Deiner Fantasie sind da keine Grenzen gesetzt.«

»Dann hast du bestimmt so ein Buch«, stellte er trocken fest.

»Puh.« Ich sprang über eine mittelgroße Wurzel.

»Wer schreiben kann, ist klar im Vorteil. Das klingt super, Huong.« Mein Freund war begeistert. Toll.

»Auch ein persönlicher Mentaltrainer kann uns unterstützen, uns auf das angestrebte Ziel auszurichten«, verriet ich ihm.

»Na, ob da gleich ein Fachmann nötig ist? Ich würde es immer erst alleine probieren.«

»Fachmann habe ich ja auch nicht gesagt«, korrigierte ich ihn. »Wichtige Wesen in deinem Leben, können als Mentaltrainer herhalten, denn die glauben an dich, deine Fähigkeiten und dass du dein Ziel erreichst. Sie können dich motivieren, unterstützen, auffangen und wieder aufrichten, solltest du ins straucheln kommen. Du siehst, dein Nächster kann dir sehr hilfreich sein.«

»Leuchtet ein. So einen habe ich. Ist eine kleine braungraue Ratte«, lächelte er und zwinkerte. Ich wurde verlegen und gab sein Kompliment vollen Herzens per Handkuss zurück. Es ist immer wieder schön, zu spüren, wie gut wir miteinander auskommen.

»Kommen wir zum letzten Punkt. Der heißt: Ruhe bewahren. Stehst du vor einer brenzlichen Situationen, in der du viel Kraft benötigst, zieh' dich kurz vorher an einen Ort zurück, an dem du ein paar Minuten ungestört bist. Atmen tief durch und stell' dir einige Male vor, dass du dein Ziel erreicht hast.«

»Gut, gut. Ich fasse nochmals zusammen, wie wir unsere mentale Stärke trainieren können«, sagte er.

»Wir merzen schädliche Gedanken aus und praktizieren Selbstbeeinflussung. Und zwar bewusst und stets positiv. Außerdem kümmern wir uns um die Hürden in unserem Kopf und sehen uns mittels Vorstellungskraft am gewünschten Ziel. Wir bestärken diese Bilder durch gute Gefühle. Und, wer des Schreibens mächtig ist ...«, er zwinkerte mir zu, »... kann ein Erfolgstagebuch führen. By the way, Huong wäre das nicht eine gute Möglichkeit für dich, das Schreiben mal wieder zu üben?«

»Ich will nicht schreiben, weil ich schreiben hasse«, schnitt ich ihm das Wort ab.

»Ich stehe dir da gerne als Mentaltrainer zur Verfügung. Weil ich ja weiß, dass du schreiben kannst. Last but not least:

In der Ruhe liegt die Kraft. Es ist der Meditation wirklich ähnlich«, beendete er seine Zusammenfassung. Ich klatschte und in Stille gingen wir weiter.

# 1.439 Kilometer

»Oh, jetzt haben wir uns gar nicht mehr die Rollen angesehen«, stellte ich an der nächsten Kreuzung fest. »Hast du schon den ganzen Weg berechnet?«

»Welche Rollen? Ach, du meinst die Karten … den Weg berechnet? Yes, it's all on the go!«

»On the go? Du meinst, wir fahren mit dem Zug?«

»Nein.«

Wir blieben stehen und er breitete eine Karte zwischen uns aus. Sie wollte sich immer wieder einrollen, also legte ich mich auf den Bauch und konnte sie so mit meinen Vorderpfoten festhalten. Der Versuch, mich zu orientieren, bot keine Chance. Na ja, aus dieser Perspektive.

Irgendwann fand ich unseren Startpunkt, weil er den mit einem Häuschen gekennzeichnet hatte. Ach, süß, da ganz am äußersten Ende war ein goldenes Fähnchen gemalt. Dazwischen unaussprechliche Worte und blaue, gelbe und rote Linien. Farblich hatte er es mit braun und grau abgemischt. Für meinen Geschmack etwas wenig grün im Bild, aber na ja. Muss ja nicht alles passen.

»Wahnsinn! Da hast du dir ja richtig viel Arbeit gemacht«, lobte ich ihn. Meine Augen sprangen zwischen dem gemalten Haus und dem Fähnchen hin und her. Auf die Entfernung hätte ich bereits auf der Karte fünf Mal in ausgestreckter Länge gepasst. Was für ein Spielraum.

»Sag' nicht, das da ganz hinten ist Yangon. So ans Ende der Karte gequetscht?«

»Doch. Ist es.«

»Das goldene Fähnchen da?«, vergewisserte ich mich.

»Richtig«, sagte er freudig und klatschte in die Hufe.

»Ist nicht dein Ernst. Wenn ich die Karte richtig verstehe, müssen wir ja von einer Seite der Welt zur anderen laufen. Wie weit ist es denn?«

»Es sind insgesamt, warte ...« Er schaute unter seinen linken Vorderhuf. »... 1.439 Kilometer. Die Route verläuft durch mehrere Länder. Wir werden also richtig viel sehen, ist das nicht toll?« Die Begeisterung quoll optisch aus ihm raus.

Mehrere Länder ... Ich schluckte. »Das schaffen wir«, gab ich mit fester Stimme zurück. Doch das positive Gefühl, was gerade jetzt mit dem inneren Bild mitschwingen sollte, kam irgendwie nicht auf. Selbst das innere Bild, das kam, war nicht durchweg positiv. Schlimmer noch. Ich sah uns ermattet irgendwo in der Pampa liegen. Ich Düsterratte. Ich Negativnager. Also probierte ich es anders.

»1.439 Kilometer hast du gesagt, ne?«

»Ja.«

»Das ist ja gar nicht so weit. Also eher nah als fern. Man könnte meinen, dass man Yangon da hinten schon sehen kann, oder? Wenn du mich mal eben hochhebst, vergewissere ich mich.«

»Jetzt übertreibst du aber. Niemand kann eine Strecke dieser Länge überblicken.«

»Du auch nicht?«, fragte ich und hoffte inständig er würde einfach ›Doch‹ sagen.

Tat er aber nicht. Stattdessen rülpste er. »Jetzt schau mal hier«, er lockte meine Aufmerksamkeit zurück auf die Karte. »Wir sind hier, in Vinh. Zuerst laufen wir parallel zur AH 15 bis zum Nam Phao international Checkpoint.«

»Wieso?«

»Weil wir dann die erste Ländergrenze passieren und in Laos sind.« Er zeigte auf die roten krakeligen Linien. »Das hier sind die Grenzen. Welcome to Laos, Huong.«

Er war hin und weg. Bei mir hielt es sich in Grenzen. In engen.

»Da schau her! Über Na Pe gehen wir weiter nach Lak Sao, über eine schmale Straße 8 genannt, weiter nach Na Hin. Thong Long können wir auslassen.«

Da war ich voll dafür. Auslassen klang richtig gut.

»Können wir nicht noch mehr auslassen, Hörnchen?«

»Auslassen? Nee, wie kommst du denn darauf? Dann kommen wir ja nicht an. Also guck' mal, es ist gar nicht so weit, wie du denkst«, versuchte er mich zu beruhigen. Ich pustete Sand vom Kartenrand.

»Ach nee. Wie weit denn dann? Ich kriege nur 'n bisschen Angst, dass wir es doch nicht schaffen«, gab ich kleinlaut zu.

»Huong!«, ermahnte er mich. »Hey, was ist los? Wir wollen doch positiv denken. Wir schaffen es, hörst du. Das hier ist doch nur eine Karte. Und schau doch, hier, wir gehen dann direkt auf Nam Dua zu und erreichen schon bald Pak Kading.«

Ich riss mich zusammen. »Pak Kading. Ist klar.«

»Die Straße schlängelt sich dann über die Bueng Kan Hochebene nach Ban Tung weiter, siehst du hier ... Nee warte mal.« Er zog die Karte zu sich und mich bäuchlings gleich mit.

»Quatsch. Bueng Kan ist ja gar nicht die Hochebene, die kommt ja erst noch, nämlich hier. Guck! Da hinten ist sie.«

Mir war schon alles egal. Ob ich aus der Mitreisenummer irgendwie wieder aussteigen könnte? Fairerweise: Nein. Ich richtete den Blick wieder auf die Karte und bemühte mich ernsthaft zu folgen. Mit positiven Gedanken. Oh, da fiel mir der Grinsetrick ein. Also grinste ich die Karte an, so doll ich konnte, und hielt es, bis mir die Wangen schmerzten. Er hatte sich einen Stock organisiert und zeichnete damit den weiteren Weg nach.

»Siehst du, wir gehen dann nach Thabok Pha Pong, rechts unseres Weges wird dann der Nationalpark sein. Da sollten wir eine mehrtägige Pause einlegen.«

»Mehrtägige Pause hört sich super an, mein Lieber.« Ich rieb mir die Wangen und erfreute mich sofort besserer Laune. Ob Einbildung oder Wirkung war ja egal. Mein Freund war voll in Fahrt.

»Über Naxay geht es an der Straße 212 dann grob Richtung Vientianne. Vientianne lassen wir links liegen«, er stutzte. »Nee rechts. Rechts. Ja natürlich. Also erst rechts und dann weiter auf der 211. Wir schlagen uns dann über eine recht trockene Hochebene bei Loei Richtung Thailand durch. Dann haben wir auch schon das Schlimmste hinter uns. In Thailand gibt es zwei Möglichkeiten: Entweder über Phitsanulok«, er tippte mit dem Stock auf einen Fleck durch den eine gerade Linie verlief. »Siehst du, das ist die große Straße, Nummer 12. Auf der geht's bis Tak oder eben hier lang«, der Stock glitt wieder über die Karte. Ich träumte mich weg ... die Kinder waren klein ... Wasserbüffel war dafür, dass sie lesen, schreiben und rechnen lernen. Dong Thi Phuc auch. Also wurde die ganze Familie von ihm unterrichtet. Und beim Rechenunterricht hatte er damals auch so einen Stock geschwungen und Zahlen in den Sand geschrieben. Die Optik änderte sich. Das Bild verblasste.

»So oder so, wir kommen in Mae Sot raus, dann ist es nur noch ein Steinwurf bis Yangon. Nämlich über Ywathitkon nach Hpa-an und dann über Bago direkt zum Ziel. Die Route über Hlegu ist nicht viel kürzer, schau mal.«

Ich schüttelte mich und guckte, so gut ich noch konnte. Die schwierigen Ortsnamen sprangen hin und her und all die Linien dazwischen brachten mich noch mehr durcheinander.

»Super. Es hört sich echt nicht mehr so schlimm an«, log ich. Auf der Reise sollte ja nicht mehr gelogen werden. Aber hier durfte man das im Notfall noch.

»Schlimm wird das sowieso nicht. Vielleicht mal anstrengend, aber am Ziel wartet ja eine tolle Belohnung auf uns. Du wirst sehen, die Pagode wird dich umhauen.«

Wir wandten uns der zweiten Karte zu. Sie war deutlich kleiner als die erste. Super. So groß kann Yangon dann ja nicht sein.

»Sieh mal, das ist Yangon. Die Stadt hier ist unser Ziel.«

In der Mitte befand sich ein goldener Klotz. »Und was ist das da?«, fragte ich und deutete mit der Pfote darauf.

»Na die Pagode natürlich. Das Ziel der Reise.« Er seufzte.

»Und die ist so groß?«, fragte ich misstrauisch.

»Noch viel größer! Ich denke, sie wird uns den Atem rauben, Huong. Es ist jetzt nicht maßstabsgerecht, aber es musste ja alles irgendwie auf die Karte passen.« Nicht maßstabsgerecht klang göttlich. Damit konnte ich mich zufriedengeben.

Die Sonne ging unter, daher rollte er die Karten wieder ein, schnallte sie sich um und wir brachen unverzüglich auf. Im letzten Helligkeitszipfel rückten wir zu Hause ein. Fix das

Mahl hergerichtet und kurz drauf saßen wir vor der Tür und schmausten.

# Nirwana

»Wo liegt noch mal Nirwana, wo Buddha dann hingegangen ist? Ist das in Indien?«, wandte ich mich an Wasserbüffel, der gerade dabei war uns Licht zu machen.

»Also, das Nirwana ist kein Ort. Vielmehr ein bestimmter geistiger Zustand. Und zwar einer ohne Gut und Böse.«

»Wie? Da wird man nicht mehr sauer?«

Er atmete lange aus und antwortete: »Nee, da wird man auf nichts und niemanden mehr sauer.«

»Glaube ich nicht«, widersetzte ich automatisch.

»Pah, dann eben nicht. Glaub', was du willst, Huong. Du weißt doch, jeder ist für sich selbst verantwortlich. Demzufolge: Mach was du willst. « Er klang etwas genervt, ließ sich neben mir nieder und erklärte dann: »Das Nirwana ist eine geistige Verfassung, ein Zustand, der so wie er ist gut ist und sich nicht weiter verbessern lässt.«

»Meinst du sowas wie Vollkommenheit?«, fragte ich nach, um mich auf seinen Gedankengang einzulassen. Vollkommenheit war ja schon immer und in jeder Lebenslage ganz mein Metier.

»Genau. In dieser Verfassung urteilst und bewertest du nicht mehr, weder dich noch andere und auch nichts mehr aus deinem Umfeld. In dieser Vollkommenheit bist du komplett neutral, deshalb gibt es weder Gut noch Böse, Traurigkeit oder Wut noch totale Euphorie und Gefühle, die dein Herz beschwingen. Daher nennt man es auch ›Erlöschen‹, eben weil all die Gefühle und Gedanken womit wir uns selbst und anderen das Leben schwer machen, also Leid verursachen erloschen sind. Den Zustand kannst du auch zu Lebzeiten erreichen, dafür muss man nicht tot sein.«

»Aha. Nicht tot sein ist ja schon mal gut. Und wie soll das denn gehen mit dem Nirwana?«

»Schau, im Nirwana-Zustand ist die Seele ganz in Balance. Man befindet sich im inneren Frieden mit sich und der Welt. Dann bist du frei von allen wertenden Gedanken und Gefühlen. Das entlässt dich auch von der ewigen Wiedergeburt. Deshalb gilt das Nirwana als höchste mögliche Daseinsform. Wenn du so willst, ist es eine Vorstufe der Erleuchtung.«

»Warte mal, wieso denn Wiedergeburt? Meinst du, wir leben öfter? Oh das wäre ja toll. Dafür möchte ich dich mal drücken, Hörnchen«

»Meinetwegen.« Ich stellte mich an seinen braunen Bauch. Drin gluckerte es. Er legte seine Schwanzspitze sacht an meinen Rücken und wir drückten uns. Das war schön.

»Hör weiter zu, Huong. Das Spannendste kommt noch. Viele Buddhisten wünschen sich nichts sehnlicher, als das Nirwana zu erreichen. Sie sehen im Leben vor allem großes Leid. Darüber sprachen wir schon, du erinnerst dich?«

Ich nickte.

»Nach buddhistischem Glauben müssen wir, also wir und alle anderen Lebewesen in jedem Leben neues Leid aushalten. Ich schätze, daran soll die Seele Erfahrungen machen, wachsen und sich entwickeln.«

»Au Backe. Ich will aber kein Leid aushalten«, ächzte ich. »Lernen wir denn nichts dazu, wenn wir öfter leben?«

»Wahrscheinlich schon. Blöd ist nur, dass man bei jeder Wiedergeburt alle alten Leben vergisst. Niemand kann sich bewusst an vergangene Leben erinnern. Ist bei Menschen so und bei Tieren auch«, meinte er.

»Ach. Da liegt aber ein gewaltiger Konstruktionsfehler vor, findest du nicht auch?«

Er schnaufte. »Es ist, wie es ist. Die Buddhisten glauben, dass nur die Erkenntnis der Natur aller Dinge sie vom Leid befreien und ins Nirwana führen kann.«

»Und wie kommen wir dahin? Sag' bitte nicht übers Meditieren?«, bettelte ich.

»Doch. Durch Meditation werden wir stets bewusster, merken was wir denken, fühlen und tun, hören auf zu bewerten und so. Der ›Edle achtfache Pfad‹ ist eine Anleitung von Buddha wie wir uns von allem befreien können, was Leid verursacht. Letztendlich können wir erst dann die Erleuchtung erlangen. Aber, machen wir uns nichts vor, der Weg ist mühevoll, langwierig und dauert.«

»Länger als bis nach Yangon also«, schlussfolgerte ich.

»Ja. Den Weg zur Erleuchtung kann man nicht in Kilometern messen.«

»In was denn dann?«

»In Leben. Ein Mensch kann mehrere Hundert Mal wiedergeboren werden«, meinte er und ich stutze.

»Ach. Deswegen brauchen die auch so viel Zeug. Kaufen dies und das. Nimm die Klamotten. Der Bauer hat Kleidung im Schrank, die für Jahrzehnte reicht. Meinst du Tiere können auch so oft leben?«

»Keine Ahnung. Schätze schon, denn auch wir hängen ja im Kreislauf des Lebens fest. Ich weiß nur, dass Seelen in jedem der sechs Daseinsbereiche reinkarnieren, also wiedergeboren werden können, also auch in den beiden mittleren Bereichen, als Tier und Mensch.«

»Sicher wissen wir jetzt trotzdem nicht, ob wir schon öfter gelebt haben und noch mal geboren werden, wenn wir tot sind«, stellte ich unbefriedigt fest und popelte in der Nase.

»Nun ja. Ich glaube, dass kein Wesen – bessergesagt dessen Seele – spurlos verloren geht. Erst recht nicht ein so geliebtes wie du meine Lieblingsratte«, sprach er und knuffte mich in die Seite. »Komm Huong, lass den Gedanken mal los. Es ist Zeit zu meditieren.«

Meditieren hin oder her. Je angestrengter ich meinen Geist auf den Atem zu konzentrieren suchte, desto massenhafter bescherte er mir Gedanken. Mist. Schnell wurde ich des Übens müde und saß einfach nur die Zeit bis zum Gongschlag ab.

Als ich später in meiner Schlafmulde lag – Wasserbüffel schnarchte sich schon durch seine Träume – ging ich den Weg nach Yangon gedanklich noch mal durch.

Tatsächlich sah ich uns frohen Mutes, mit einem Liedchen auf den Lippen, durch die Landschaft marschieren.

Bis mir die Karten von Saigon in den Sinn kamen, die er mir damals gemalt und mitgegeben hatte. Die Wegstreckenkarte war gut, aber der Stadtplan völlig veraltet. Sein Wissen über Saigon war – wie sich später herausstellte – 30 Jahre alt. Da stimmt nichts mehr. Und in Yangon war er selbst ja auch noch nie gewesen. Einerlei. Wenn diese Pagode wirklich so groß wäre, wie er sagte, würde man sie aus jeder Ecke der Stadt sehen. Konnte also nix schief gehen. Mit einem guten Gefühl im Herzen schlief ich irgendwann ein.

# Sieben Sachen

Der Montag begann neuerdings früh und gleich mit Sport. Heute war Rückengymnastik und Herz-Kreislauf-Training dran. Nach Frühstück und Meditation marschierte Wasserbüffel zur Arbeit und ich suchte meine sieben Sachen zusammen: Kuschelsocken, Moskitonetz, unsere beiden Brauenbürsten, Strohhut, natürlich meine Hängematte und das Meditationskissen. Waren schon sieben.

Er hatte auch schon sieben Sachen hingelegt. Mal schauen ... sein Meditationskissen, den Gong, Pulsmesser, Papier, Schweißband, Stifte und die Rolle mit den Karten. Waren auch sieben. Perfekt. Ich wendete mich den vier Haufen von gestern zu und schnürte sie thematisch gebündelt zusammen. Diese verstaute ich mit Bedacht in seine alte Seitentasche mit der er früher mit Nguyen zum Markt marschiert ist. Darin würde er alles gut tragen und nix könnte klappern. Klapperei würde uns nur nerven. Ich fettete die Riemen noch mal ein und polierte sie an meinem Armfell auf.

Je mehr ich einpackte, desto besser fühlte ich mich. Sicherheitshalbe packte ich noch eine Plane und Krams ein, woraus ich uns ein Nachtlager bauen könnten. Dann visualisierte ich uns strahlend bei den Pagoden. Den goldenen. Mit Sonne im Herzen, dem reinen. Damit der Bauer nichts merkte, verstaute ich unsere Bündel in der hintersten Ecke des Stalls. Gen Mittag kleines Schläfchen und weiter im Takt. Als ich mich später der Hausarbeit widmete, wurde ich geradezu überschwänglich.

Nachmittags war Rollschuhzeit. Zuerst fertigte ich eine Skizze an. Ich hatte vier Rollen pro Huf. Gut, damit konnte er schon mal nicht ins kippeln kommen. Safety First war auch hier mein Leitspruch. Im Schuppen fand ich geeignete Vollholzbambusbrettchen. Keine Ahnung, woher die stammten. Stand auch nix dran. Das Rollschuhbauer-Glück war ganz auf meiner Seite, denn die Bretter waren alle gleich groß und hatten zufällig die Maße von Wasserbüffels Hufen plus 'n bisschen. Neulich nachts hatte ich schlauerweise Aufmaß genommen. Klingt jetzt etwas übertrieben, war aber so.

Ich zerrte die Bretter hinter mir her. Schnüre, um die Rollschuhe an seinen Hufen zu befestigen, hatte ich da. Zwar in unterschiedlichen Farben aber mein Freund ist ja kein Modepüppchen. Funktion schlägt Design. Ich fräste mit den Zähnen Löcher ins Holz, schraubte vier Rollen an das erste Brettchen, zog die Schnüre durch und fertig war der Prototyp.

In der folgenden kreativen Pause kümmerte ich mich ums Abendessen. Heute würde ich Salat und Obstshake servieren. Reiskörner als Basic wie immer.

Dann kribbelte es mir nur so in den Pfoten. Also setzte ich mich in den Rollschuh. Kleine Testfahrt im Stall ergab, dass ich ein gigantisches Fahrzeug geschaffen hatte. Die Konstruktion war super. Da könnte ich die anderen drei nach gleichem Schema fertigen. Wunderbar. Um zügig arbeiten zu können, legte ich mir alle Materialien in Haufen und versteckte sie in meiner Handwerkerecke.

Beinahe wäre mein Tun noch aufgeflogen. Das war Dienstag. Ich hatte den vorletzten Roller – wie ich sie nannte – gerade fertiggestellt und mich kurz zur Testfahrt reingesetzt, als der Boden plötzlich vibrierte. Zum Weißwangengibbon! Wasserbüffel? Hatte der etwa schon Feierabend? Am Ende meines Gedankens stand er bereits mitten im Stall. Ich stürzte mich aus dem Roller und legte mich bäuchlings drauf. In Zeitlupe stieß ich mich mit zwei Krallen vom Boden ab und tastete mich langsam Richtung Rollschuhversteck vor.

Er stockte. »Was hast du denn da?«, wollte er wissen.

»Nichts, wieso?«, machte ich auf unschuldig. Mist, dass die

Dinger so groß waren. Mit meiner kleinen Statur konnte ich den Rollschuh kaum verbergen.

Obwohl das Wasser noch an ihm runter tropfte, sagte er: »Ich gehe mal baden«, schüttelte den Kopf, drehte sich um und ging. Danke Universum. Ob er Lunte gerochen hat und nur mitspielt? Oder hat er tatsächlich nichts gemerkt? Offensichtlich kam er gedanklich drüber weg, zumindest sprach er mich nicht mehr darauf an.

Mittwoch hatte Wasserbüffel morgens schwer zu schuften. Nachmittags dafür überraschend frei. Meine Fahrt ins Dorf fiel auch flach. Wen wundert's, war ja Geburtstag. Bereits mittags kamen Nachbarn um Bauer Nguyen zu gratulieren und gemeinsam zu sitzen. Meditiert haben die glaube ich aber nicht.

Diesen herrlichen, freien Nachmittag nutzten wir und dockten an unserer Vitamin-D-Tankstelle namens Sonne an. Wir genossen unsere Heimat noch einmal in vollen Zügen. Bevor ich auf seltsame Gedanken bezüglich unserer bevorstehenden Herausforderung kommen konnte, kamen weitere Besucher zu Bauer Nguyen und plötzlich gab's Musik, von der wir auch was hatten. Die Gäste brachten Knallwerk und sicherlich Leckereien von A wie Ananas bis Z wie Zuckerrohrschnaps mit. Kleines Besäufnis zum Abschied wäre ja auch was Feines. Oder dummes. Aufgrund unserer Abreise würden wir von den verführerischen Resten sowieso nicht profitieren. Na ja, uns mit Banh Bia, also Mungbohnenküchlein und ähnlichem Gelumpe die Wampe vollzuschlagen, schied in unserem Verjüngungsprogramm eh aus. Da kann man – zumindest am Anfang – keine noch so gut begründete Ausnahme machen. Ich wandte mich Wasserbüffel zu. Als hätte er meine Gedanken gelesen reichte er mir eine Libelle, die er mit einem kecken Schwanzschlag aus der Luft gezaubert hatte.

»Hier mein Freund. Kleine Vitaminquelle für dich.«

Köstlich! Kurzer Transportweg und garantiert nicht durch Stadtluft verpestet wie das Getier in Saigon zum Beispiel.

Eine andere Stadt kannte ich ja nicht. Ojemine, das würde sich bald ändern. Nee, vorher würden wir uns noch durch die Hochebene beißen. Die trockene und staubige wie Wasserbüffel gesagt hatte. Okay, staubig hab' ich hinzugefügt, aber da, wo es trocken ist, ist der Staub ja auch nicht weit. Das sagt mir meine Lebenserfahrung. Bevor ich Angst schieben konnte, stellte ich mir vor, wie sehr mein geliebtes Hörnchen sich über die Rollschuhe freuen würde und wie leicht der Weg mit den Dingern unter den Hufen für ihn dann wäre. Ich an den Zurrgurten versteht sich. Ich rieb mir die Pfoten und strahlte ihn an.

»Na, was ist, Lieblingsratte?« fragte er prompt.

»Nix. Ich freue mich nur. Auf unsere Reise und dass du da bist.«

»Na dann ist ja gut.« Er schnaubte und saugte einige Ameisen auf, die er mit Genuss durchkaute, bis sie in Nanopartikel zerfallen sein mussten. Ob da im Magen noch was ankam? Geschweige denn in der Blutbahn. Anyway.


Irgendwann ging die Sonne unter und wir sahen den Bauern kommen, um Hörnchen in den Stall zu schicken und abzuriegeln. Mich kannte er ja nur am Rande. Ich wohnte schwarz. Wir gingen rein, aßen und meditierten. Die vorgesehene Stunde wurde jedoch durch laute Knallerei jäh gestört. Heißt: Die Ohren voll Krach und die Neugier im Nacken schlich ich mich vom Kissen, huschte zur Tür und lugte nach draußen. Oh! Jetzt leuchteten bunte Lampions und es waren ziemlich viele Leute da. Sie zündeten ihre Knaller vor Nguyens Tür, wie es sich gehörte. Schön, dass der Bauer so nette Gesellschaft hatte. Seit dem Tod seiner Frau war er viel alleine. Mit seinem Hof und der ganzen Arbeit und mit sich selbst. Und vielleicht mit Gram, weil er meine Frau damals getötet hatte. Mit Absicht und einem Messer. Nur, um eine Suppe aus Dong Thi Phuc zu kochen, die seiner Frau – laut menschlichem Aberglauben – von ihrer Krankheit heilen sollte. Schließlich ist sie doch gestorben. Meine Güte! Ich schickte Dong Thi Phuc einen Kuss in den Himmel, sagte ihr, dass Büffel und ich morgen ein neues Kapitel in unserem Leben aufschlagen würden und schlich wieder rein. In den letzten Tagen hatte ich in Stille einen minikleinen, transportablen Schrein für Dong Thi Phuc gemacht. Meine achte Sache an Bord.

Draußen bollerten die Knaller, dass ich zusammenzuckte. Unglaublich. Mein Freund saß weiter still da. Ob ihn der Krach nicht stört? Der wird bestimmt mal erleuchtet, der Gute. Mal gucken, was seine Meditation an Ablenkungsmanövern noch so aushält, dachte ich und baute mich vor ihm auf. Seinen Kopf konnte ich ja kaum sehen. Nur sein gleichmäßiger Ausatemstrom zog rechts wie links an mir vorbei. Ich sprang vor ihm auf und ab. Dann sogar vom Tisch, und fluchte vor Schmerzen im rechten Knie. Hörnchen bewegte sich nicht, er meditierte. Rechtzeitig zum Gongschlag saß ich wieder auf dem Kissen. Ich schwindelnde Meditationsratte.

»Huong, wenn du das nächste Mal statt meditieren lieber Sport in Form von Sprüngen machen möchtest, dann achte auf deine Gelenke. Bewegung kann auch eine Form von Meditation sein, aber nur wenn du sie sehr achtsam ausführst.«

Ich schüttelte mich. »Aber«, setzte ich an.

»Nichts aber. Komm. Husch ins Schlafstroh mit uns!« Die Wahrscheinlichkeit seiner Erleuchtung löste sich nahezu auf.

Egal. Ich kuschelte mich in meine Schlafmulde und dämmerte vor mich hin, während aus Richtung Bauernhaus weitergeredet, getrunken und jetzt auch gesungen wurde. Hörnchen schnarchte und ich lag wach. Und grübelte.

Vielleicht hätten wir Glück und fänden ein Stück der Strecke freien Transport. Wie ich damals nach Saigon. Da fuhr ich ja erst auf einem Wagen, der Reissäcke geladen hatte mit. Später sogar mit einem Bus. Das Abenteurergefühl von damals, welches umgehend zurückkam, war herrlich. Drei synaptische Verkettungen später wusste ich, dass freier Transport für Hörnchen und mich ausschied. Jeder würde ihn sehen und er könnte nie unbemerkt auf einen Wagen oder in einen Bus steigen. Tja. Kleine Größe hat Vorteile lobte ich meine Statur. Mich würden sie nicht mal im dichtesten Gewühl der Welt finden. Weil ich ja klein bin. Und schlau. Ich wäre gar nicht erst so dumm, was Dummes zu machen. Es wurde spät und später. Die Unruhe wälzte mich in Rückenlage. Mist, Sterne zählen schied aus, da die Stalldecke mich vom Himmel trennte. Irgendwann gab es auch keine Geräusche vom Fest mehr. Die Gäste waren wohl alle gegangen. Hätte eine Glocke geläutet, wäre es bestimmt vier oder fünf Uhr früh gewesen.

# Nichts ist von Dauer

Mittwoch auf Donnerstag schlief ich also schon schlecht. Beim Augenaufschlag fühlte es sich an, als würde der Tag komisch im Sinne von ungut werden. Nachts würden wir abreisen.

Tatsächlich zogen sich die Stunden, wie das unbearbeitete Gummi, vom namensgleichen Baum. Viel zu schnell war auch der letzte Rollschuh fertig. Ich verstaute sie ganz unten in den Seitentaschen, die Wasserbüffel tragen würde. Dann war ich frei. Ohne was zu tun, lebte ich selten. Ich hatte immer was zu tun. Dummerweise nur jetzt nicht.

Ich spähte auf die Felder hinaus und sah meinen Freund den schweren Pflug durch die matschige Erde ziehen. Wenig später hatte er Wasserkanister umgeschnallt und musste die Felder wässern. Der Bauer schien sich müde durch den Tag zu schleppen. Warum macht der Arsch das mit seinen beschissenen Kannen und Trögen nicht selber und lässt mein geliebtes Hörnchen in Ruhe? Ich trottete rein, setzte mich und starrte die Luft an. Die war durchsichtig. Die Zeit kroch zäh dahin. Ich drehte meine dünnste Fellfalte zwischen den Pfoten. Fehlt noch, dass ich nervös würde. Ich konnte nix machen, nur sitzen und starren. Leider fiel mir ein, wie schlecht es mir gerade ging. Oje, und wie schlecht es mir früher schon mal gegangen war. Heiliger Reissack, und wie schlecht es mir erst mal gehen würde, wenn ich Wasserbüffel nicht mehr hätte. Die Erkenntnis, dass vorprogrammiertes Leid bereits in jeder Ecke meines Lebens lauerte war total schockierend. Stumm hockte ich und starrte. Obwohl ich mir sicher war, dass ich genug Tricks kannte, fiel mir keiner ein, der meine Lage verbessert hätte. Ich fluchte und ging wieder raus. Hm. Auf dem allerletzten Reisfeld sah ich meinen Freund immer noch schuften. Und ich saß hier rum und konnte nichts tun. Essen und Hausarbeit war fertig, unsere Sachen gepackt. Rollschuhe samt Polsterung auch. Obwohl ich weit weg war, hörte ich innerlich wie Wasserbüffel keuchte.

Da kam der Bauer wieder in mein Blickfeld. Der Idiot. Scheißbauer. Jawohl! Soll er doch selbst den beschissenen Pflug ziehen. Ich stellte mich hin, stampfte auf den Boden, biss die Zähne fest aufeinander, dann fletschte ich sie, wie ich es von Großtieren wie Hunden kannte. Ich wetterte, so laut ich konnte: »Scheiß Bauer. Was soll das überhaupt alles? Scheiß Feldarbeit!! Lass uns in Ruhe!« Mein Wutventil Bauer trottete weiter über sein bekacktes Reisfeld. Scheiß Reis! Auch wenn es kindisch war, es tat richtig gut meiner Wut Luft zu machen und ich war stolz auf die Menge an Schimpfwörtern, die ich draufhatte. Also gleich noch mal. Inbrünstig und laut. Plötzlich wurde ich gewahr, dass diese Schimpferei mich von meiner Erleuchtung sicherlich Lichtjahre entfernt hatte. Also aufhören.

Danach bremste ich mich, alle Sachen noch mal auszupacken, nur um zu schauen, ob wir auch Öl für die Taschenlampe dabeihatten. War ja nur zur Sicherheit, falls die Batterien, die ich dem Bauer stibitzt hatte, schlapp machten. Keine Ahnung wie alt die waren. Als ich neulich testweise dran geleckt und die Pfoten an beide Pole gelegt hatte, funktionierten sie auf jeden Fall noch. Das merkt man, wenn es im ganzen Körper ruckt und dann kribbelt.

Also sortierte ich ein letztes Mal Wasserbüffels Schlafstroh, damit er sich noch ausruhen könnte, bevor es nachts losgehen würde. Quatsch: Gar nicht zum letzten Mal, korrigierte ich mein Denken ad hoc. Wir kommen ja wieder. Spätestens in einem Jahr und 'n bisschen sind wir zurück.Das war der Plan. Von hier nach Yangon zum Meditieren, von da nach Thailand zum Ausruhen und dann zurück.

Ich wusste nix mit mir anzufangen, Sport war heute nicht das Richtige, meditieren auch nicht. Ab morgen wäre ich wieder dabei. Mist, die Hängematte war schon eingepackt. Halb beleidigt hockte ich mich in eine dunkle Ecke und wartete einfach ab.

Ich wartete noch als Wasserbüffel vom Feld kam, als er dann baden ging und zurückkam. Als er Yoga machte, unterbrach ich das Warten mit einem Dämmerschläfchen der Bewegungslosen. Einzig das Essen auftragen schaffte ich. Als Wasserbüffel nach dem Abendessen meditierte, wollte ich weiter warten.

»Huong! Du lässt dich hängen. Schon gemerkt?«, hauchte er. »Kein Sport, kein Yoga, keine Meditation. Hattest du nicht gesagt, du wolltest dir all die guten Sachen angewöhnen? Und, wir haben doch verabredet immer positiv zu denken.«

»Ja hatte ich. Wollte ich ja auch«, druckste ich rum. Vorsorglich senkte ich den Blick. Ansehen konnte ich ihn nicht. Ich fühlte mich schlecht. Die Befürchtung, dass er mich total ätzend findet, ließ meinen Blick noch tiefer sinken.

»Und? Wo bleiben die Taten?«, fragte er sanft.

»Vor lauter Unruhe konnte ich heute nix als die restliche Hausarbeit erledigen und dann eben warten«, antwortete ich kläglich und spürte, dass er mich durchdringend ansah.

»Du hast Angst!«, stellte er ohne Umschweife fest.

»Nein. Stimmt nicht. Ja. Also ich weiß auch nicht. Was ist, wenn wir vom Weg abkommen? Was soll ich nur machen, wenn mit dir was ist? Und überhaupt ...«

»Moment mal«, unterbrach er mein Gejammer. »Du kommst jetzt erst mal her und setzt dich schön neben mich, ja? Komm her, Huong. Dann kuschelst du dich an mich ran, ja?«, ermutigte er mich. Er wusste, dass ich mit Körpernähe stets zu locken war. Sogar mehr als mit Banane im Teigmantel.

»Es wird alles klappen. Schau aufs Ziel. Stell dir vor: Wir beide an der goldensten und ältesten Pagode der Welt«, malte er die Luftzeichnung mit seinem Huf für mich aus. »Den Weg finden und schaffen wir. Vielleicht lernen wir, noch wen Nettes kennen.«

»Ich will aber keinen kennenlernen. Ich will bei dir bleiben«, winselte ich, schluckte und musste plötzlich weinen. Keine Ahnung warum.

»Kannst du doch auch. Ich will auch bei dir bleiben, Huong. Wir bleiben zusammen! Wir versprechen es uns, okay?« Er streichelte mir mit seiner Schwanzspitze immer wieder über den Rücken, das tat gut.

»Ehrlich? Und du gehst nicht einfach irgendwann alleine weiter, weil dir einfällt, dass du mich blöd findest?«, fragte ich und schnäuzte in seine Schwanzspitze.

Sein Gesicht kam dicht an mich ran. So nah, dass er unscharf wurde, weil uns das Altern im Griff hat. »Natürlich nicht«, meinte er und leckte mir die Tränen ab. Das kitzelte und ich zog eine Grimasse, was er zum Anlass nahm, mich auch am Bauch abzulecken. Das kitzelte noch mehr und ich lachte. Er leckte meine Sohlen und da war es am schlimmsten. Zum Schluss kullerte er mich mit seiner Zunge und Kinn über den Boden. Ich schüttete mich aus vor Lachen und er ließ von mir ab. Keuchend setze ich mich und fühlte mich um Längen besser.

»Du bist der allerallerbeste Wasserbüffel der Welt. Ach, welch Untertreibung. Des Universums!«, lobte ich ihn.

»Sag das mal dem Bauern, wenn er mich morgen früh sucht«, grinste er verschmitzt und ich grinste zurück.

»Ja, das wird prima«, sagte ich und meinte es auch wieder so.

Über den ganzen Wirrwarr war es spät geworden. Eigentlich Schlafenszeit. Aber wir wollten ja los. Die heutige Chance würde so schnell nicht wiederkommen. Wie vermutet hatte der Bauer vergessen den Stall zu verriegeln. Im Haus vorne war schon alles dunkel. Wir machten uns startklar.

»So, damit sind wir schon bei der buddhistischen Lehre Teil 1«, raunte Wasserbüffel vergnügt und schnallte sich die Seitentaschen um.

»Wieso denn Lehre? Ich denke, wir wollen jetzt los?«, flüsterte ich.

»Nun Huong, die erste Lehre besagt, dass in der Welt nichts von Dauer ist. Alles ist Veränderungen unterworfen. Alles entsteht und vergeht. Das Leben wandelt sich jeden Tag. Ach was sage ich? Jeden Augenblick wandelt es sich. Meist kaum merklich, manchmal mit einem Schlag. Das Einzige, was sicher ist, ist, dass nichts bleibt, wie es ist. Merk dir das, Huong. Tja, und das wird der Bauer morgen früh auch wieder mal erleben«, gniggerte er.

Er half mir meinen Rucksack fester zu schnallen.

»Muss ja auch so sein, dass sich Sachen ändern, sonst würde eine Blüte ja niemals zur Frucht werden«, erklärte er.

»Meinetwegen. Das kannst du mir doch unterwegs erzählen. Lass uns erst mal aus dem Staub machen«, drängelte ich. »Stell dir vor, dem Bauern fällt das mit der offenen Stalltür ein und er steht noch mal auf. Dann wär's das.«

»Gut, gut. Du hast ja recht, Huong. Komm.«

Lautlos schlichen wir nebeneinander aus dem Stall und nickten uns zu. Der erste Schritt!

»Erst, wenn wir akzeptieren, dass der Wandel dem Leben gleichgestellt ist und wir Altes loslassen müssen, um etwas Neues zu bekommen, werden wir mit Ruhe und weniger Leiden durchs Leben gehen«, flüsterte er.

»Da kann der Bauer das Loslassen von seinem Arbeitsbüffel ja morgen gleich üben. Eigentlich müsste er uns noch dankbar sein, dass wir ihm diese Möglichkeit bieten, oder?«,

fragte ich amüsiert.

»Tja. Da magst du recht haben, Huong. Hier lang.« Mein Freund bog den Bambus beiseite, welcher den Hof am östlichen Ende begrenzte und wir schlüpften hindurch. Nachdem wir durchs Unterholz gekrochen waren, flüsterte er: »Buddha wollte, dass wir erkennen, dass nichts von Dauer ist.«

»Hast du schon gesagt. Und du glaubst, dass er damit auch dich und mich meinte? Der kannte uns doch gar nicht«, gab ich zu bedenken.

»Nein. Nicht wir ... Also schon ... « Er schnalzte mit der Zunge. »Er meinte natürlich alle Wesen. Und für die bleibt nichts ewig, für niemanden, verstehst du? Schon die Geburt ist ja ein Prozess und nichts Festes. Jugend bleibt nicht, Schönheit nicht, das Leben selbst ja auch nicht. Die Erkenntnis, dass nichts von Dauer ist, hilft uns von unserer Ichbezogenheit loszukommen. Weg vom Egoindividualismus hin zum Gemeinsinn und der Verbundenheit mit allem. Das ist der Schlüssel zum Mitgefühl für alle Lebewesen. Der ›Edle achtfache Pfad‹ ist eine praktische Anleitung dafür.«

»Aha«, hauchte ich. »Und auf diesem Weg sind wir jetzt?«

»Ja. Wir üben uns darin, Mitgefühl für alle Wesen zu entwickeln. Und, wir sind achtsam, verhalten uns richtig, denken und handeln stets besonnen. Schützen die Natur und unterlassen alles, was anderen schadet. Wir üben gelassen und friedfertig zu sein.«

»Auch unter Stress«, ergänzte ich, denn so hatten wir es abgemacht. Wir pilgerten.

»Der Erleuchtung einen Schritt näher kommen wäre schon schön«, flüsterte er. Die Nachbarshunde wussten Bescheid und grüßten.

Bis zum Nachtlager war es nicht weit. Glücklicherweise hatten unsere Freunde im Nachbardorf mir einen erstklassigen Übernachtungsort genannt und wenig später beherbergte uns ein runtergekommener Holzunterstand. Mondlicht drang durch die Löcher im Dach. Ob der Tag körperlich oder psychisch so anstrengend war? Wahrscheinlich beides. Aneinander gekuschelt klappten wir die Augen zu und schliefen fix und fertig in den ersten Reisetag hinein. Während ich morgens das Frühstück bereitete, vertiefte sich Büffel sofort in die Karte. Sport konnte wegen der Latscherei getrost ausfallen. Unsere erste Tagesetappe maß sechs Kilometer, da hatten wir genug Bewegung. Nach dem Frühstück und einer halbstündigen Meditation zogen wir los.

# Rollschuhe

Schneller als uns lieb war, zeigte sich, dass es sehr anstrengend war, ganztags in der Hitze zu laufen. Seitdem wir die Grenze zu Laos passiert hatten, war es noch heißer. Mittlerweile reisten wir seit sieben Wochen. Also über einen Monat. Um der Hitze zu entkommen, waren wir meist schon vor Sonnenaufgang unterwegs. So auch heute.

»Ich bin etwas schlapp. Wir werden nur langsam vorankommen«, seufzte Wasserbüffel.

»Bist du sonst okay, oder ist was komisch mit dir?«, fragte ich ängstlich.

Er blieb stehen. »Glaub nicht.« Seine Antwort gab mir null Aufschluss über seine Lage. Und meine noch dazu. Bitter! Ich hasse es, wenn ich seinen Zustand nicht einschätzen kann. Ich fühlte seinen Huf. So weit okay. Wir ließen uns zu einer Pause nieder und er leerte unsere mitgeführte Trinkration in einem Zug.

»Ich organisiere mehr Wasser, mein Bester.«

»Merk' dir bloß den Weg, Huong«, stöhnte er, als ich meine Trinkschale rauskramte. Seine könnte ich voll niemals schleppen. Aber Wasser ist ja Wasser, ob viel oder wenig, dachte ich und sprintete los.

Glücklicherweise fand ich erst Wasser und nach einer kurzen Ruf- und Suchaktion auch meinen Freund wieder. Er leerte die Schale mit der Zungenspitze.

»Kannst du noch mehr holen?«, bat er mich. Froh, etwas für ihn tun zu können, rannte ich umgehend wieder los. Diesmal verlief ich mich nicht. Auf dem Rückweg kamen mir die Rollschuhe in den Sinn.

Frisches Wasser intus, sah mein Freund wieder besser aus. Er trottete selbst noch mal zum Wasser, füllte unseren großen

Trinkbeutel und verschnaufte wieder neben mir. Ich kramte im Gepäck und stellte die Rollschuhe vor ihm auf.

»So, mein Lieber. Heute hast du frei.« Ich pustete ein Staubkörnchen aus einem Schuh und polierte die Rollen an meinem Armfell auf.

»Wie frei? Wie meinst du das? Meinst du, wir sollten hierbleiben? Mir geht es schon besser«, versicherte er.

»Wir können gerne weiter Hörnchen, denn du kannst dich auf diese wunderbaren Rollschuhe stellen und ich ziehe dich«, sagte ich stolz. Mit einem inbrünstigen ›Taataataaaa‹ präsentierte ich sie ihm. Überrascht beäugte er sie.

»Sie sind exakt deine Größe. Probiere mal einen an!«, forderte ich ihn auf. Aus heiterem Himmel fing er an zu schluchzen. »Das ist ja so nett von dir, Huong. Die hast du extra für mich gebaut? Ich weiß gar nicht, was ich sagen soll.«

»Ach, ein ›Dankeschön Lieblingsratte‹ reicht«, zwinkerte ich.

Er schnäuzte und hatte sich wieder gefangen. »Setz dich, ich werde dir den Ersten anziehen. Dann bekommst du ein Gespür dafür, wie es mit Rollen unter den Hufen ist«, erklärte ich. Wie erwartet, passte der Schuh perfekt. Ich war begeistert.

»Sieht voll sportlich aus. Steht dir total gut. Wenn du die anderen drei noch anziehst, können wir weiter. Du musst nur stehen und ein bisschen Gleichgewicht halten«, weihte ich ihn in das von mir erdachte Prinzip ein.

»Ich schätze deine Idee sehr, Huong.« Er lächelte und hörte sich irgendwie an, als würde er gleich ›Aber‹ sagen. Vorsichtshalber hielt ich mir die Ohren und die Augen zu. Ein kleines Guckloch ließ ich und las von seinen Lippen ab.

»Aber ich befürchte, es wird nicht funktionieren.«

»Was? Warum das denn nicht?« Ich war total entsetzt und gab meine Sinnesorgane wieder frei.

»Natürlich wird es das«, sagte ich entschieden. »Ich wüsste keinen Grund, der dagegenspricht.«

»Ich leider schon. Ich bin viel zu schwer«, sagte er mit gesenktem Kopf. »Und du hast dir so viel Mühe gegeben.«

»Quatsch schwer.« Ich nahm einen Rollschuh in beide Pfoten, hielt ihn hoch und drehte ihn zu allen Seiten. »Hier schau doch, ist massiver Bambus, keine Presspappe oder so. Und die Rollen sind aus Metall. Ich schlug sie kräftig auf den Boden. »Siehst du, wie stabil die sind?«

»Ja, aber ich bin zu schwer, als dass du mich ziehen könntest. Die Rollschuhe sind klasse.« Er nahm jetzt auch einen zwischen die Hufe und untersuchte ihn.

»1 A Qualität. Ich fühle mich geehrt, dass du dir meinetwegen so viel Arbeit gemacht hast. Aber ich glaube, wir brauchen es gar nicht versuchen.«

Entsetzt zog ich die Augenbrauen hoch und redet sofort dagegen. »Ich bin stärker, als du denkst, mein Lieber! Stell dir mal vor, wie wir mit den Dingern in Yangon einlaufen und wie toll wir uns dann fühlen«, machte ich ihm Mut. »Und wenn du es nicht wenigstens mal ausprobieren willst, dann ...«

Kurz überlegte ich, welche Drohung angemessen wäre, verschränkte die Arme vor der Brust und wetterte: »Dann trete ich in Sitzstreik und du kannst alleine weiter zu Buddha gehen. So. Nur dass du's weißt. Ist deine Entscheidung.« Die Streikratte hatte gesprochen, nun war er dran.

»Also gut, wenn du unbedingt willst, probieren wir es. Ich wollte dir bloß eine Enttäuschung ersparen, Huong«, gab er zurück, stellte sich hin und ließ sich die restlichen Rollschuhe kommentarlos umschnallen.

Erster Erfolg: Er stand, hielt sich mit dem Schwanz am Baum fest und die Rollschuhe hielten. Super!

»Wipp' mal 'n bisschen! Ob sie dich dann immer noch tragen?« Ohne Gezeter tat er, was ich sagte. Langsam schritt ich um ihn herum, und unterzog den Schuhen eine letzte kritische wie fachmännische Begutachtung. Denn besonders vor der ersten Fahrt gilt: Safety First!

Zufrieden schnallte ich mir meinen Rucksack wieder auf, nahm die Schnur, die ich Wasserbüffel um den Bauch gebunden und für mich zu Zurrgurten umgearbeitet hatte und schirrte mich an. »Gut, Hörnchen. Es geht los!« Ich zog mit aller Kraft, aber er rührte sich nicht von der Stelle.

»Hältst du dich noch irgendwo fest?«, ächzte ich.

»Nein, nein, ich stehe nur.«

Ich probierte es gelassen und friedfertig, dann gestresst und mit der Hau-Ruck-Methode bis hin zur soften Zugvariante, nix ging. Als ich – völlig durchgeschwitzt – bereits Furchen in die Erde gelaufen hatte, musste ich zugeben, dass es irgendwo einen Haken geben musste.

»Es ist kein Konstruktionsfehler, Huong. Du hast sie super entworfen und gebaut. Es liegt an meinem Gewicht «, tröstete er mich. Gewicht hin oder her, meine Enttäuschung war riesig. Ich hatte mir das doch so gut vorgestellt. Wasserbüffel sollte es bequem haben. Ich wollte ihn ja nicht bis zum Ziel ziehen. Nur Etappen zwischendurch, damit er sich ausruhen könnte. Niedergeschlagen nahm ich ihm die Rollschuhe wieder ab.

»Lass mich dir was zeigen.« Seine Blicke suchten das Gelände ab. Aus unserer Nähe angelt er mit dem Horn einen dicken Ast.

»Stell dich da mal drauf, Huong.«

»Keine Ahnung, was das nun mit den Rollschuhen zu tun hat, aber bitteschön.« Ich tat, was er sagte und als ich auf dem Ast stand, passierte nix, außer dass eine Träne auf das trockene Holz fiel. Und noch eine. Vorsichtig umfasste mich sein weicher Schwanz und hob mich wieder runter.

»Neulich haben wir doch wieder mal festgestellt, dass ich viel größer bin als du, richtig?« Ich erinnerte mich und nickte.

»Dann pass auf, was jetzt passiert«, sagte er. »Achtung.«

Er stellte sich gerade mal mit einem Vorderhuf auf den Ast, beugte sich nur ganz leicht nach vorne, da brach der Ast.

Ich schüttelte mich. »Oh! Du bist nicht nur größer als ich, sondern auch schwerer. Wer hätte das gedacht?«, rief ich verwundert. In meinem Gehirn sortierten sich Fakten, Daten wurden ausgewertet und langsam nickte ich und musste mich setzen.

»Über dein Gewicht habe ich niemals nachgedacht Hörnchen. Aber wenn ich dich so ansehe, und dann mich, ist es irgendwie klar, dass du mehr wiegst.«

»Stimmt. Und warum?«, wollte er wissen. War bestimmt 'ne Testfrage. In Windeseile fügten sich Puzzleteile in meinem Kopf zusammen. »Weil du ein Büffel bist und ich eine Ratte.«

»Richtig.«

»Und deshalb wusstest du, dass es mit den Rollschuhen nicht funktioniert, oder?«, fragte ich kläglich. Er nickte.

»Es tut mir so leid, Huong. Du bist stark, aber dass du mein Gewicht niemals ziehen könntest, ist ein physikalisches Gesetz.«

Er kramte eine Banane aus der Provianttasche, teilte sie und reichte mir ein Stück. Schweigend saßen wir nebeneinander und aßen. Als ich das letzte Stück Banane runterschluckte, hatte ich mich beruhigt.

Wir packten die Rollschuhe ein und entschieden, an Ort und Stelle zu bleiben und dass der heutige Tag eindeutig ein Ruhetag sei. Zu Hause hatte es ja auch Ruhetage gegeben.

»Wir sind gut im Zeitplan«, sagte Büffel.

»Wasser haben wir. Ja, lass uns abhängen und Kraft tanken«, stimmte ich zu.

Im Grünen schlugen wir unser Ausruh- und Nachtlager auf und machten nix. Ganztags. Wasserbüffel fühlte sich besser aber ich war von der Rollschuhaktion abends immer noch platt. Da wir keinen Hunger hatten, meditierten wir lange, kuschelten uns früh aneinander und betrachteten die Sterne. Bis wir müde wurden, spielten wir noch ›Ich bin dankbar für ‹.

Er fing an: »Ich bin dankbar für mein Leben.«

Jetzt war ich an der Reihe. »Also, ich bin dankbar für mein Leben und für meinen Körper, der so viel kann. Du bist.«

»Und ich bin dankbar für mein Leben, für meinen Körper und für meine Gesundheit.«

Schon war ich wieder dran. »Also, ich bin dankbar für mein Leben, meinen Körper, die Gesundheit und für unsere Freundschaft.« Ob er sich alles gemerkt hatte? Hatte er und wir schafften noch fünf weitere Runden.

Froh, dass wir auch an einem miesen Tag Dankbarkeit für vieles empfinden konnten, und im Vertrauen, dass der morgige Tag besser würde, schliefen wir ein. Und der Mond wachte über uns.


Am nächsten Morgen erwachten wir gut ausgeruht. Wir meditierten, frühstückten für die Kraft, die wir brauchen würden, brachen das Lager ab, schnallten unser Gepäck um und latschten, bis die Mittagshitze zu arg wurde. Es waren nicht mal mehr ein paar Grashalme in der Nähe, die zumindest mir Schatten gespendet hätten. Wir schwitzen schneller, als wir trinken konnten. Ruck zuck waren unsere Reserven leergesoffen. Wasserbüffel blieb stehen, um einen Blick auf die Karte zu werfen.

»Ich habe es befürchtet«, sagte er.

»Befürchtet? Was ist denn? Sag' nicht, wir haben uns verlaufen.«

»Nein. Wir haben den Anfang der trockenen Hochebene erreicht. Leider wird unser Weg für die nächsten zwei Wochen so bleiben. Dann werden wir an die Grenze zu Myanmar kommen«, schnaufte er.

»Hm. Große Hitze und wenig Schatten meinst du, ja?« Er nickte und vertiefte sich wieder in die Karte.

»Oh, ich sehe auch was Gutes.«

»Das heißt?«

»Die heutige Erlösung naht. Sie liegt gleich hinter den nächsten zwei Kurven. Dort müsste noch mal ein See sein.«

»Ach. Das ist ja prima«, entgegnete ich, bereit gegen die Hitze sogar ein Bad zu nehmen. »Vielleicht sollten wir dort unser Lager aufschlagen«, schlug ich vor. »Wie lange sind wir denn schon gelaufen?«

»Zeit in Bewegung haben wir, warte.« An seinen Stirnfalten sah ich, dass er rechnete. »Vier Stunden und zweiundzwanzig Minuten, also knapp drei Kilometer geschafft. Und das bei der Hitze.« Er lächelte zufrieden. Dann kniete er sich hin.

»Komm, steig auf. Ich trage dich den Rest.«

Das ließ ich mir nicht zweimal sagen und genoss den Weg zwischen dem Gepäck hoch oben auf seinem Rücken. Um mich nützlich zu machen, hielt ich Ausschau nach diesem und jenem und besagtem See natürlich. Wir hatten gerade die zweite Kurve passiert, da kam er tatsächlich in Sichtweite. Vor Freude, dass wir es für heute geschafft hatten, sprang ich ab. Das gab stechende Schmerzen im Knie und im Rücken leider auch. Puh. Ich schüttelte mich und rannte hinter Wasserbüffel her, der langsam weiter gegangen war.

Am Ziel angekommen waren wir erleichtert. Es gab Wasser, vereinzelte Bäume und Sträucher. Daher suchten wir uns den allerbesten Schattenplatz aus. Wasserbüffel warf das Gepäck von sich, das es mutmaßlich in ganz Laos rumste.

»Ich brauche sofort ein Bad und was zu trinken«, sagte er und trottete gemächlich zum Wasser.

Während er sich ausgiebig an selbigem erfreute, richtete ich uns am Fuße eines Baumes ein nettes Plätzchen her. Aus dem Lederbeutel holte ich uns eine stärkende Mahlzeit. Wie umsichtig von mir, dass ich Wasserbüffels Getreide – und vor allem die Gräser – stets in ein feuchtes Tuch verpackt hielt. So waren die Halme noch frisch, die wir vorgestern gepflückt hatten. Ich legte ihm eine große Portion hin und nahm für mich zwei einzelne. Gerade rechtzeitig fielen mir die drei trockenen Insekten ein, die ich unterwegs gefunden hatte. Sie waren porös und zerfielen, als ich sie aus der Fellfalte zog, aber nahrhaft sind sie ja immer noch. Eine bröselte ich auf Wasserbüffels Getreide, Protein würde ihm guttun. Wir aßen in Ruhe und hielten dann ein erholsames Nickerchen.

Spätnachmittags hingen wir über der Wegstreckenkarte, bis uns die Ortsnamen aus allen Poren rausquollen. Danach gongte es zur Meditation. Als wir damit fertig waren, dunkelte es.

»Ich fühle mich um Längen besser, als heute Mittag in der Hitze«, stellte ich zufrieden fest und kuschelte mich in die Mulde unserer leeren Gepäcktaschen.

»Geht mir genauso«, antwortet er und legte seinen Kopf ausgestreckt auf den Boden.

»Was hältst du davon, wenn wir unsere Gewohnheit ändern? Nachts marschieren und tagsüber schlafen«, schlug er unvermittelt vor. »Die Idee kam mir in den letzten Tagen schon öfter.«

»Meinst du, das klappt?«

»Ich weiß nicht. Wir können es nur ausprobiere. Fakt ist, dass unser Leben zu 95 % aus Gewohnheiten besteht. Du stehst morgens auf und meditierst. Siehst du, Meditation ist zum Beispiel eine neue Gewohnheit, die du dir gerade zu eigen machst.«

»Stimmt.«

»Betrachten wir unseren Alltag weiter, stellen wir fest, dass er voller Gewohnheiten steckt.«

»Wie meinst du das? Wir rauchen und trinken doch gar nicht.« Er schüttelte den Kopf. »Das hat damit nichts zu tun. Du meinst schlechte Angewohnheiten, das ist was anderes. Ich meine: Wir erledigen unsere Arbeiten, essen meist an den gleichen Plätzen und gestalten unsere Freizeit auf gleiche Weise, mit drei, vier Varianten. Wir benutzen die Brauenbürsten, meditieren und gehen schlafen. Tag ein Tag aus. Eigentlich immer das gleiche. Ausgenommen, dieser Reise. Geh' deinen Alltag zu Hause gedanklich mal durch. Da ist selten was Neues dabei, schätze ich. Das nennt man Routine. Und die tötet übrigens auch.«

»Was?«, erschrocken fuhr ich hoch. »Routine tötet auch? Fragt man sich, warum das so ist. Warum gehen wir dann nicht einfach mal einen Tag nur rückwärts oder so? Wir können das Gewöhnliche bestimmt mit dem Verrückten brechen. Wahrscheinlich sollten wir das auch noch mit ins Verjüngungsprogramm aufnehmen«, überlegte ich laut.

»Routinen haben wieder mit dem Gehirn zu tun. Unser Denkapparat braucht viel Energie, um zu funktionieren, wie du weißt. Die einzige Möglichkeit für unser Gehirn Energie zu sparen, ist, dass wir immer gleiche Sachen tun. Alltag, Abläufe und Aufgaben, die es kennt, sind fürs Gehirn nicht so mühselig.«

»Ach.«

»Ja. So eine Reise allerdings, ist für unser Gehirn viel arbeitsintensiver, denn es muss mehr Informationen verarbeiten, rechnen, Neues analysieren, Entscheidungen abwägen und so weiter.«

»Ach was! Deswegen haben wir auch mehr Hunger als daheim«, schlussfolgerte ich.

»Wahrscheinlich, denn aus dem, was wir an Nahrung zu uns nehmen ...«

»... stellt der Körper Brennstoff für's Gehirn her. Es bleibt also ein Versuch unsere Gewohnheiten zu ändern. Was die Reise angeht, bedeutet das nachts aktiv sein und tagsüber schlafen.« Wir sahen uns an. »Lass uns mal eine Nacht drüber schlafen«, scherzte ich.

# Zwei Begegnungen

Inzwischen war es dunkel. »Die Idee ist echt gut«, gab ich zu. »Aber meinst du wir können nachts genug sehen? Wir haben zwar eine Taschenlampe, Kerzen, drei Batterien und Öl für Notfälle dabei, aber wie lange reicht das?« Er zuckte die Schultern.

Die nächsten zwei Wochen verbrachten wir tatsächlich damit, unsere Gewohnheit zu ändern. Abrupt. Heißt: Wir quälten uns damit, tagsüber zu ruhen und stolperten nachts durch die Gegend. Das Unterfangen war schwieriger als gedacht.

Positiv war, dass unsere Lageraufbauten auf ein Minimum schrumpften, denn tagsüber konnten wir uns einfach mitten ins Nirgendwo legen. Einzige Baustelle war unser Sonnensegel, wenn kein Schattenplatz aufzutreiben war. Halbschatten hin oder her. Tagsüber war es zu heiß und hell zum Schlafen und nachts zu dunkel zum Latschen. Alles elend! Nach zehn Tage waren wir total erledigt. Noch dazu hinkten wir unserem Zeitplan wörtlich genommen um zwei halbe Tage hinterher.

Zu meinen hundert Sorgen, wie wir es, rein kräftemäßig, jemals bis Yangon schaffen sollten, gesellte sich die Grübelei, ob wir vielleicht doch längst vom Weg abkommen waren, was kein Wunder wäre. Dann wäre alles umsonst gewesen.

Der Mond hatte stark abgenommen und entzog uns sein wertvolles Licht. Das Gelände wurde immer unüberschaubarer, da es seit drei Tagen – bessergesagt Nächten – bergab ging. Nicht steil aber stetig. Wasserbüffels aktuellen Berechnungen zufolge mussten wir irgendwie zu einer größeren Straße gelangen, die zwei Städte mit schier unaussprechlichen Namen miteinander verbindet. Vor mir türmte sich ein sinnloses Ganzes auf. Als wir zwei Nächte später optische Halluzinationen bekamen, brachen wir ab. Nicht die Tour, sondern die Tortur der Umstellung des Wach-Schlafrhythmus.

Eine Ebene mit grünen Annehmlichkeiten wie Frischfutter und einem Bach lud uns ein, den Zeitplan zunächst in die Tonne zu treten. Wir sagten zu, schliefen uns ordentlich aus und blieben vier Tage. Meditieren oder faul in der Sonne liegen, Yoga und leichte Rückengymnastik wechselten sich mit ganz viel körperlicher Schonung ab. Herrlich. Besonders genoss ich, zuzusehen, wenn mein Freund den Bach staute, indem er sich mitten reinlegte. Aufgrund der Annehmlichkeiten verlängerten wir um einen Tag und so wurde erst der sechste ein richtiger Latschtag. Wie in den Anfängen unserer Reise. Beschwingt marschierten wir – bis auf einen kleinen Stopp zum Essen – bis die Sonne unterging. Wir bauten das Lager auf und hockten uns an einen Baum.

»Wir haben irgendwo einen Denkfehler gemacht, Huong. Der Wach-Schlafrhythmus ist scheinbar wichtiger als andere Gewohnheiten, wenn sich daran so schwer was drehen lässt«, brachte Wasserbüffel das Thema noch mal auf. »Heute im Tageslicht, da ging doch alles wieder viel leichter und wir hatten viel bessere Laune.«

»Stimmt. Ich fand es auch angenehmer, als nachts zu laufen. Richtig schlafen konnte ich tagsüber, glaube ich, auch nicht.«

»Ging mir auch so. Na ja. Ein Versuch war es wert. Hätten wir besseres Licht gehabt, oder eine Begleitung, jemand der sich hier auskennt, wäre es nachts sicher einfacher gewesen«, erwiderte er. Wie es im Leben manchmal ist, standen plötzlich alle Türen offen.

Wasserbüffel horchte auf und schnupperte. »Ich rieche was, und das bin nicht ich und du bist es auch nicht.« Ich tat es ihm gleich, roch aber nichts. Ängstlich kauerte ich mich an ihn und stellte meine Ohren lauter. Tatsächlich! Irgendwas raschelte da. Heiliger Reissack. Hoffentlich keine Schlange!

»Hm, da ist doch was! Wer ist da?«, fragte mein Freund in die Dunkelheit.

»Ich bin es«, bellte es zurück und ein heller Hund kam mit eingezogenem Schwanz um den Baum herum, an dessen Fuß wir gesessen hatten.

»Wer seid ihr denn und was verschlägt euch in diese Gegend?«, wollte er wissen.

»Das Gleiche könnten wir dich auch fragen«, sprach ich mit fester Stimme, blieb aber vorsichtshalber in Wasserbüffels Deckung. Nett könnte ich sein, wenn sich zeigt, dass dieser Schurke keiner ist.

»Ich heiße Kyaal und lebe in dieser Gegend. Manchmal bin ich hier, dann 'n paar Kilometer weiter unten am See, oder ich treibe mich an der Straße rum. Da finde ich öfter was zu fressen. Und ihr?«, wollte er jetzt berechtigterweise wissen. Ich überließ es Wasserbüffel, uns, und den Grund unserer Reise vorzustellen. Mit: »Wir suchen gerade die Straße, die uns Richtung Ywathitkon führt«, endete er.

»Das ist ja scharf. Ihr seid nur zum Meditieren und wegen der Religion unterwegs?«

»Religion?« Wasserbüffel stutzte. »Buddhismus ist doch keine Religion!«

»Ach. Ist es nicht?«, fragte Hund interessiert. Und falls er nicht war, spielte er es ziemlich gut.

»Nein. Von dem, was das Wort ›Religion‹ meint, unterscheidet sich Buddhismus, indem er keinen Schöpfergott kennt. Da gibt es keinen, dem man gehorchen müsste oder auf dessen Kraft man zum Problemlösen bauen könnte. Der Buddhismus fordert auch niemanden auf, Freiheit und Individualität bei einer höheren Macht abzugeben.«

»Nicht?« Hund schien verblüfft.

»Nein. Ganz im Gegenteil. Buddhismus ermutigt jeden, Verantwortung für das eigene Leben zu übernehmen und sich

durch Bemühung geistig weiterzuentwickeln«, erklärte ich ihm. »Von Buddha selbst gibt es nicht mal Schriften über das, was er gelehrt hat. Und, ob er überhaupt schreiben konnte, weiß man nicht. Schätze eher nicht«, sinnierte Wasserbüffel.

Ich schlackerte mit den Ohren und schmetterte: «Da siehst du's mal wieder, die ganze Schreiberei ist Mumpitz. Man kann auch ohne sehr berühmt werden.«

»Wenn du magst, Kyaal, dann begleite uns. Ist doch nichts gegen einzuwenden, oder?«, wandte Wasserbüffel sich an mich.

Du Witzhorn, dachte ich. Wie könnte ich denn jetzt mein Veto einlegen? Ich musste kurz abwägen und die richtigen Worte finden. Also bohrte ich in der Nase. »Hm.« Ich checkte den Streuner mit all meinen Sinnen. Der wird uns kein Leid antun. Gut, er ist viel größer als ich aber auch sehr viel kleiner als Wasserbüffel. Ein Tritt von Büffel und er wäre erledigt.

»Nein absolut nicht«, antwortete ich. »Dann sind wir jetzt eine Kleingruppe.«

»Echt? Ihr nehmt mich mit? Und ich bin Teil eines Trios? Das ist ja toll.« Hund rollte sich wie ein Irrer auf dem Boden. Abrupt stand er wieder auf, lächelte uns an, schüttelte den Kopf und sagte: »Nein, nein, nein.« Erst wollte er und jetzt wieder nicht oder wie? Ich war von mir selbst ja Unentschlossenheit gewohnt, aber jetzt kam ich gedanklich nicht mehr mit.

»Das ist nicht nur toll, nein. Das ist das Beste überhaupt«, keuchte Kyaal. »So nett war ja lange keiner mehr zu mir«, schluchzte er. »Ich danke euch.«

Überfordert mit diesem Gefühlsausbruch konnte ich nur noch den Kopf schütteln. Um Hund abzulenken, kramte ich unsere Karte und die Taschenlampe raus. Ich breitete die Karte vor ihm aus. Die Grenze zu Myanmar hatten wir gestern passiert. Sie war unspektakulär.

»Guck, wir sind hier«, sagte ich und leuchtete auf unseren

Standpunkt.

»Und da wollen wir hin«, ergänzte Wasserbüffel und zeigte ihm den bevorstehenden Weg sowie unser Ziel.

»Kennst du Yangon?«, fragte ich. Kyaal verneinte.

»Tagsüber laufen ist ziemlich anstrengend, denn hier ist es noch heißer als bei uns, weißt du. Wir haben probiert unsere Gewohnheiten zu ändern, sind nachts gelaufen und …«

»Und haben tagsüber kein Auge zugekriegt«, fiel ich ihm ins Wort.

»Wir haben schon einige Kilometer gemacht, einige liegen aber auch noch vor uns. Die nächstgrößere Stadt, welche wir allerdings links liegen lassen, ist Ywathitkon. Da hinten wird es laut Karte wieder steinig und staubig, kaum Schattenplätze und Wasser wird Mangelware«, meinte Büffel und Kyaal nickte.

»Stimmt. So bleibt es auch erst mal.« Er schien kurz zu überlegen, dann wedelte er mit dem Schwanz. »Also, wenn ihr noch mal ausprobieren wollt, nachts zu gehen, könntet ihr Betelnuss kauen«, schlug er vor.

»Betel was?«, hakte ich nach.

»Betelnuss. Zufällig habe ich noch einige bei mir. Habt ihr noch nie Betelnuss gekaut? Da habt ihr echt was verpasst. Ist das dort, wo ihr herkommt, nicht angesagt?«

»Keine Ahnung, bei uns auf jeden Fall nicht. Und ich glaube, ich kenne keinen, der dieses Betelzeug schon mal gegessen hat. Du etwa?«, wandte ich mich an meinen Freund. Wasserbüffel schüttelte den Kopf.

»Betelnuss. Nicht Betelzeug, Huong. Das ist ein riesiger Unterschied!«, korrigierte mich Hund.

»Und warum?«, wollte ich wissen.

Als Antwort legte er uns eine in Blätter verpackte Nuss hin. Interessiert begutachteten wir sie. Braun wie Nüsse eben sind, und geruchsneutral war sie.

»Aber nicht schlucken, hört ihr? Nur kauen!«

»Und was bewirkt das?«, stellte Wasserbüffel eine Frage, die mir aus der Seele sprach. »Na, ihr werdet putzmunter sein und das Marschieren wird euch gar nichts mehr ausmachen.«

»Ehrlich?«, fragten wir synchron wie erstaunt und mussten alle lachen.

»Ja! Die Inhaltsstoffe der Betelnuss wirken gegen Ermüdung.«

»Interessant. Ich finde, wir probieren es mal aus. Was meinst du Huong?«, wandte Büffel sich an mich.

»Meinetwegen.«

»Mit dir Kyaal, als Anführer im Dunkeln und deinen Betelnüssen, könnten wir uns wieder auf den Weg machen.«

Da wir alle einverstanden waren, baute ich unser Lager ab. Hund half wie selbstverständlich und schnell war alles ordentlich verstaut.

»So, dann ist hier eine Nuss für dich, Büffel, eine für dich, Huong und natürlich auch eine für mich«, sagte Kyaal mit breitem Grinsen. Sofort verschwand sie in seiner Schnauze. »Und denkt dran, nur kauen nicht schlucken«, schmatzte er.

Das Glück war auf unserer Seite, denn durch den Mond, der schon fast wieder voll war, war es ziemlich hell. Los ging's. Langsam marschierten wir hinter Hund her und kauten und kauten.

»Wundert euch nicht. Der Geschmack ist nicht besonders gut, aber die Wirkung. Und darum geht es ja.«

Recht hatte er! Das Zeug, ob Betel oder Nuss, schmeckte grässlich bitter. Sofort zogen sich mir sämtliche Nerven in der Schnauze zusammen.

»Schmeckt seltsam, aber okay«, log ich, auch wenn ich nicht mehr lügen wollte. Hund sollte bloß nicht enttäuscht sein. Wasserbüffel sagte gar nichts mehr. Als Wiederkäuer war es ein Leichtes für ihn unentwegt zu kauen.

Das Nächste war, dass mir der Speichel floss wie wild. So viel Spucke hatte ich noch nie im Maul. Heimlich drehte ich mich zur Seite und spuckte aus. Wenig später merkte ich, dass Hund ständig ausspuckte. Dann war das also normal. Nach kurzer Zeit spuckten wir alle abwechselnd und trabten durch die Nacht. Von Müdigkeit keine Spur.

»Und wie geht es euch?«, wollte Kyaal irgendwann wissen.

Ganz prima. Ich bin gar nicht müde, ich könnte laufen und laufen«, antwortete Wasserbüffel und ich konnte ihm nur beipflichten. Wenig später fingen Büffel und ich grundlos an zu kichern. Ich fühlte mich irgendwie benommen, wie nach mehreren Gläsern Zuckerrohrschnaps. Also stimmte ich ein Liedchen an und Wasserbüffel setzte ein.

»Ihr seid ja lustige Kameraden«, stellte Hund fest und vergnügt setzten wir unseren Weg fort.

Stunden später sah die Sache allerdings ganz anders aus. Ich schwitzte stark und meine Schnauze war halb betäubt. Dazu brannte es fürchterlich, und je mehr ich spuckte, desto schlimmer wurde es. Hund meinte, wir sollten die Nüsse jetzt besser ausspucken.

Wasserbüffel ging vor mir einen engen Trampelpfad entlang. Plötzlich wankte er und schnaufte ganz doll. Abrupt blieb er stehen und übergab sich. Dazu zitterte er am ganzen Körper und ich musste mich stark zusammenreißen, Kyaal nicht sofort eine überzubraten. Aggressionen gegen Halbfremde sind jetzt egal. Viel wichtiger ist, dass ich mich um Büffel kümmere.

Ich rief mir das Retter-Einmaleins ins Gedächtnis. Okay Huong, zur Vitalzeichenkontrolle gehören: Bewusstseinskontrolle durch ansprechen, dann noch Pulskontrolle und was noch? Ich kramte in jeder Gehirnwindung. Ach genau, die Atmung. Natürlich. Kurzer Check: Vitalzeichen okay.

Zuerst befreiten wir Wasserbüffel von der Traglast. Es dauerte, bis ich ihn dazu bewegen konnte sich hinzulegen. Mit vereinter Kraft hievten Hund und ich dann seine Hinterhufe in eine Astgabel, sodass er genug Blut in Rumpf und Kopf bekam. Mit einem Blatt fächerte ich ihm Luft zu und sprach beruhigend auf ihn ein. Die Wichtigkeit der psychischen Betreuung bei Notfällen ist nicht zu unterschätzen.

»Ist schon alles gut«, schnaufte er. »Mach dir keine Sorgen, Huong. Vielleicht war die Dosis zu hoch. Lass mich hier etwas liegen und ausruhen.« Ich kämpfte mit den Tränen. Erst jetzt bemerkte ich, dass mir selbst hundeelend war. Ich musste dringend zur Toilette. Was da aus mir raus kam, war schlimm. Woher zum Weißwangengibbon kam dieser Durchfall? Die folgenden Bauchkrämpfe waren arg. Ich legte mich zitternd neben Wasserbüffel, bereit, mit und neben ihm zu sterben. Heute noch. Ermattete fasste ich seinen Huf an. Temperatur und Festigkeit waren okay, was mich beruhigte. Er schnaufte, woraus ich folgerte, dass er atmete, was wiederum bedeutete, dass er lebte.

Der Einzige, dem es körperlich gut ging, war Hund. Der pendelte eifrig zwischen Wasserbüffel und mir hin und her, wedelte ihm Luft zu und streichelte meinen Bauch. Wir fielen in einen traumlosen Schlaf und erwachten erst, als die Sonne hoch am Himmel stand.

»Na mein Lieber, wie geht es dir?«, fragte ich Wasserbüffel sofort.

»Es geht«, antwortete der, befreite seine Hinterhufe aus der Astgabel und rekelte sich. Als ich ihn genauer anschaute, erschrak ich zutiefst. Sein riesiges Maul war blutrot und auf seinen Lippen klebten festgeklumpte Blutreste.

Bevor ich mich zurücknehmen konnte, sagte ich: »Heiliger Reissack! Wie siehst du denn aus?« Er zuckte mit den Achseln.

»Wieso, wie denn?«

»Dein Maul ist voller Blut«, sprach ich stockend.

Er drehte sich zu mir. »Bei dir ist es auch so, Huong. Und sieh mal bei Hund auch.« Verwundert blickten wir uns an. Wasserbüffel verzog sein Mund zu einem müden Grinsen.

»Igitt, sogar deine Zähne sind ganz rot«, stellte ich fest. »Meine auch?«

Kyaal wurde wach. Er streckte sich und schabte mit seinem Rücken über den Boden.

»Schmeckt nicht nach Blut«, meinte ich. »Nur was ist es dann?«

Mittlerweile hatte Hund sich aufgesetzt. Aus seinen Lefzen tropften rote Spuckefäden. Igitt. Er schüttelte sich.

»Warum habe ich euch nur die Betelnüsse gegeben? Es tut mir schrecklich leid. Ich Idiot. Vielleicht vertragt ihr die nicht. Ich hatte noch nie solche Beschwerden von Betelnüssen. Und ich kaue das Zeug schon seit meiner Jugend«, beteuerte er. »Ich hatte große Sorge um euch. Ich wollte nicht, dass es euch schlecht geht. Bitte verzeiht mir «, schluchzte er und warf sich vor uns auf den Boden.

»Ich bin doch so glücklich, dass ich euch begleiten darf, und ich dachte, wir werden Freunde bis zum Lebensende.«, sprudelten die Worte im Rhythmus seines Schniefens aus ihm raus.

»Ist schon gut«, tröstete Wasserbüffel ihn. Väterlich streichelte er ihm mit dem Schwanz über den Rücken, dass ich fast eifersüchtig geworden wäre. »Du hättest uns über die Nebenwirkungen aufklären sollen. Dann hätten wir uns nicht so erschrocken oder die Nüsse erst gar nicht genommen. Und schau mal, wie unsere Schnauzen aussehen. Alles blutig. Bei dir auch. Gesund ist das sicher nicht«, bekräftigte er.

»Blut?« Hund hob seinen Kopf und war sichtlich konsterniert. »Das ist doch kein Blut! Das ist Farbe von den Betelnüssen. Das geht in den nächsten Tagen weg.« Ich hörte etwas poltern. Eventuell war es ein Stein, der einem von uns vom Herzen gefallen war.

»Na hoffentlich!«, sprach ich ernst und es keimten wieder Aggressionen gegen Hund in mir auf. Ich durchbrach die Gedankenkette mithilfe meines Körpers, indem ich aufstand und pinkeln ging.

»Ich denke, wir belassen es bei dem einen Versuch mit den Betelnüssen. Ob wir tagsüber oder nachts marschieren, ist mir egal. Aber Betelnüsse kommen mir nie mehr in die Schnute. Schlag das bloß nie wieder vor, Kyaal«, sagte ich, als ich zurückkam.

»Sehr richtig«, pflichtete Wasserbüffel mir bei und Hund nickte brav.

»Ich schwöre es.« Er erhob seine rechte Vorderpfote und fragte mit zittriger Stimme: »Sind wir weiter Freunde?«

»Natürlich«, lächelte Büffel und zeigte uns damit noch einmal seine rot gefärbten Zähne. »Lasst uns etwas vornehmen. Etwas, das Buddha erkannt hat«, meinte er.

»Was wollen wir uns denn vornehmen, Hörnchen?«

»Na ja«, sagte Wasserbüffel. »Schaut mal, es ist doch eindeutig, dass der Missbrauch von Substanzen – in unserem Fall Betelnüsse – die Ursache für Leid gewesen ist. Das haben wir selbst erfahren. Vielleicht kann es den Körper krank machen.« Hund hustete, senkte den Kopf und hörte aufmerksam zu.

»Solange wir unwissend über solche Umstände sind, können wir sie nicht ändern«, fuhr Büffel fort. »Aber wenn wir Wissende sind, so wie jetzt, liegt es an uns, uns für oder gegen etwas – wie diese Substanzen – zu entscheiden.«

»Warum?«, fragte ich.

»Na, weil du erst eine Entscheidung treffen kannst, wenn du um die Wirkung deines Handelns weißt«, erklärte er.

»Klingt logisch«, meinte Hund. »Das bedeutet, dass man sich für die Konsequenzen aus dem eigenen Handeln entscheidet, oder? Ich bin selbst verantwortlich für das, was ich tue und welche Folgen das hat.«

»Richtig Kyaal. Im Rausch büßen wir Klarheit ein und belasten unsere Körper. Buddha erkannte, dass Klarheit ganz wichtig ist. Ohne Klarheit keine Innenschau und ohne Innenschau keine rechte Erkenntnis. Alles andere, also die Berauschung mit irgendwelchen Mittelchen sind nur Ablenkungen. Ablenkung von sich selbst und dem, wie es ist. Berauscht sein macht unachtsam. Unachtsamkeit steht der Klarheit entgegen und so weiter. Das Rad des Lebens dreht sich weiter und weiter, denn wer sich ständig berauscht, der will keine Innenschau halten und seine Missstände, seinen Missmut nicht anerkennen. Aber ohne anzuerkennen, was ist, kommt man zu keiner Änderung. Ohne Änderung keine Klarheit und so weiter und so fort.«

»Alles in allem kein Ausstieg aus dem Rad des Lebens«, schlussfolgerte ich.

»Richtig. Im Umkehrschluss kann man auch sagen: Das Leiden setzt sich fort. In diesem und den nächsten Leben.«

Kyaal legte den Kopf schief. »In diesem und den nächsten Leben?«

»Ja. Lasst uns verabreden, dass wir keine berauschenden Mittel nehmen«, schlug Büffel vor. »Damit sind wir bei einer Lebensregel des Buddhismus, nämlich der, der rechten Achtsamkeit. Diese lautet, dass wir auf den Körper mit allen Sinnen und Gefühlen achten, damit alles Begehren mit klarem Geist überwunden werden kann. Das schließt mit ein, dass wir unsere Achtsamkeit nicht vernebeln.«

»Aha.« Hund und ich nickten.

»Ganz im Gegenteil, wir können uns auch außerhalb der Meditation, also im Alltag, immer mal wieder fragen: Was fühle ich im Körper? Und das nehmen wir dann wahr.«

Ich schaute ihn an, schluckte und quoll mal wieder über vor Liebe. »Also Freunde«, sprach Wasserbüffels feierlich. »Erhebt eure Pfoten.« Wir saßen im Kreis, hielten uns bei den Vorderhufen beziehungsweise Vorderpfoten und Büffel stimmte den Schwur an: »Berauschender Mittel will ich mich enthalten. Wir verpflichten uns, keine Rauschmittel zu konsumieren, die den Verlust unserer Achtsamkeit bewirken.« Hund und ich wiederholten.

»Ich nehme keine Betelnüsse, Drogen oder andere berauschende Mittel. Ich lasse mich auch nicht durch andere äußere Einflüsse ablenken oder berauschen«, fuhr Büffel fort und wir sprachen nach.

»Ich esse und trinke in Achtsamkeit und nehme nur Dinge zu mir, die mir guttun und mich gesund erhalten«, schwor er weiter.

Voller Inbrunst wiederholten wir auch diesen Satz. Oh, das tat gut und ging wie von selbst, denn Banane im Teigmantel und Überbleibsel von Reisnudeln in Curry und Zuckerrohrschnaps waren weit weg. Der Schwur war vorbei und ich fühlte mich unendlich rein.

Einvernehmlich entschieden wir den Tag an Ort und Stelle zu bleiben, um uns von den Strapazen der letzten Nacht zu erholen. Nachdem wir eine Kleinigkeit gefrühstückt hatten, fühlten wir uns besser. Da fiel mir auch schon das i-Tüpfelchen dieser Reise ein. Ich klettere auf einen Ast und räusperte mich. »Wasserbüffel, du weißt so viel über den Buddhismus. Kannst und möchtest du unser Lehrer sein?«, kürzte ich die zehnminütige Stegreifrede, mit der ich sie sicherlich zu Tränen gerührt hätte, in einem Satz ab.

Er kräuselte die Stirn. »Über Buddha und seine Lehren?«

Ich nickte und Kyaal bellte auffordernd.

»Nun wenn ihr meint, machen wir das.« Es klang geheimnisvoll, als er sagte, dass er uns in nächster Zeit in alles einweihen würde, was er über den buddhistischen Pfad wüsste. »Das täglich Meditationen zum Unterricht gehören, ist euch sicher recht«, zwinkerte er. Ich schluckte. In Erinnerung an unsere Tage als Mönche auf Zeit tönte ich ›Pling‹, ganz so, als ob ich das Glöckchen sei, das die Meditationen damals einleitete und – tröstlicherweise – auch wieder beendete, selbst dann, wenn man das Klingelzeichen gedanklich schon abgeschrieben hatte. Und das nicht, weil man tief versunken ins Innere blickte. Nein, ganz im Gegenteil. Weil man vor Gedanken weder ein noch aus wusste. Das Bild vor meinem inneren Auge, wie ich im Kloster, den Gongschlag ersehnend, auf dem Meditationsschemel hockte, verschwamm.

Zur Feier des Tages relaxten zwei Schüler und ein Lehrer, bis der Blick zum Sonnenstand die Badezeit ankündigte.

# Gewohnheiten ändern

»Hund, würdest du Büffel den Weg zum Wasser zeigen? Bitte bleib bei ihm, so lange er badet.«

Ich hätte Kyaal um alles bitten können. Sein schlechtes Gewissen hätte es ihn tun lassen. Aber ich war ja kein Ausnutzer. Ich war – seitdem ich wieder meditierte, reiste und schwor – Buddhist. Ein echter. Abgesehen davon das ich immer mal wieder log.

Als die beiden abgezogen waren, nahm ich mir Zeit für das Wichtigste: Mich! Da ich Rückenschmerzen hatte, entschied ich mich für Selbstfürsorge durch Sport. Neben mir stand ein einsamer Busch. Perfekt. Ich sprang hoch, griff einen Ast und ließ mich ordentlich hängen. Das tat gut. Zurück auf dem Boden ging ich in den Vierfüßlerstand. Ich bog mich abwechselnd im Katzenbuckel und überstreckte den Rücken dann leicht in die Pferderückenposition. Den Kopf immer in Verlängerung der Wirbelsäule schaute ich auf den Boden. Nach vielen Wiederholungen setze ich mich in den Rückenentspannungssitz. Dafür kniete ich mich hin, nahm das Gesäß weit zurück auf die Hinterpfoten, streckte den Rücken gerade, und die Arme weit nach vorne aus. Krallenflächen auf dem Boden. Ich legte die Stirn ab. Offensichtlich kamen meine Partner vom Baden zurück, denn ich vernahm Stimmen.

»Das hatte ich so gar nicht verstanden«, hörte ich Hund kläffen.

»Ja. Weil uns die Hitze so zu schaffen machte, wollten wir tagsüber schlafen und nachts marschieren. Das war wirklich beschwerlich. Frag' Huong, er wird es bestätigen«, schnaubte Wasserbüffel. »Na ja, mir fällt erst jetzt auf, dass schlafen ja keine Gewohnheit, sondern ein Bedürfnis ist.«

»Stimmt. Ich denke, dass ausreichend Nahrung und Wasser, Luft, Beschäftigung und medizinische Versorgung auch Grundbedürfnisse sind«, erwiderte Hund. »Schlaf, Unterkunft, Geborgenheit und Partnerschaft gehören auch dazu. Hey, das Rundum-Sorglos-Paket also«, lachte er.

»Ja, so richtig zum Wohlfühlen«, erwiderte Wasserbüffel und lachte mit.

Ich befand mich mittlerweile in der Yogaposition ›Delfin‹. Die Welt stand Kopf. Dieser Perspektivwechsel hat sich schon oft bewährt. Mit den Übungen war ich fertig und das Gefühl war prächtig. Ich schüttelte mich und stellte zufrieden fest, dass ich die Betelnussattacke bestens weggesteckt hatte.

Büffel legte sich nach dem Bad direkt hin. Ich zerrte die Provianttasche aus dem Gepäckberg und machte mich dann mit Kyaal daran das Lager aufzubauen. Im Handumdrehen stand alles an seinem Platz. Wasserbüffels Ruhepause war offensichtlich beendet, denn er rief: »Kyaal und ich sprachen vorhin über Gewohnheiten, Huong! Und weißt du, was mir auffiel?« Er kam angetrottet.

»Nein.« Mir knurrte der Magen. Wie mir das Wasser im Maul zusammenlief, als ich das Futter auspackte, war schon nicht mehr normal.

»Setzt euch und fangt an«, lud ich Hund und Büffel kaum eine Minute später ein. Ich nahm zuerst eine Kralle Reiskörner, kaute hastig und konnte mit der Magenfüllung überhaupt erst wieder einem Gespräch folgen. Erfreut stellte ich fest, dass mein Freund wieder fitter wirkte.

»Also, ihr habt über Gewohnheiten geredet«, nahm ich den Faden wieder auf. »Gibt es dazu neue Erkenntnisse?«

»Ja. Ich habe was verwechselt, Huong. Schlafen ist ja ein Bedürfnis. Ein Grundbedürfnis noch dazu. Aber Gewohnheiten sind ja keine Bedürfnisse.«

»Aha.«

Mein Magen verdaut gewohnheitsmäßig gerne getrockneten Fisch, daher war es mir ein großes Bedürfnis, von diesem zu essen. Schade, er war noch eingepackt.

»Gewohnheiten sind also keine Bedürfnisse«, wiederholte ich, stand auf und kramte in der Provianttasche. Schade, das Gesuchte befand sich ganz unten. Endlich kam ein getrockneter Fisch mit Libellenstreuseln drauf zum Vorschein. Ich setzte mich und klinke mich wieder ins Gespräch ein.

»Na ja, Grundbedürfnisse sichern unser Überleben. Und Gewohnheiten machen unsere Persönlichkeit aus. Die richtigen Gewohnheiten sind der Schlüssel zu einem glücklichen Leben«, stellte Hund fest.

»Und was sind Gewohnheiten?«, fragte ich.

»Verhaltensweisen, die automatisch, weil unbewusst ablaufen. Sie können unser Verbündeter oder Feind sein, je nachdem ob sie uns dienen oder schaden. Die meisten unserer Gewohnheiten nehmen wir nicht einmal wahr.«

»Wie kann das denn sein? Und wenn du dich so gut auskennst Kyaal, dann sag doch mal, wie Gewohnheiten entstehen«, schmatzte ich.

»Zuerst muss man wissen, dass es immer einen Auslöser gibt, damit eine Gewohnheit abläuft. Per Knopfdruck wird dann automatisch ein eingeübtes Verhaltensprogramm abgespielt.«

»Was denn für ein Auslöser?«, wollte Wasserbüffel wissen.

Hund nippte an seinem Wasser und antwortete: »Das kann ein Gedanke, ein Gefühl oder ein Wunsch sein.« Er überlegte kurz. »Als Auslöser kommen äußere oder innere Reize infrage, die durch die Sinne wahrgenommen und mit dem Routineprogramm beantwortet werden. Nach dem Auslöser und der Gewohnheit folgt dann das Belohnungsgefühl.«

»Zum Beispiel?«, wollte Büffel wissen.

»Beispiele für Belohnungen meinst du? Na ja, sich gut fühlen oder etwas leckeres essen, trinken oder ...«

»Ah, das passt. Belohnungen finde ich voll gut«, unterbrach ich Kyaal, umwickelte die letzte getrocknete Libelle mit einem Korianderblatt und biss genüsslich rein.

»Die Information für unser Gehirn hinter der Belohnung heißt: ›So bald der Auslöser X eintrifft, führe ich das Routineprogramm Y durch‹ und dann gibt es wieder die Belohnung«, schilderte Hund.

»Dann läuft die Gewohnheit nur wegen der Belohnung ab? Das greift ja ineinander wie der Schlüssel in Schloss«, fand Wasserbüffel.

»Ja. Und dabei geht es unserem Verstand nur darum Freude zu erleben und Schmerz zu vermeiden. Um nichts weiter. Will man Gewohnheiten ändern, muss man also zuerst verstehen, aus welchen Elementen sie sich zusammensetzen.«

»Ist klar. Erzähl weiter, Kyaal!«

»Also gut. Lust und belohnt werden sind starke Gefühle, die uns an Gewohnheiten fesseln. Routinen allerdings auch. Habt ihr Lust auf ein kleines Experiment?«, fragte Hund.

»Na klar, was sollen wir tun?«

»Faltet eure Pfoten und Klauen und verschränkt sie so ineinander, dass sie ganz normal übereinander liegen. Im Westen würde man die Handhaltung ›beten‹ nennen.«

Wir taten, was er sagte, doch da er schon das Wort beten erwähnt hatte, hoffte ich, er würde nicht noch mal auf die dazugehörigen Nüsse – die Betelnüsse – zu sprechen kommen. Kam er nicht. Stattdessen forderte er uns auf die Position zu wechseln und begutachtete unser Bemühen die Pfoten und Hufe anders als normalerweise ineinander zu verschränken.

»Und, wie fühlt sich das an?«, hechelte er.

»Hm, ungewohnt und unangenehm«, meinte ich und Büffel nickte.

»Stellt euch vor, man braucht zwei Wochen, um sich nur an

eine solch simple Haltung neu zu gewöhnen. Bis dahin feuert euer Gehirn ständig Alarmsignale ans Bewusstsein ab und meldet: Hier stimmt was nicht.«

Ich war verdutzt. »Nur weil zwei Klauen oder Krallen nicht wie sonst übereinander liegen? Ist ja ein Ding.«

»Da wage ich nicht mir vorzustellen, was passiert, wenn wir uns gewichtigere Routinen oder Gewohnheiten abtrainieren oder neue annehmen wollen. Das ist bestimmt schwierig«, sinnierte Wasserbüffel.

»Nie wieder das-und-das machen! Nie wieder dick sein! Solche oder ähnliche Vorsätze kennen wir doch. Leider ist es so, dass je mehr und je lauter wir sagen, etwas nie mehr zu machen, desto größer wird die Wahrscheinlichkeit, dass wir es doch wieder tun«, wusste Hund.

»Echt?«, ich war baff.

»Ja, ist so. Und wisst ihr, wie man das Phänomen nennt?« Büffel und ich schüttelten die Köpfe.

»Selbstsabotage. Denn Vermeidungsvorsätze unterstützen leider genau den Effekt, den wir nicht wollen. Man steht sich also selbst im Weg.«

»Ach. Das ist ja verrückt. Warum denn?«, fragte Büffel.

»Statt zu sagen ›ich bin schlank‹, sagen wir ›ich will nicht dick sein‹. Das ergibt zwei Probleme«, sprach Hund und hob beide Pfoten. Er holte Luft und fuhr fort: »Erstens versteht das Unterbewusstsein Verneinungen nicht. Das zweite Problem ist, dass wir uns mit dem Wort das wir vermeiden wollen, also ›dick sein‹ leider zu hundert Prozent darauf ausrichten. Ist das nicht irre?«

»In der Tat«, nickte Wasserbüffel. Da ich nie dick war hatte das Thema wenig Brisanz für mich.

»Na dann denkt oder sagt man sich eben was anderes. Dann geht das doch ruck zuck mit der Änderung, bei mir auf jeden Fall«, gab ich an.

»Manchmal haben wir vielleicht Angst vor unserer eigenen Größe, Stärke und dem, was alles möglich ist. Selbstsabotage blockiert ja unser Wachstum. Und wenn sich im Inneren nichts ändert, müssen wir ja auch im Außen nichts umgestalten«, warf Wasserbüffel ein.

»Eins kann ich euch sagen: Gewohnheiten ummodeln geht auf jeden Fall nicht von heute auf morgen. Es geht auch nicht in sieben Tagen«, verkündete Hund.

»Nicht? In wie vielen denn dann?«, hakte ich nach.

»Das braucht Zeit. Der Wandel, von schädlichen zu guten Gewohnheiten geht am sichersten in kleinen Schritten. Denn die Schlechten kriegt man weg, indem man sie durch neue, Bessere ersetzt.«

»Hört sich nach Selbstdisziplin an«, folgerte Wasserbüffel.

»Ja. Es kommt vor allem auf die Motivation an«, bellte Kyaal und fuhr fort: »Ihr werdet gleich verstehen, wie wir ticken und wie wir dieses Wissen nutzen können, um Gewohnheiten zu ändern.« Wir waren gespannt.

»Ich muss etwas ausholen«, schickte Hund vorweg.

Die Sonne schien golden auf uns herab, tauchte die Landschaft in ein angenehmes Licht und schaffte damit genau die richtige Stimmung, um neue Erkenntnisse aufzunehmen.

»Erfolgreiche Typen denken langfristig«, erklärte er jetzt. »Manche Verhaltensweisen – wie zum Beispiel faul in der Hängematte liegen – bringt uns zwar kurzfristig Vergnügen, langfristig aber Verdruss. Wir ärgern uns über uns selbst, werden im schlimmsten Fall unbeweglich und dick. Das sind eine Menge Nachteile von faul rumliegen.«

»Woher weißt du, dass ich gerne faul in der Matte liege, he?«, fragte ich, denn ich fühlte mich sofort angegriffen.

»Das war doch nur ein Beispiel, Huong«, sagte er entschuldigend.

»Egal um welches gewohnheitsmäßige Verhalten es geht,

manche sind bequem und sagen einfach: Was solls, ich bin, wie ich bin. Müssen alle mit leben! Dabei kann jeder seine Gewohnheiten ändern.«

»Wenn man nur will, oder?«, fragte Wasserbüffel.

»Ja. Und wenn man das Unbewusste zu Hilfe holt. Ich habe noch eine Frage, die verdeutlicht wie das Unbewusste funktioniert. Was glaubt ihr, wer macht die Arbeit in einem Wandteppichgeschäft? Der Chef oder die Stickerinnen? Na, was meint ihr?« Hund schaute uns belustigt an. Büffel und ich entschieden uns – rein vom Gefühl her – für die Stickerinnen.

»Richtig«, lobte uns Kyaal. »Der Chef trifft die Entscheidung, welche Muster auf den Wandteppich kommen. Die eigentliche Arbeit, das Handwerk, also das Malen und Sticken, machen die Stickerinnen, während sich der Chef vielleicht schon neue Muster für andere Teppiche überlegt. So könnt ihr euch unser Bewusstsein und unser Unterbewusstsein auch vorstellen.«

Ich probierte gedanklich ein Wandteppichgeschäft in meinen Kopf rein zu quetschen, mit Ministickerinnen, die dort schuften während ich hier draußen vor mich hin dümpele und fragte: »Dann sind die Stickerinnen unser Unterbewusstsein. Und das macht die eigentliche Arbeit?«

»Gut kombiniert, Huong. Also müssen die Gewohnheiten, die wir uns aneignen wollen, ins Programm des Unterbewusstseins aufgenommen werden. Und jetzt kommt's Freunde. Ihr könnt hier und heute ein Prinzip kennenlernen, welches euer Leben verändern kann. Hört zu!«

Wir spitzten die Ohren und hingen an Hunds Lefzen.

»Gewohnheiten machen es dem Unterbewusstsein sehr einfach«, flüsterte er geheimnisvoll und wich dann zurück. »Denn das Gehirn liebt es, Dinge zu vereinfachen.«

»Stimmt. Routinierte und eingefahrene Handlungen erfordern vom Gehirn wenig Anstrengung. Und möglichst viel

Energie sparen, ist ja Ziel des Gehirns. Deswegen laufen ja so viele Verhaltensweisen unbewusst ab«, stellte Büffel fest.

»Wäre ja auch total anstrengend, wenn wir jedes Mal nachdenken müssten, wie du in den Wassergraben steigst oder ich in die Hängematte klettere«, brachte ich ein lebenspraktisches Beispiel.

»Und über so was einfaches mussten wir doch noch nie nachdenken, richtig Hörnchen?«, zwinkerte ich.

»Natürlich nicht«, lachte der und Hund bellte: »Das verläuft, wie schon gesagt, automatisch. Schade nur, dass unser Unterbewusstsein für uns nicht zwischen einer guten und einer schlechten Gewohnheit unterscheidet. Denn das ist nicht seine Aufgabe. Stattdessen nimmt es einfach Verhaltensmuster in sein Programm auf, die wir lange genug geübt haben. Und diese steuern dann unser Verhalten.«

»Es prüft nicht, ob etwas gut oder schlecht für uns ist?«, fragte ich misstrauisch.

»Nein. Wir handeln, um Freude zu erzeugen und Schmerz zu verhindern«, erklärte Kyaal.

»Ah. Von dieser Tatsache geht man im Buddhismus ja auch aus. Ich befürchte, dass wir Freude und Schmerz bloß mit den falschen Dingen verbinden«, meinte Büffel.

»Wenn wir mit unseren schlechten Gewohnheiten unser Belohnungssystem starten, heißt das ja auch, dass wir eine neue, bessere Gewohnheit auch mit einer Belohnung verbinden müssen. Nur dann können wir eine schlechte Gewohnheit durch eine bessere ersetzen. Ihr seht, es steckt ein einfaches Prinzip dahinter, Gewohnheiten dauerhaft zu verändern. Schauen wir uns das mal genauer an.« Hund rang nach Luft und fuhr fort: »Zuerst müssen wir wissen, was wir erreichen wollen.«

»Regelmäßig Sport treiben oder täglich meditieren«, gab ich ein Beispiel.

»Super. Das Beispiel nehmen wir. Dann lautet deine erste Aufgabe, Huong: Konzentrier dich auf das, was du erreichen willst und schreib es auf.«

»Aufschreiben? Muss das sein?«, fragte ich und Wasserbüffel brach in schallendes Gelächter aus.

»Ja. Es ist wichtig, dass du das, was du verwirklichen willst, öfter am Tag siehst. Dein Kopf vergisst sonst das Ziel. Denn da regiert ja dein Unterbewusstsein und das will ...«

»... Belohnung«, beendete ich Kyaals Satz und der nickte.

»Da es die Belohnung immer über die alte Gewohnheit, sagen wir in der Hängematte liegen, bekommen hat, wird es dich eher dazu anstiften wollen, statt dich zum Sport motivieren«, folgerte Wasserbüffel.

»Stimmt genau. Weiter gehts. Wenn du dein Ziel aufgeschrieben hast, stell dir vor, wie du die neue Gewohnheit ausführst«, erklärte Hund weiter.

»Pah«, unterbrach ich ihn. »Das ist ja mentales Training. Das geht doch genauso. Ziel formulieren, bestenfalls notieren, sich das erreichte Ziel vorstellen und mit möglichst starken Gefühlen unterstützen. Sehen, fühlen, hören, schmecken. Je mehr Sinne eingeschaltet werden, desto besser ist es.«

»Tja, wenn die Umsetzung von Zielen so einfach wäre, gäbe es ja nur Wesen, die topfit und im Einklang mit sich und ihrer Welt wären. Ist aber nicht so. Was hält uns nur davon ab gute Gewohnheiten dauerhaft ins Leben einzubauen?«, wollte Wasserbüffel wissen.

»Falsche Freunde, kein Mentaltrainer parat und bestimmt auch falsche Überzeugungen«, mutmaßte ich.

»Oder haben wir Angst etwas in unserem Leben zu verändern? Da wären wir wieder bei der Angst vor der eigenen Stärke und dem generellen Unbehagen gegenüber Veränderungen«, meinte Büffel.

»Was auch immer das Hindernis ist. Man muss es aus sich

herauskitzeln. Ehrlich zu sich selbst sein ist hier wichtig«, sagte Hund. Ich fing an Kreise neben mir auf den Boden zu malen.

»Wenn man schlechte Gewohnheiten abstoßen will, muss man die zuerst mit massiven Schmerzen verbinden. Wieder in der Vorstellung. Denn, was will der Geist unter keinen Umständen?«, stellte Hund unvermittelt eine Testfrage.

»Leiden, Schmerzen, Nachteile«, antwortete Wasserbüffel.

»Und Probleme, Parasiten und Pythons«, ergänzte ich. Das Bild, das dazu in mir auftauchte, ließ mich erschauern. Meine Augen scannten die Umgebung. Nix. Am Himmel suchten Vögel das Weite. Ich überlegte, ob Buddha keine Angst vor Schlangen hatte? Wenn man so jahrelang unterm Baum hockt, kann sich ja schon mal eine vorbeischlängeln. Uhiuhiuhi, welch unheilsame Gedanken. Bevor ich vor Angst anfing zu zittern, klinkte ich mich wieder ins Gespräch ein. Aufmerksamkeitslenkung, die gute alte Form der Achtsamkeit, dachte ich.

»Fest steht: Solange du mehr Vor- als Nachteile in der Gewohnheit siehst, wirst du sie nicht meistern«, sagte Kyaal gerade.

»Nicht meistern? Du meinst loswerden, oder?« Er nickte.

Büffel schnalzte mit der Zunge und meinte: »Stimmt. Der Geist will Schmerz und Unmut vermeiden, stattdessen Freude erlangen. Alles, was wir tun, basiert auf diesem Wunsch.«

»Und was treibt uns mehr an? Die Aussicht auf Freude oder Schmerz?«, fragte ich.

»Schmerz vermeiden!«, antwortete Wasserbüffel sofort und Hund nickte.

Ich musste seit geraumer Zeit pinkeln und mit dem neuen Wissen im Hirn huschte ich kurz ins Abseits. Auf dem Rückweg stolperte ich über einen Stein und rammte mir im Hinfallen das Knie. Mist.

»Findet ihr auch, dass es viele gibt, die ungern ein Risiko eingehen, um das zu erreichen, was sie sich wünschen?«, hörte ich Hund fragen, als ich zurück humpelte. Wasserbüffel nickte und ich stöhnte.

»Auch daran sehen wir, dass Schmerz vermeiden, uns stärker antreibt. Ein Risiko eingehen kann wehtun, wenn das Vorhaben misslingt. Wie auch immer. Im Fall Verhaltensänderung muss die Schmerzgrenze erreicht werden. Nur, wenn dein Leidensdruck richtig hoch ist, bist du bereit, etwas zu ändern. An oder in dir. Und in deinem Verhalten dir selbst und anderen gegenüber. Erst, wenn du die Nase gestrichen voll hast, wird Schmerz zum Verbündeten, um Negativmuster rauszuwerfen.«

»Wieso denn an sich selbst was ändern? Sollen sich doch die anderen ändern. Wenn ich zum Beispiel nicht mag, dass Wasserbüffel beim Essen rülpst, kann er doch damit aufhören«, warf ich ein.

»Könnte ich zwar, aber grundsätzlich kannst nur du dich selbst ändern, Huong. Deine Gedanken, deine Gefühle und wie du die Dinge um dich herum erlebst, sprich bewertest. Aber es wird dir *niemals* gelingen, jemand anders zu ändern«, meine Büffel trocken und rülpste so laut, dass sich die Reiskörner schälten. Wir lachten.

»Stimmt. Und was ist das Beste an Verhaltensänderung?«, fragte Hund und antwortete gleich selbst: »Natürlich das du nicht auf den richtigen Zeitpunkt warten musst, denn du kannst jederzeit massiven Schmerz mit einer unliebsamen Gewohnheit verbinden.«

»Was? Tatsächlich?«

»Ja. Verbinde so viel Negatives wie möglich mit dem Verhalten, das du loswerden willst. Die Vorstellungskraft hat auch hier wieder die stärkste Hebelwirkung. Bilder und Gefühle baust du auf, indem du dir die richtigen Fragen stellst!«, erklärte Hund weiter.

»Sich selbst Frage stellen? Hast du dafür ein paar Beispiele Kyaal?«, bat Wasserbüffel.

»Klar. Gute Fragen sind: Mit welchen Konsequenzen muss ich rechnen, wenn ich die schädliche Gewohnheit beibehalte? Oder auch diese: Worauf werde ich im Leben verzichten müssen, wenn ich meine Gewohnheit nicht ändere? Und: Welche mentalen, emotionalen, finanziellen und seelischen Nachteile machen sich jetzt bereits bemerkbar?«

Wir waren beeindruckt. »Das sind ja Fragen, mit denen man sich selbst voll auf die Schliche kommt«, applaudierte ich mit Worten.

»Danach – und das ist extrem wichtig – müsst ihr Vorteile mit eurer neuen Gewohnheit verbinden. Findet möglichst viele Gründe, die euch im neuen Verhalten bestärken. Je mehr desto besser, kapito?« Wir nickten.

»Geht das auch wieder mit Fragen?«, wollte ich wissen.

»Ja, klar. Fallen euch welche ein, um eine neue Gewohnheit mit Vorteilen auszustatten?«

»Na die erste Frage ist dann: Welche Vorteile bringt mir die Verhaltensänderung, also die neue Gewohnheit?«, schlussfolgerte ich und hatte gleich noch eine, nämlich: »Wie würde ich mich fühlen, wenn ich diese Gewohnheit hätte?«

»Super Huong, richtig.«

Wasserbüffel hatte jetzt auch eine: »Wie würden meine Umwelt darauf reagieren? Und: Wie würde ich mich dann fühlen?«

»Richtig gute Fragen, Freunde«, lobte uns Hund schwanzwedelnd. »Die Letzte ist schwierig, die verrate ich euch. Sie heißt: Wie sähe mein Selbstwertgefühl aus? Wer sein Ziel kennt, es bestenfalls aufgeschrieben hat, danach per Vorstellungskraft Schmerz mit dem alten und Freude mit dem neuen Verhalten verbindet, hat allerbeste Chancen auf eine langfristige Änderung. Jetzt fehlt nur noch ein bisschen zu vollem Erfolg«, kündigte Hund an.

»Nämlich?«, fragten Büffel und ich synchron.

Geheimnisvoll beugte Kyaal sich vor. »Man muss den Zünder für die alte Gewohnheit ausknipsen. Wie das Licht am Abend, versteht ihr?« flüsterte er.

»Lasst mich mal laut nachdenken«, setzte Wasserbüffel ein.

»Du hast gesagt, dass es immer einen Auslöser für automatisch ablaufendes Verhalten gibt. Der kommt aus dem Unterbewusstsein, das Schmerz vermeiden und Freude erleben möchte.« Hund nickte.

»Ich schätze, besonders am Anfang ist der Impuls, der uns an schlechte Gewohnheiten bindet noch sehr stark«, warf Wasserbüffel ein.

Begeistert dachte ich laut mit: »Also muss ich die Verbindung zwischen mir und meiner alten Gewohnheit stetig im Blick behalten und verringern. Bis sie weg ist und ich frei bin.«

»Super. So funktioniert das«, sagte Kyaal. »Und, deine neuen Impulse werden dann immer mächtiger.«

»Die Auslöser für die gute, neue Gewohnheit meinst du, oder?«

Hund nickte. »Ich gebe euch ein Beispiel: Taucht der alte Auslöser auf, kann man laut oder in Gedanken ›Stopp!!‹ schreien und damit das Muster durchbrechen. Es kann auch was anders sein. Egal, was es ist, es muss nur das alte, automatische Verhalten unterbrechen.«

»Und dann stelle ich mir die neue Gewohnheit vor. Mit all den tollen Vorteilen«, sagte Wasserbüffel.

»Du kannst dir ausmalen, wie fit du bist, wenn du Sport treibst, statt in der Hängematte zu liegen, um das Beispiel von vorhin wieder aufzugreifen«, kläffte Kyaal.

»Und ich kann mir vorstellen, was mein fitter Körper dann

alles macht. Nach Yangon zur Pagode gehen zum Beispiel«, ergänzte ich.

»Genau. Ihr müsst das erwünschte Verhalten mit einer unglaublichen emotionalen Intensität in euer Gehirn einmeißeln. Denn je öfter man die neue Gewohnheit bewusst wiederholt, umso höher ist die Wahrscheinlichkeit, dass dieses Verhalten ins alltägliches Routineprogramm aufgenommen wird.«

Ich überlegte gerade, wie wir die einmeißeln, da erklärte Kyaal weiter: »Eine Routine entsteht durch Wiederholung. Daher ist es entscheidend die neue Gewohnheit in den ersten Wochen mit bewusster Absicht und häufiger Wiederholung zur neuen Routine zu machen. Außerdem kann man mit Verstärkern arbeiten.«

»Wow, Verstärker. Das klingt ja gut. Ist bestimmt so was wie belohnen«, meinte Büffel.

Hund schüttelte den Kopf. »Nicht ganz. Verstärken bedeutet nicht gleich belohnen. Eine Belohnung gibt es immer in der Zukunft. Sagen wir in 30 oder 60 Tagen. Eine Verstärkung brauchst du sofort. Wusstet ihr, dass jede Gewohnheit das Ergebnis einer positiven Verstärkung ist?«

»Ist doch schlüssig. Denn, wenn man das neue Verhalten sofort positiv belegt, registriert das Gehirn Freude, richtig?«, kombinierte ich.

Kyaal nickte. »Deshalb gibt es positive Verstärkungen immer sofort. Klopf dir selbst auf die Schulter und sei stolz auf dich. Sag' dir nicht erst, wenn du abends im Bett liegst: ›Ich bin stolz auf mich, dass ich mich heute zum Sport aufgerafft habe‹. Besser ist es, das Gefühl der Bestätigung sofort zu erfahren, wenn du dich wie gewünscht verhalten hast. Selbst kleinste Anerkennungen haben große Effekte. Eine größere Belohnung sollte kommen, wenn du das ungeliebte Verhalten erfolgreich verändert hast.«

Wasserbüffel und ich klatschten. Toller Vortrag. Und so spontan. Das liebten wir. Hund freute sich, bellte und rieb mit dem Rücken ordentlich über den Boden. Nachdem er sich wieder eingekriegt hatte, setzte er sich hoch motiviert auf und ratterte noch acht Tipps runter, wie man Gewohnheiten ändert.

»Tipp 1: Umgebt euch mit den richtigen Leuten. Das heißt?«, wollte er von uns wissen.

»Ich achte darauf, mit wem ich meine Zeit verbringe«, antwortete Büffel. Hund war einverstanden.

»Tipp 2: Informationsbeschaffung! Guckt euch andere an, die eure angestrebte Gewohnheit schon leben.«

»Du meinst, ich hole mir Tipps von denen oder suche mir ein Vorbild, richtig?«, fragte ich und Hund nickte.

»Drittens: Verändert immer nur eine Gewohnheit. Das Risiko, wieder in alte Muster zurückzufallen ist – wie Büffel schon richtig festgestellt hat – am Anfang sehr hoch.« Hund japste nach Luft, drehte sich einmal im Kreis und fuhr begeistert fort: »Und viertens, auch sehr wichtig: Gebt euch Zeit! Wie gesagt, es geht nicht über Nacht. Veranschlagt besser acht Wochen, damit sich eine neue Gewohnheit verankert. Am Anfang ist es echt nur ein dünner Faden«, sagte Kyaal.

»Wie ein Spinnengewebe. Das beginnt ja auch mit nur einem Faden und wird dann ein stabiles Netz«, warf ich ein und dachte an all die Spinnen, die unseren Stall zu Hause bevölkerten.

»Je mehr ich mir eine neue Gewohnheit antrainiert habe, desto stärker wird die Verbindung zwischen ihr und mir. Sie wird so fest, dass sie irgendwann von alleine hält, ein echter, neuer Automatismus ist und somit das alte Verhalten ersetzt. Dann hat man sich selbst erfolgreich umgemodelt. Ist das nicht toll?« bellte er. »Fünfter Tipp: Haltet eure Erfolge fest und teilt sie mit anderen. Da könnt ihr wieder stolz auf euch sein, was ihr geschafft habt. Tipp sechs: Unterstützt euch gegenseitig. Es ist zusammen viel leichter. Für beide«, meinte er. »Vor allem: Verzweifelt nicht und schimpft nicht mit euch, falls ihr doch mal in das alte Muster zurückfallt. Ihr dürft keinesfalls aufgeben! Aufgeben ist keine Option, hört ihr? Aufstehen, schütteln und weiter geht's.«

»Apropos weitergehen«, gähnte Büffel. »Das lässt mich an unsere Wegstrecke morgen denken, die wir schaffen sollten. Vielleicht machen wir für heute Schluss, denn früh zu Bett gehen ist ja eine unserer neuen Gewohnheiten, um diese Körper fit zu halten, nicht wahr?« Stimmt alles und tatsächlich waren am Himmel unzählige Sterne aufgekreuzt. Also kleine Meditation, Zähnebrauen und dann ab ins Schlaflager.

# Samsara, das Rad des Lebens

Aus Gründen, die wir nicht kannten, erwachten wir mitten in der Nacht. Die Gestirne atmeten glitzernd und kühl auf die Erde. Wie wir uns auch drehten, wir konnten nicht mehr einschlafen. Hatten sich unsere Körper schon genug ausgeruht? Losgehen wollten wir aber auch noch nicht. Kyaal ging pinkeln, ich scannte den Boden nach Schlangen ab und Büffel trank einen Schluck.

»Dann könnten wir doch jetzt wieder etwas über den Buddhismus lernen. Was meint ihr?«, fragte Hund und streckte sich.

Wasserbüffel gähnte. »Meinetwegen. Mal überlegen, womit ich eure Unterweisung fortsetzen kann.« Ich kramte nach unseren Kerzen und zündete eine an. Sie kleidete unseren Kreis in fahles Licht.

»Gut. Kommen wir zu zwei wichtigen Begriffen im Buddhismus. Das sind Samsara und Nirwana.«

»Sind das verschiedene Orte oder Plätze?«, fragte ich unverzüglich.

»Falls ja, dann sag nicht, dass die auch bei der Pagode liegen, Büffel«, scherzte Hund.

Wasserbüffel schüttelte sich. »Hat mit Orten und Pagoden nichts zu tun, Freunde. Beide Begriffe bezeichnen geistige Zustände. Samsara ist der nicht befreite und Nirwana der befreite Zustand.«

»Es sind also Gegensätze«, kombinierte Kyaal.

»Nun ja, in Samsara pendelt man zwischen einem Ich und einem Du hin und her. Durch diese Wahrnehmung gerät man automatisch ins Gefühl des Getrenntseins. Das Ich fühlt sich vom Du und allem anderen getrennt. Überlegt mal, war nicht unsere Geburt die erste Trennung vom gemeinsamen Ich mit unserer Mutter? In diesem Zustand zwischen den beiden Polen, also dem Ich und Du, befinden wir uns meist. Sehr vieles was wir tun zielt darauf ab, diese Trennung aufzuheben und stattdessen eine Einheit herzustellen und diese zu fühlen. Wir wollen uns mit anderen und der Welt verbunden fühlen statt getrennt.«

»Wahnsinn!«, stieß ich aus. »Und warum fühlt man sich von allem getrennt? Weißt du das auch?«

»Ja. Der Grund dafür ist das Nichtwissen des Geistes.«

Kyaal und ich schauten wohl so verwirrt drein, dass Büffel überlegte und dann sagte: »Okay, zum besseren Verständnis stellt euch vor, dass der Geist wie unser Sehorgan arbeitet. Es kann, kein Zweifel, alles im außen erblicken, nur nicht sich selbst. Denn so ist das mit den Augen. Stimmt, oder stimmt nicht?«, wandte er sich an uns.

»Stimmt. Nach außen kann ich gucken, aber nach innen nicht.«

»Und wenn ich nach innen schaue, also meine Augen schließe …«, sprach Hund, »… ist alles nur dunkel.«

»Ja, das ist der Punkt. Aber weil der Geist davon keine Ahnung hat, nimmt er eine gefühlte Trennung zwischen Ich und Du, dem hier und dort, dem Inneren und Äußeren als Realität an. Daraus folgt, dass wir Sachen, die wir als von uns getrennt wahrnehmen, unbedingt haben wollen. Der Geist macht uns glauben, dass wir nur glücklich sein können, wenn wir dieses oder jenes haben oder sind. Dadurch kommt es zur Anhaftung. Anhaften kann man an Besitz, Gefühlen, an Umständen, Zuständen und an Orten und Wesen auch.«

»Es gibt aber auch Dinge oder Umstände, die wir keinesfalls haben wollen«, entgegnete Hund.

»Ja und aus dem, was wir auf keinen Fall wollen, entsteht Abneigung.«

»Na, das ist ja mal einfach. Insekt: Ja, Wasser: Nein«, übersetzte ich die Lehre alltagstauglich für mich.

»Genau. Aber es geht noch weiter«, sagte Wasserbüffel.

»Ich habe es geahnt«, stöhnte ich übertrieben. »Erzähl!«

»Aus Anhaftung, also dem Zustand von: Das-will-ich-haben, und: So-soll-es-sein, entsteht Gier.«

Hund kläffte und stampfte mit den Hinterpfoten auf. »Ich will, ich will, ich will«, rief er und wir lachten.

»Gut dargestellt, Kyaal«, meinte Wasserbüffel. »Aus Abneigung, also dem, was wir keinesfalls haben oder sein wollen entstehen Störgefühle.« Er zog die Augenbrauen hoch. »Welches sind noch mal die fünf Störgefühle?«

»Störgefühle?« Hund begann aufzuzählen: »Na Anhaftung und Ablehnung, Eifersucht, Stolz, Zorn und ähm ...«

»Das Fünfte ist die Unwissenheit«, rief ich.

»Ihr seid gute Schüler«, schnaubte Büffel anerkennend. »So weit alles klar, oder?« Wir nickten.

»Diese fünf Störgefühle veranlassen uns zu verschiedenen Handlungen.«

»Du meinst, dass wir bestimmte Dinge sagen und tun?«

»Ja. Leider ignorieren wir dabei, dass all unsere Taten, gute wie schlechte, uns noch mal wieder begegnen werden.«

»Wie? Warum das denn? Das glaube ich nicht.« Schnell gab ich ein Beispiel, um meine Zweifel zu untermauern. »Sagen wir, ich schlage Kyaal. Dann ist das zwar eine schlechte Tat, aber die ist doch abgeschlossen. Und wenn er nicht nachtragend ist, oder ich ihn so doll erwischt habe, dass er sich an nix mehr erinnern kann, hat die Tat, Kyaal gehauen zu haben, doch null Auswirkung auf die Zukunft.«

»Die Tatsache, dass uns unsere Taten wieder begegnen, hat mit dem Gesetz von Ursache und Wirkung – Karma genannt – zu tun. Das ist eine andere Lektion. Wir nehmen es jetzt als gegeben, dass es dieses Gesetz gibt. Punkt«, seufzte Büffel.

»Einfach was hinnehmen fällt mir aber extrem schwer«,

musste ich einwerfen.

»Sieh an, da kommt gleich die Ablehnung in dir hoch«, kommentierte Hund und knuffte mich in die Seite.

»Zuhören, es geht weiter. Euch ist sicherlich schon aufgefallen, dass im Buddhismus mit Gefühlen anders umgegangen wird, als wir es gewöhnt sind.«

»Stimmt.« Hund schüttelte sich. »Bisher dachte ich, Gefühle sind ein wichtiger Teil meines Lebens. Ohne etwas haben oder sein zu wollen, wäre ich ja gar nicht motiviert. Ich meine, ohne stolz zu sein, wer und was ich bin, hätte ich doch null Selbstwertgefühl. Und ohne Zorn, der ja auch stark oder handlungswillig machen kann, wäre ich als Streuner sicherlich untergegangen. Zumal ich null Vorkenntnisse hatte, was diesen Lebensstil betrifft.«

»Und siehe da: Hat also alles auch sein Gutes«, kommentierte ich.

»Im Buddhismus nennt man Gefühle auch Geistesplagen.«

Wir verdrehten die Augen, starrten Wasserbüffel an und wiederholten: »Geistesplagen?«

»Ja. Unsere Vorstellungen davon, wie alles sein sollte, plus die Querelen des Alltags und unsere Gewohnheiten führen dazu, dass wir immer mal wieder durch Störgefühlen angetrieben handeln. Dann befinden wir uns in Samsara und kommen aus dieser Art des Fühlens und Denkens nur schwer wieder raus«, erklärte Wasserbüffel weiter.

Hund gab zum Besten, dass er mal eifersüchtig auf eine Katze gewesen sei, welche kurzfristig bei seiner Familie gelebt hätte. Armer Hund.

»Wusstet ihr, dass diese Störgefühle Einfluss darauf haben, in welchem Bereich wir wiedergeboren werden?« Wussten wir natürlich nicht. Eine Überdosis Adrenalin ließ mich erschreckt hochfahren, weil ich mir eingestehen musste, dass ich mich Wut und Zorn schon oft hingegeben habe und diese

Gefühle auslebte, was sich im Rückblick weder für mich noch mein Gegenüber als Vorteil oder heilsam entpuppte. Meist war sogar das Gegenteil der Fall. »Was? Heiliger Reissack. Auch das noch. Erklär mal«, forderte ich unseren Lehrer auf.

»Gefühle unbedacht auszuleben, beschert uns oft mehr Nach- als Vorteile. Versuchen wir, durch Anhaftung Freude zu erleben, sehen wir bald, dass wir dem scheinbaren Vergnügen immer nur hinterherlaufen. Denn alles, was Freude verspricht, vergeht sowieso irgendwann, da ja alles entsteht und vergeht. Manches, was uns anfangs tolle Gefühle versprach, kann am Ende sogar zu ernsten Problemen führen. Auch Gleichgültigkeit hilft uns nicht, denn wenn man seine Gedanken, Worte und Taten nicht überdenkt, wird man nicht aus ihnen lernen.«

»Dann wird man seine festgefahrenen Vorstellungen von sich und der Welt nicht los und macht weitere Fehler«, kombinierte mein Superhirn. Büffel nickte.

»Im Punkto Gefühle brauch ich 'n Beispiel«, ächzte Kyaal und legte die Ohren an. Verstohlen schaute ich zu Büffel und warf ihm einen klitzekleinen Handkuss zu, meinem geliebten Hörnchen.

»Du sagtest ja gerade Kyaal, dass du mal eifersüchtig auf eine Katze warst. Gehen wir Eifersucht oder Neid auf den Grund, stellen wir fest, dass wir anderen nicht gönnen, was wir selbst gerne hätten. Verhalten, das auf diesen Gefühlen fußt, engt uns und unser Gegenüber ein und bringt Ärger. Das hält keine Freundschaft dauerhaft aus. Apropos Ärger und Wut. Auch das sind zwei Geistesplagen, die gern ihr Unwesen mit uns treiben.«

»Echt?« Hund klang besorgt.

»Ja. Wut und Zorn schlagen die mächtigste Kluft zwischen dem, der erlebt und dem angestrebten Gefühl von Einheit und Liebe. Erinnert euch, dass der Geist immer Schmerz vermeiden und Freude erlangen will. Die Konsequenzen aus Wutausbrüchen und solchem Ärger – sagen wir, Huong schlägt Hund, um das Beispiel von vorhin wieder aufzugreifen – sind für alle unschön. Gefühle von Einheit und Liebe werden so absolut nicht erreicht.« Kyaal und ich schlackerten mit den Ohren und klatschten ab, dass wir uns niemals schlagen würden.

Wasserbüffel fuhr fort: »Auch Stolz macht einsam, im Inneren sowieso und im Außen auch. Wenn wir stolz sind, sind wir kühl und lassen nichts wirklich an uns ran.«

»Und was bleibt durch all die Geistesplagen noch auf der Strecke?«, wollte unser Lehrer spontan von uns wissen und kullerte mit den Augen.

Mein letzter Wutanfall ploppte in meine Erinnerung. Damals hatte ich Hörnchen übel beschimpft. Noch drei Tage später war ich voller Angst, dass er mich fortjagen würde, und jetzt bekam ich nicht mal mehr den Grund für das Wortgemetzel zusammen. Schlimm.

»Schätze, die innere Ruhe geht verloren«, mutmaßte ich und Wasserbüffel nickte.

»Und wie soll sich das jetzt auf die Zukunft auswirken?«, fragte Hund folgerichtig.

»Gute Frage. Damit kommen wir zur Wiedergeburt und den Daseinsbereichen. Nehmen wir Stolz. Stolz führt zu einer Rückkehr, also Wiedergeburt im Raum der Götter. Denen geht es ausgezeichnet, sie leben im Wohlstand und das sogar sehr lange.«

»Das ist doch super. Ich glaube, ich bin schon 'n Gott, auch wenn ich mit Stolz nichts am Strohhut habe. Aber mir geht es gut und ich lebe auch schon ziemlich lange.« Mit der Aussage wuchs ich innerlich gleich um zwei Zentimeter.

»Wie lange noch mal?«, drängte ich Wasserbüffel.

»Du bist 73 und ich 85 Tierjahre, wie du weißt.«

»73 und 85«, wiederholte ich melodiös. »Wir sind Götter,

Hörnchen!« Äußerst zufrieden mit dieser Erkenntnis lehnte ich mich zurück und polierte meine Krallen.

»Allerdings, Huong, ist deine Lebenserwartung geringer als meine und auch der von Hund, wenn du verstehst, was ich meine. Ist ja allgemein bekannt, dass Nagetiere nicht so lange leben. Das sollte dich motivieren, strikt an deiner Erleuchtung zu arbeiten, denn ...«

Sein Restgefasel hörte ich nicht mehr, weil sofort Ärgerneuronen oder sonstige Geistesplagen bei mir andockten.

Wut formte meine Augen zu kleinen Schlitzen und ich giftete ihn an: »Was fällt dir eigentlich ein, mich immer der allgemeinen Meinung zum Fraße vorzuwerfen? Ich habe sehr wohl Erwartungen ans Leben. Dazu viele und sehr hohe, wie dir unlängst bekannt sein sollte, du Hornträger. Ich erwarte körperliche, geistige Fitness und ein hohes Alter. Und dass wir irgendwann mal das Ziel dieser Reise erreichen. Da latscht man sich die Pfoten platt und dann heißt es noch, man hätte keine Erwartungen, das ist doch nicht zu fassen!«, empörte ich mich, sprang auf und spuckte auf den Boden.

»Huong, mit Lebenserwartung ist doch ...«, mischte Kyaal sich ein.

»Und du, du Harmoniebolzen, halt du dich da raus, ja.«, schnauzte ich, ging drohend ein paar Schritte auf ihn zu und wetterte weiter: »Mit den Erwartungen das ist eine Sache zwischen Wasserbüffel und mir.« Kyaal sah mich an und schüttelte verdattert den Kopf. Voll in Rage wandte ich mich wieder an Wasserbüffel: »Ja und außerdem erwarte ich, noch diverse Abenteuer mit dir zu bestehen. Aber wenn dir das alles überhaupt gar nix bedeutet, dann geh doch mit Kyaal alleine weiter. Ich komm' schon klar.« Die beiden starrten mich an.

»Und macht euch keine Sorgen um mich«, brachte ich noch hervor, doch bei dem konkreten Gedanken: Ich hier rattenseeleneinsam mitten in der Pampa ... ohne Hörnchen ... und dann wird es noch dunkel … nein, das würde ich alleine nicht durchziehen. Hund wollte mich knuffen, aber ich duckte mich weg.

»Lass ihn, Kyaal. Er hat es missverstanden.«

»Na, aber wenn er sich so aufregt, wird das seine Lebenserwartung ja noch mehr verkürzen. Der arme Huong. Mir tut er ein bisschen leid. Hat er denn oft so überschießende Reaktionen?«

»Manchmal ja. Darf man nicht persönlich nehmen. Ich kenne ihn, der kriegt sich wieder ein und dann tut es ihm leid. Lassen wir ihn in Ruhe. Wie wäre es mit Yoga? Wir haben lange genug hier gesessen«, schlug Büffel vor.

Hund willigte ein und ich setzte mich wieder hin, ver-

schränkte die Arme vor der Brust und schmollte. Als hätte ich nicht selbst zwei gesunde Ohren, wandte sich Wasserbüffel mit den Worten: »Huong, mein Kleiner, wir machen da hinten ein paar Yogaübungen.« an mich. Dann entfernten sie sich. Ja, sie ließen mich einfach sitzen. Wasserbüffel und Hund, meine einstigen Freunde. Schlimm. Hund, der Streber. Streunender Streber, der elende. Oder stinkender Streber. Nee, das passt nicht, denn Hund stinkt nie. Nicht mal wenn er nass ist. Einerlei, im Nu bewegten sich die beiden auch schon von der kleinen ›Kobraposition‹ zum ›nach unten schauenden Hund‹.

Es war fast hell geworden und weil es viel zu fad ist allein vor einer Kerze zu hocken und dazu noch im Hellen, pustete ich die Flamme aus. Abrupt bemächtigte sich ein anderes Gefühl meiner armen Seele. Ich unglückseliger, bedauernswürdiger Huong. Da verlor ich vor Jahren meine geliebte Frau, irgendwann einen Zahn, danach meine Heimat durch so eine dumme Reise, und jetzt drohte ich auch noch mein Herzstück an einen dahergelaufenen Hund zu verlieren. Mit der Frage womit ich das nur verdient habe, steigerte ich mich tiefer in den schmerzlichen Zustand hinein.

Einige synaptische Verkettungen später wusste ich, dass ich an all dem Unfrieden, der diesen Morgen vergiftet hatte, selbst schuld war. Ich atmete tief ein und aus und in der Tiefe meines Herzens spürte ich, wie sehr ich Wasserbüffel liebte. Und Hund auch. Mit dem Entschluss, sie um Verzeihung zu bitten, schnäuzte ich in meine Pfoten und rieb den Schnodder am Bauchfell ab.

Im Osten stieg strahlend die Sonne auf und die Vögel nahmen zwitschernd ihr Tagewerk auf. Ich schüttelte mich und machte mich daran, das Frühstück zu bereiten. Aus unseren Köstlichkeiten legte ich in großen Lettern das Wort ›Entschuldigung‹. Da ich im Schreiben inklusive Rechtschreibung kein Ass war und vielleicht noch Buchstaben im Wort fehlten, ließ ich die ersten drei sowie die vier letzten einfach weg. ›Schuldi‹ stand da jetzt und ich hoffte, die beiden würden wissen, was damit gemeint war.

»So viel zum Thema Ärger und Wut. Danke Huong, dass du mit deinem Beispiel so gut zum Verständnis des schwierigen Sachverhalts beigetragen hast«, war das Einzige, was Wasserbüffel dazu noch sagte. Damit war das Intermezzo vorbei.

Fix gefrühstückt bauten wir das Lager ab, schnallten unser Gepäck um und machten uns auf den Weg. Glück gehabt, das meine Freunde nicht nachtragend waren.


»Vielleicht sind wir ja doch Götter«, stellte ich fest, als wir einige Kilometer später in guter Stimmung nebeneinander her latschten.

»Drei Götter auf dem Weg nach Yangon.« Ich kicherte.

»Kann man als Gott nicht alles bestimmen und alles machen, was man will?«, fragte Kyaal.

»Wahrscheinlich schon«, gab Büffel zurück. »Götter haben nur ein Problem: die Vergänglichkeit. Wenn ihr gutes Karma verbraucht ist, ist damit auch ihr angenehmer Zustand vorbei. Tja, tut mir leid, Freunde.«

»Heiliger Reissack! Warum muss alles immer einen Haken haben? Das ist doch unfair. Wie wäre es denn mit Halbgöttern? Können wir einfach Halbgötter sein? Schlimmstenfalls geht es uns dann eben nur halb gut, macht ja nix«, schlug ich vor.

»Könnten wir. Aber wollen wir das? Eifersucht führt zur Wiedergeburt im Bereich der Halbgötter. Wie du richtig bemerkt hast, geht es denen vergleichsweise gut. Nachteil dieser Daseinsform ist, dass sie eifersüchtig auf die Götter sind, beziehungsweise darauf, was diese haben. Also sind sie immer damit beschäftigt den Göttern ihren Wohlstand zu stehlen.«

»Danke, das wäre mir zu anstrengend. Also bin ich freiwillig kein Gott und kein Halbgott«, winkte ich ab.

Geht mir auch so. Ich warte mal ab, welche Daseinsbereiche noch so kommen«, meinte Hund und schleckte sich das Maul. »Ich brauche Wasser. Habt ihr auch Durst?« Hatten wir. Also kurze Trinkpause. Wir entledigten uns des Gepäcks und setzten uns. Um das Wasser aufzupeppen, trat Büffel uns fix eine Zitrone aus und Kyaal füllte unsere Trinknäpfe.

Wasserbüffel schlürfte und erzählte weiter. »Zurück zu den Daseinsbereichen. Neben dem Götter- und Halbgötterbereich gibt es noch den Daseinsbereich Mensch. Die kennen wir ja.« Kyaal und ich nickten.

»Begierde führt zur Wiedergeburt als Mensch. Ihr Karma ist verschiedenartig und sie müssen sich mit der Erfahrung von Geburt, Krankheit, Alter und Tod, also großem Leid auseinandersetzen. Zudem pendeln sie zwischen Ablehnung und Anhaftung hin und her.«

»Klingt überhaupt nicht attraktiv«, sprach Hund mir aus der Seele. Mensch als erstrebenswerter, zukünftiger Daseinsbereich fiel damit sowieso und jetzt erst recht flach.

»Passt auf, was jetzt kommt.« Wir spitzten die Ohren und sahen unseren Lehrer erwartungsvoll an.

»Jetzt geht es um die Wiedergeburt als Tier. Dazu führt – ich sage es nicht gerne, aber es ist so – Unwissenheit. Und wie ist es als Tier?«, fragte er uns.

»Ganz gut eigentlich«, stellten Kyaal und ich fest.

»Die Betonung liegt auf ›eigentlich‹, oder? Denn es ist doch so: Tiere fressen Tiere oder werden von anderen gefressen«, erklärte Büffel ohne Umschweife.

Igitt! Das wollte ich absolut nicht hören. Fressen Menschen nicht auch Tiere? Bis auf Libellen und ein paar andere Insekten hätte ich bestimmt nie wen fressen wollen. Und gefressen werden, wollte ich schon gar nicht. In einem Erinnerungsblitzlicht tauchte die hinterhältige Schlange auf, die damals meinen Onkel Chan gefressen hat. Was führt in den Daseinsbereich Tiere? Dummheit? Frechheit! Obwohl ich wortlos sein wollte, sagte ich: »Diese ganze Daseinsbereichs- und Wiedergeburtsarie machen mich fertig«, und stand auf. »Ich hoffe, dass ich nicht wiedergeboren werde. Jawohl.«

Kyaal zog mich an der Pfote zurück. »Jetzt sei doch vernünftig, Huong. Setz dich und lass uns diese Lektion beenden.«

»Na meinetwegen, aber lange kann ich nicht mehr folgen.« Mein Blick schweifte in die Ferne, die Gedanken gleich mit.

Ich hörte Wasserbüffel sagen: »Es gibt noch zwei Daseinsbereiche. Nämlich den der Hungergeister. Auch ihnen widerfährt viel Leid, denn in ihrem großen Bauch kommt immer zu wenig Nahrung an. Kein Wunder, dass sie ständig hungern, denn sie haben nur einen dünnen, kleinen Hals, sodass sie nie genug essen und trinken können. Geiz lässt die Seele als Hungergeist wiedergeboren werden.« Hund und ich schüttelten uns.

»Und die sechste und letzte Möglichkeit ist im Bereich der Höllenwesen wiedergeboren zu werden. Dort erleben die Wesen immer wieder extreme Zustände, nämlich dass sie gekocht werden oder erfrieren. Wut und Zorn lassen uns als Höllenwesen wiedergeboren werden«, endete Wasserbüffel.

»Hört sich tatsächlich so an, als ob man am besten gar nicht mehr wiedergeboren wird«, meinte Hund betrübt.

»Tja, dann müssten wir Erleuchtung erlangen. Das ist die einzige Möglichkeit, das Rad des Lebens zu stoppen. Leider haben Tiere nicht die besten Chancen, aber wer weiß, vielleicht gelingt es uns ja doch.«

»Haben wir nicht?« Hund runzelte die Stirn. »Was müsste man denn sonst sein?«

»Mensch! Ihr Dasein eignet sich am besten dazu, Erleuchtung zu erlangen, denn sie wollen sich ja entwickeln und lernen, was man von den Wesen in den anderen Daseinsbereichen nicht behaupten kann.«

»Echt? Nur als Mensch kann man Erleuchtung erlangen? Das hätte ich ja überhaupt nicht gedacht«, schnaubte ich und Kyaal wimmerte. Unsere Enttäuschung war groß. Und das noch vorm Mittag. Schade.

»Ja, so ist das. Samsara kettet uns an den ewigen Kreislauf von Wiedergeburten. Das Rad des Lebens dreht sich weiter und weiter. Abhängig von unseren Taten geht es uns in einem Leben mal besser aber im nächsten vielleicht schon wieder schlechter. Oder eben andersrum. Wir erleben alle Zustände in unserem Leben als echt, obwohl sie aus buddhistischer Sicht nicht wirklich sind. Unser Problem ist, dass wir alles für wahrhaftig halten. Und entweder klammern wir uns dran oder lehnen es ab. Der buddhistische Weg trainiert uns, die Natur des Geistes zu erkennen. Nämlich dass alles aus unseren Gedanken, Deutungen und Bedeutungszuschreibungen entsteht. Und, dass *alles* entsteht und vergeht. Ein Jucken am Ohr ebenso wie der zauberhafteste Abend mit deiner Liebsten oder die Jugend und das Leben an sich. Auf der Erfahrungsebene zu verstehen, wie der Geist beschaffen ist, ist unsere einzige Chance, uns aus dem Samsara Zustand zu lösen.«

Aufgewühlt von den möglichen Daseinsbereichen, die alle nichts für meine weiteren Existenzen waren, war ich gewillt, so ernsthaft an meiner Erleuchtung zu arbeiten wie nie zuvor.

»Und weil wir schlaue Tiere sind, müsste das doch klappen mit der Erleuchtung, oder?«, fragte Hund.

»Und weil wir extra bis nach Yangon latschen«, ergänzte ich.

»Außerdem meditieren wir und werden uns immer bewusster, was geistig in uns vorgeht. Unser innerer Beobachter wächst mit jeder Meditationsminute«, fügte Wasserbüffel hinzu. »Wir entwickeln Mitgefühl für alle Wesen. Wir sind achtsam, denken und handeln besonnen. Wir üben uns darin gelassen und friedfertig zu sein. Wir lügen nicht, tun keinem was Böses und schützen die Natur. Wir sorgen für ein glückliches Leben, für uns selbst und andere. Denn wenn es uns gut geht, profitiert davon auch unser Umfeld. Wir sind anderen hilfreich, wann immer sich eine Gelegenheit bietet.«

Wir hatten es nicht eilig, also schlossen wir die Augen, meditierten, atmeten, spürten in uns hinein, bis wir uns scheinbar aufgelöst hatten und uns nur noch das große Ganze umgab.

# Wiedergeburt

»Glauben alle Menschen an Wiedergeburt?«, fragte Hund, während wir uns weiterreisefertig machten.

»Tja ...«, sagte Büffel und half mir, den Rucksack aufzusetzen. »Manche meinen, dass sie nicht bewiesen werden kann, andere sagen, dass man sie nicht widerlegen kann. Buddhisten glauben, dass mit dem Tod nur eine Epoche des Daseins endet und dass das Bewusstsein von einem Leben zum Nächsten fließt. Wenn man stirbt, ist der Körper meist alt oder krank oder beides.«

»Da haben wir wieder den Schlamassel mit der Haltbarkeit. Nix hält ewig. Sieht man doch überall«, kommentierte ich.

»Gut«, nahm Wasserbüffel seinen Denkfaden wieder auf. »Der Körper ist also verbraucht und stirbt. Dadurch, dass man nicht mehr an den Körper gebunden ist, erhöht sich die geistig, seelische Wahrnehmung um ein Vielfaches. Das kann sehr intensiv sein. Je nach Eindrücken aus dem Leben können diese Zwischenzustände entweder verwirrend, leidvoll oder angenehm sein.«

Ich hatte weder Lust auf das Thema noch weiter durch die Einöde zu marschieren. Außerdem tat mir das Knie weh. Vielleicht durch Schlafmangel oder die Bewegungspause von eben. Widerwillen kam auf. Normalerweise war die Wut dann auch nicht mehr weit. Aber heute probierte ich es anders. Mit Höllenwesen im Hinterkopf hieß Gleichmut mein Zauberwort. Und siehe da, ich blieb gelassen und friedfertig. Statt abzulehnen, was ohnehin da war, tröstete ich mich damit, dass sich mein Gemütszustand sowie mein wehes Knie und die Landschaft ohnehin wieder ändern werden. Das gab mir Auftrieb und emotionalen Abstand. Ich biss die Zähne zusammen, trottete schweigend hinter meinen Freunden her und beobachtete wie die Schmerzen im Knie langsam vergingen.

»Aha. Und wie lange hält dieser Zwischenzustand an?«, wollte Hund wissen.

»Diese Phase endet am 49. Tag nach dem Tod, weil das Bewusstsein aus diesem extremen Zustand raus will. Die Seele sucht sich dann neue Eltern. Ihr könnt euch das so vorstellen, dass der Geist von Eltern angezogen wird, die den Haupttendenzen entsprechen, die man im kommenden Leben verwirklichen will. Das ist so ähnlich, wie man sich im Leben mit Wesen einlässt, in denen man sich stets spiegeln kann.«

»So wie wir, Hörnchen, nicht wahr?«, sagte ich und knickte im Vorbeihuschen einen vertrockneten Zweig ab.

»Ganz recht, Huong. Das Bewusstsein verbindet sich mit Samen und Ei der Eltern und ein neues Leben entsteht«, erklärte Wasserbüffel.

»Oh wie gut«, sagte Hund. Eine ganze Weile gingen wir schweigend nebeneinander her, dann wurde eine lang gezogene Kurve sichtbar. Kurz dahinter standen ein paar Bambushütten. Menschliche Behausungen?

»Habe ich es im nächsten Leben besser oder schlechter als jetzt?«, fragte Hund unvermittelt.

Ich fragte mich, warum Hund so sehr am Thema Wiedergeburt interessiert war. Mal ein Tag ohne dieses ganze Zeug wäre mir auch recht. Ich kickte einen Stein zur Seite, was mein rechtes Knie gar nicht freute. Unbewusste Bewegungen sind auch Mist.

»Das kann man so pauschal nicht sagen. Das ist abhängig vom Karma.«

»Abhängig von wem?«, fragte ich, da ich Abhängigkeiten über alle Maße hasste.

»Vom Karma?«, wiederholte Hund.

»Da Ursache und Wirkung immer funktionieren, bestimmt unser Karma das nächste Leben. Heißt wo wir wiedergeboren werden und mit welchen geistigen Tendenzen wir ausgestattet sind. Werden wir eher ein hilfsbereiter Typ? Lernwillig, oder gar aggressiv, unterdrückend oder neurotisch? Wie ist der neue Körper beschaffen? Gesund, athletisch oder von Beginn an kränkelnd? Und die Welt ist groß, wo kann sich die Seele am besten entwickeln?«

»Das steht alles zur Auswahl? Klingt ziemlich gut«, fand Hund.

»Na ja, die ewige Wiedergeburt ist für Buddhisten eine schreckliche Vorstellung«, meinte Büffel.

»Echt?«

»Ja. Sie fühlen sich im Kreislauf des Lebens, was aus ihrer Sicht ja Leiden ist, gefangen«, erklärte Wasserbüffel.

Da wir schon gut vorangekommen waren, entschieden wir uns für die wohlverdiente Verzehrpause. Froh darüber, mich um was Echtes wie Nahrung kümmern zu können, drängte ich den Tod und die Wiedergeburt weit weg. Hund ging es da gänzlich anders.

»Wenn ich sicher wüsste, dass ich wiedergeboren werde, löst das meine Angst vorm Sterben. Denn ich sterbe zwar, aber komme ja wieder. Das heißt es doch, oder?«, fragte er.

»Ja schon, aber nicht du als Kyaal. Du als wer anders«, wusste Büffel.

»Ist mir egal. Auf jeden Fall komme ich zurück.« Seine Augen leuchteten, was man selten bei ihm sah. Meist schien er gedanklich beschäftigt, betrübt oder grübelnd. Da wir uns noch nicht so lange kannten, hatte ich mich bisher nicht getraut, nachzufragen, ob ihn was bedrückte. Hund ging pinkeln und ich blickte Wasserbüffel fragend an.

»Was ist mit Hund? Er wirkt deprimiert«, flüsterte ich. Mein Freund zuckte die Schultern. Meine Gedanken waren plötzlich wie ein Rudel Hunde und ich flog mit ihnen kreuz und quer, vor und zurück. Sofort hatte ich mindestens zehn Mutmaßungen über unseren neuen Freund. Ich futterte, betrachtete Kyaal und lauschte meinen Freunden, die weiter angeregt über Wiedergeburt sprachen. Ich schenke uns Zitronenwasser nach und übte mich im Zuhören.

»Wiedergeboren wirst – wie gesagt – nicht du, Hund. Nicht dein Wesen, nicht deine Seele oder dein Ich. Ist ja logisch, denn sonst müsstest du ja in jedem Leben wieder genau derselben sein, der du schon warst. Das gibt es aber nicht. Wäre ja auch sinnlos und ohne Lerneffekt, immer wieder derselbe zu sein. Außerdem – ich zitiere für euch Vers 277 aus dem Dhammapada: ›*Sabbe sankhara anicca*‹.«

»Sabbe sankhara anicca?«, wiederholte Hund.

»Ja, die drei Wörter bedeuten, dass alle Erscheinungen vergänglich sind, einschließlich wir selbst und alles um uns herum. Es besagt, dass alles entsteht und vergeht. Da ist nichts, was bleibt oder Bestand hat.« Wasserbüffel gähnte. »Ich würde gerne etwas die Augen schließen, Freunde. Kurzer Mittagsschlaf. Ich habe von der Hitze ein bisschen Kopfweh. Später erkläre ich euch mehr.«

Ich sah zur Sonne. Stimmt, es war längst Ausruhzeit. Wir ließen alles stehen und kamen selbst zum Liegen. Zum Thema Selbstfürsorge kramte ich meine Hängematte raus und hängte sie an den Strauch, neben dem Wasserbüffel lag. Hund änderte noch ein paar Mal seine Position. Dann war es still und wir dösten.


Obwohl niemand seinen inneren Wecker gestellt hatte, erwachten wir kurz drauf. Büffel befragte die Karte, wie weit wir auf unserer Tagesetappe schon gekommen waren.

»Es sind für heute noch rund zwei Kilometer«, ließ er uns wissen. »Das schaffen wir.«

Ruck zuck ging es weiter. Wir trabten eine Weile schweigend nebeneinander her. Die Landschaft war immer noch öde. Braun und grau und sonst nix. So viel nix hatten wir länger nicht gesehen.

Kyaal blieb abrupt stehen. »Ich muss euch was sagen.« Er klang ernst.

»Was hast du auf dem Herzen?«, fragte Büffel und verlangsamte das Tempo.

»Ich werde sterben.«

»Nun, daran ist nichts Ungewöhnliches, Hund. Schau! Wir werden alle sterben. Huong stirbt, ich sterbe und alle, die wir jemals kennengelernt haben, sterben auch«, antwortet Wasserbüffel in seiner sachlichen Art. »Vor oder nach uns. Früher oder später. Denn überleg mal: Alle, die du gekannt hast, alle, denen du was bedeutet hast, müssen eines Tages ohne dich weiterleben. Sich fortwährend im Loslassen zu üben kann für alle eine große Hilfe sein. Nicht anhaften ist auch bei solchen Verlusten eine große Bereicherung. Du kannst weiterleben, wenn ein geliebtes Wesen stirbt und für die, die mit der Lücke leben müssen, die du hinterlässt, wenn du abtrittst, geht es auch weiter.«

Wie ich das Sterbethema hasste. Für seine Worte ›Huong stirbt‹ zog ich Büffel sofort einen Handkuss in der Zukunft ab. Oder eine Ohrmassage. Ich wollte nicht sterben. Niemals. Vor allem nicht alleine. Und mein geliebter Wasserbüffel sollte auch nicht sterben. Und mich alleine lassen. Und Hund sollte auch nicht sterben. Der Bauer oder weiß der Weißwangengibbon wer, meinetwegen. Aber nicht die, die ich liebte. Kurz überlegte ich, meine Ohren auf Off zu stellen, aber irgendwie interessierte mich auch, was Hund zu sagen hatte.

»Bei mir wird es aber nicht mehr lange dauern. Ich bin sehr krank.«

»Hä? Du und krank?« Ich sah ihn von der Seite an. »Du siehst gar nicht so aus«, rutschte es mir raus. »Du bist doch voll fit. Du marschierst wie wir. Du machst Sport wie wir. Du meditierst wie wir ...«

»Huong, jetzt sei doch mal still«, fuhr Büffel mich an.

»Ich weiß schon länger, dass ich unheilbar erkrankt bin. Das kam raus, als ich noch bei der Familie lebte. Jedes Jahr musste ich zum Durchchecken einmal zum Tierarzt. Und in dem einen Jahr ...«, er stockte und Tränen kullerten. »Da stellte der Arzt fest, dass ich eine schlimme Krankheit habe. Das verstand keiner, denn ich fühlte mich doch gut. Ich wurde operiert. Sie haben alles weggeschnitten, was da in mir über kurz oder lang böse Dinge machen würde.«

Unvermittelt begann es zu regnen und die Wörter plätscherten Hund jetzt aus der Schnauze wie Bindfäden.

»Plötzlich musste ich oft zum Arzt. Die Angst, dass der sagen würde, es geht zu Ende mit mir und mich einschläfern würde, wurde mein ständiger Begleiter. In diesem ganzen Wirrwarr fühlte ich mich auf einmal auch krank. Versteht ihr das?« Wir nickten wortlos.

»Das ist schon drei Jahre her. Im letzten Jahr ist die Familie, zu der ich gehörte, ums Leben gekommen.« Er schniefte. »Von heute auf morgen stand ich alleine da. Ohne Medikamente, meine Bleibe und die Herzenswärme meines Rudels, also den Menschen.« Er zitterte während Gefühle und Erinnerungen durch ihn hindurch fegten. Der arme Hund, wie fürchterlich.

»Sollen wir dich mal in den Arm nehmen?«, fragte ich und er nickte. Wasserbüffel kniete sich hin und breitete die Vorderhufe aus. Hund lehnte sich an Wasserbüffels Bauch und ich drückte mich an Hunds Vorderpfote. Da standen wir und hielten uns einfach nur fest. Kyaal weinte jetzt so sehr, dass es ihn schüttelte, als sei ein Erdbeben im Gange. Im Nu stand ich knöcheltief in einem Meer aus Tränen und Regen.

»Es wird alles gut, Kyaal«, sprach Wasserbüffel leise. Ich ging um Hund herum, machte mich so lang ich konnte und streichelte seinen unteren Rücken. Büffel wiegte ihn hin und her, wie er es auch mit mir tat, wenn nix mehr ging. Wir hielten ihn und waren einfach nur da. Mit Liebe in unseren Herzen. Der Regen wurde weniger und Hund schluchzte weiter. Ich sah hoch zum Himmel. Irgendwie tropfte uns das Leben und Sterben gleichzeitig aufs Fell.

»Es wird alles gut«, sagte Büffel wieder und ich fragte mich, woher er das wusste. Beinahe hätte ich nachgefragt, aber meine Aufmerksamkeit fiel auf eine Flohfamilie, die mir aus Hunds Fell entgegenkam. Ich öffnete die Schnauze, bereit die Zwischenmahlzeit einmarschieren zu lassen. Mein Blick fixierte die Tierchen und unvermittelt erweichten sie mein Herz. Irritiert wich ich zurück, damit sie passieren konnten. »Beruhige dich, Hund«, sagte Wasserbüffel gerade. »Wir kümmern uns um dich. Schau, Huong und ich sind doch jetzt dein Rudel.«

»Stimmt genau, Kyaal. Das sind wir«, bestätigte ich. Er ließ Büffel los und ich hörte auf Hund zu kraulen.

»Wirklich?«, fragte er.

»Auf jeden Fall. Wir lassen dich niemals alleine, Hund.«

Schlagartig war mir klar, warum ihn das Thema Wiedergeburt so interessierte und er oft so nachdenklich war. Er wischte sich die Tränen ab und Wasserbüffel fuhr mit seiner Zunge über Hunds Gesicht.

»Das kitzelt«, bellte Hund.

»Lasst uns was verabreden. Wenn sich einer von uns schlecht fühlt, nicht mehr weiterlaufen mag, Pause braucht oder Zuspruch, dann sagen wir das und handeln danach«, schlug ich vor und streckte ihnen meine Pfote einschlagbereit hin.

»Gute Idee. Das machen wir«, sprach Wasserbüffel. Hund schluchzte zustimmend und wir schlugen ein.

»Ist die Latscherei für dich denn sehr anstrengend?«,

wandte ich mich an Kyaal.

»Na ja. Seitdem ich euch getroffen habe, fühle ich mich so gut wie lange nicht mehr. Und Schmerzen habe ich nicht«, antwortete er. »Das Marschieren ist schon anstrengend, aber ich schätze für euch auch, oder?

»Ja«, gestand Büffel. »Denn weißt du, ich war und bin leider auch immer noch krank. Vor zwei Jahren war es, als ich eines Tages ...«

Zum Weißwangengibbon! Ich wollte keinesfalls an Büffels Leibesschaden erinnert werden. Er wusste, dass ich mich schnell um ihn sorgte, wenn mir seine Erkrankung ins Bewusstsein kam. Ohne ihn zu leben, war in mir vorgeburtlich nicht angelegt und deshalb hatte ich große Angst davor.

»Wartet mal. Hast du Lust auf ein Bad, Kyaal?«, fragte Büffel. »Nicht weit von hier müsste eine Wasserstelle sein.«

Ich schätze, der Vorschlag diente dazu, mich von seiner Krankengeschichte fernzuhalten. Mein Freund hatte in den letzten Tagen mehrfach über Kopfschmerzen geklagt, das machte mich schon Bange genug. Wir befragten die Karte und tatsächlich, das Gesuchte konnte nicht weit entfernt sein.

»Dann gehen wir bis dorthin weiter und wenn uns der Platz gefällt, campieren wir dort. Während ihr Wasserratten badet, kann ich mich um die Verpflegung kümmern«, schlug ich vor. Zustimmung auf allen Seiten. Also setzten wir uns wieder in Gang und erreichten kurz später das anvisierte Ziel.

Nach den Aufbauten war baden, essen und ausruhen angesagt und ich gab mir heute besonders große Mühe, alles schön herzurichten. Der Himmel riss auf und die Nachmittagssonne hauchte der Luft Schwüle ein. Ich setzte mich, streckte die Beine aus und betrachtete die Umgebung.

»... ein Wesen mit seinen Gefühlen und Ängsten«, vernahm ich Büffels Wortfetzen, als die beiden Bader zurückkehrten.

»Ich danke euch, Büffel und Huong«, sagte Kyaal. »Ihr seid wirklich ein Geschenk.«

»Ich denke, das ist für uns alle so. Wir freuen uns ja auch, dass du bei uns bist«, sprach Wasserbüffel.

»So ihr lieben Geschenke, dann setzt euch und langt zu.«, eröffnete ich das Buffet.

Am frühen Abend bat Kyaal Wasserbüffel, die Unterweisung zum Thema Wiedergeburt fortzusetzen.

»Wo waren wir denn stehen geblieben?«

»Bei sabbe sankhara anicca«, sagte Hund.

»Ach ja, richtig. Also, alles was existiert ist vergänglich. Wie ich schon sagte, betrifft das uns und die uns umgebende Welt.«

»Und was heißt das dann für uns?«, musste ich wissen.

»Das heißt, dass es keinen Sinn macht uns an etwas zu heften oder uns als bleibende Wesen anzusehen.«

»Das verstehe ich nicht. Kannst du das erklären?«, bat Hund.

»Ich will sagen, dass wir nur existieren, solange geistige und wahrscheinlich auch körperliche Momente bestehen. Jeder Moment entsteht und vergeht und lässt einen neuen entstehen. Unser Denken, Fühlen und unsere Handlungen in dem einen Moment sind die ursächliche Entstehung für den nächsten. Wir können so weit gehen zu sagen, dass wir morgens nicht die Gleichen sind, wie mittags oder abends.«

»Ah, das habe ich schon mal gehört. Du meinst also, in unseren Körpern verändern sich zelluläre und chemische Zusammensetzungen und im Geist auch?«, bohrte Kyaal nach.

»Genau. Wir unterliegen körperlich und geistig einem ständigen Wandel. Doch das nehmen wir bewusst gar nicht wahr, sondern klammern uns an den Gedanken, dass wir ein festes Ich sind, und bestätigen uns das zusätzlich mit allem, was wir uns zuschreiben. Ein Gleichnis aus dem Kanon kann die Sache besser erklären.«

Ich spitzte die Ohren. Kanon hat er gesagt. Das hat doch was mit singen zu tun. Ich räusperte mich, um mit guter Stimme einsetzen zu können. Mal sehen, was jetzt kommt, dachte ich und machte es mir bequem. Fakt war, dass statt einer Melodie weitere Worte aus Büffels Maul kamen. Kurz gewundert fiel mir ein, dass ich das Zuhören sowieso üben wollte und wir neulich auch schon von Kanon sprachen, der nix mit Gesang, sondern mit irgendwelchen alten Schriften zu tun hatte. Also ritzte ich Kreise neben mir auf den Boden und bemühte mich, mit Ohren und Geist zu folgen.

»Ich stelle euch zwei, drei Fragen. Passt auf: Wenn jemand eine Kerze anzündet, so wie wir neulich. Die könnte die ganze Nacht brennen, richtig?« Zustimmendes Bellen und Nicken.

»Sind die Flamme in beiden Nächten dieselben?«

Nach kurzer Überlegung nickte Hund: »Ich schätze ja. Ist ja dieselbe Kerze, also auch dieselbe Flamme.«

»Nein ist sie nicht«, entgegnete Wasserbüffel. »Ist die Flamme während der zweiten Nacht dieselbe wie in der dritten?«

Hund, offenbar unsicher geworden, zuckte die Achseln.

»Nein«, beantwortete Büffel seine eigene Frage, die ich – mit Verlaub gesagt – ziemlich dumm fand. So viel Palaver um Kerzen! Ich überlegte, wohin ich weichen könnte, bevor mich ein Wutanfall übermannen würde. Mein Freund blieb hartnäckig und fragte weiter: »Dann sind es wohl verschiedene Flammen, die in verschiedenen Nächten brennen?«

Ich schaute hoch. Mit seinen gütigen Kulleraugen blickte Wasserbüffel uns an, als seien wir frisch geschlüpfte Küken. In einer Zehntelsekunde sah ich auf den Grund seiner Seele und wusste, dass mein geliebtes Hörnchen eines Tages Erleuchtung erlangt.

»Nein sind sie nicht«, tänzelten seine Worte jetzt in meinem

Gehörgang. »Ebenso geht es mit uns Lebewesen. Ein Lebewesen stirbt und ein anderes wird geboren. Einer kommt und einer geht, genauso, wie die Bewusstseinsmomente während des Lebens aufeinanderfolgen. Und im buddhistischen Glauben kommt die Seele erst frei, wenn man es schafft, alle Lebewesen, Dinge sowie Um- und Zustände völlig wertfrei zu betrachten. So ist es und das ist die Herausforderung des Lebens«, endete Wasserbüffel.

Die Verbindung von Kerzen zur befreiten Seele kriegte ich irgendwie nicht hin, obwohl ich zugehört hatte. Es war dunkel geworden. Zumindest mir wurde bei Wasserbüffels Vortrag mulmig. Deshalb kramte ich – passend zum Thema Flamme – unsere Kerzen raus und zündete für jeden eine an. Oder sollte ich sagen für jede Seele eine? Was Körper, Geist und Seele angeht, wusste ich aktuell gar nix mehr. Aber es ging nicht nur mir so. Hund wirkte auch verwirrt.

Man merkte immer wieder, dass Wasserbüffel sich schon lange mit diesen Lehren beschäftigte und Kyaal und ich Frischlinge sind. Die Kerzen flackerten leicht und erhellten zusammen mit dem Mond unseren kleinen Kreis. Mitten in Myanmar.

# Ein ständiger Wechsel

»Seht mal, wir sind doch nie ganz gleich. Du bist heute nicht derselbe, der du gestern warst«, schnaubte Büffel.

Das war mir zu viel. Ich musste dringend was sagen. »Quatsch.«

»Weit gefehlt, Huong. Wir sind nicht einmal während zwei Augenblicken gleich. Weder körperlich noch geistig, das hatten wir ja schon. Aber weil die Veränderungen minimal sind, fallen sie uns nicht auf und sind uns daher?«, fragte er und hob die Augenbrauen.

»Unbewusst?«, wisperte ich.

Büffel klatschte in die Vorderhufe. »Yes! Und da sind wir wieder beim Älterwerden. Weil es eben nicht von heute auf morgen, sondern in ganz kleinen Schritten geht, ist es dir nicht aufgefallen, Huong. Ich habe mal gehört, dass sich der Körper alle sieben Jahre vollständig erneuert.«

»Echt?« In Kyaals Stimme schwang Hoffnung.

»Ja, das gilt für den Körper. Der Geist ändert sich ja wesentlich schneller. Gerade denkst du, dies ist für dich richtig und etwas später oder am Tag drauf denkst und fühlst du ganz anders.«

»Das leuchtet ein und ist ja tatsächlich so«, meinte Hund.

»Leben ist Veränderung. Entstehen und Vergehen sind die beiden Seiten davon. Passt auf!«

Wasserbüffel kramte in einer Tasche. Ich hoffte, er würde jetzt nicht noch mal was essen wollen, denn dafür war es viel zu spät. Nein. Stattdessen kam ein Stück Papier zum Vorschein. Das hielt er in die Flamme. Mir stockte der Atem. Heiliger Reissack. Da kokelt der auch noch. Was, wenn alles in Flammen aufgeht? Einziger Trost war, dass Wiedergeburt ja inklusive schien.

Blitzartig flog mein Leben in Erinnerungsketten an mir

vorüber und ich sortierte meine Taten in gute und schlechte. Wegen des Karmas. Au Backe, es hielt sich irgendwie die Waage. Oder war ich zu selbstkritisch? Eine Flamme loderte auf und ich hoffte inständig, nicht als Mensch wiedergeboren werden zu müssen. Als Höllenwesen aber auch nicht. Ob Viertelgott, also halber Halbgott geht? Verdammt, es blieb kein Daseinsbereich, in den ich katapultiert werden wollte. Glücklicherweise breitete sich kein Brand aus. Im Gegenteil. Die Flamme erlosch, das Papier war verbrannt. Vor uns lag Asche. Meine Güte, so viel Rauch für nix.

»Seht ihr, es verbrennt Papier und wird zu Asche. Das Papier hat seine Form geändert, aber es ist nicht weg.«

»Tja«, wir nickten. »Aber was hat das mit Wiedergeburt zu tun?«, wollte Hund wissen. »Ich habe eine Frage, die weit vorher liegt.

»Und die lautet?«

»Ich muss erst mal wissen, wie es ist zu sterben«, begann Hund mit zittriger Stimme. »Dann hätte ich auch nicht mehr solche Angst davor. Was weißt du vom Sterben Büffel?«, fragte er gerade heraus. Wasserbüffel schwenkte den Kopf hin und her und holte tief Luft, während ich die Sterne angähnte.

»Der Sterbevorgang an sich wird uns bewusst oder unbewusst sein. Das hängt davon ab, in welchem Zustand sich unser Geist und Körper dann befinden«, hörte ich Wasserbüffel sagen. »Das hat auch damit zu tun, ob wir Medikamente bekommen, oder nicht, denn die würden unser Erleben ja beeinflussen«, stellte der Mediziner in mir fest.

»Wahrscheinlich ja. Wir werden unseren eigenen Tod nicht feststellen können, weil wir dann kein Bewusstsein mehr haben. Die Zeit bis zur Wiederkehr erfahren wir daher selbst auch nicht bewusst«, erklärte Wasserbüffel.

»Weil wir in dieser Zeit nicht existent sind, oder?«, schloss Hund.

»Du verstehst. Man könnte den Zwischenzustand auch als eine Art Zeitreise beschreiben. Entscheidend ist, dass wir zwar noch unser Sterben wahrnehmen können, aber nicht das tot sein, denn mit dem Tod verschwindet das Bewusstsein und somit die Wahrnehmung der Außenwelt. Das heißt, für uns selbst verschwindet mit dem Tod auch die Welt. Man sagt, jeder erfährt im Sterbeprozess das, woran er glaubt. Glaubst du, es ist die Hölle, wird es so sein. Glaubst du, es wird eine paradiesische Reise, wird es auch so sein.« Mir rollten sich vor Unbehagen die Krallen auf, aber Hund schien gut mit der Antwort klarzukommen.

»Danke Büffel. Das war hilfreich. Wollen wir noch meditieren? Zu meiner Freude habe ich festgestellt, dass Meditation besser ist als Betelnüsse«, lächelte er verschmitzt und fragte: »Und wisst ihr, was ich beim Meditieren mache?«

»Denken, obwohl du es nicht willst?«, riet ich.

»Das natürlich auch. Ihr hattet ja gesagt, man konzentriert sich beim Meditieren auf das Ein- und Ausströmen des Atems und beobachtet ihn an einem Punkt an der Nase.« Büffel nickte.

»Und du hattest weiter erklärt, Büffel, dass es Formen von Meditation gibt, bei der man sich auf etwas anderes konzentriert. Ein Objekt zum Beispiel oder ein Wort.« Wasserbüffel nickte wieder oder noch immer.

»Ich habe das für mich noch ein wenig verändert. Mit dem Atem lasse ich die Energie vom Kopf bis zu den Pfoten fließen. Dann spüre ich, ob es Blockaden gibt, also Stellen an denen die Energie nicht frei fließt. Von den Pfoten gehe ich dann zurück zum Kopf. Im zweiten Durchgang gehe ich mit der Aufmerksamkeit Stück für Stück wieder von Kopf bis runter zu den Pfoten durch den Körper. Dabei spüre ich in jeden Teil hinein, ob es irgendwo schmerzhafte Stellen gibt. Falls ja, bleibe ich mit der Aufmerksamkeit dort, und merke wie sich die Empfindung verändert.«

»Hey«, unterbrach ich ihn. »Das machen wir auch. Das nennt man Body-Scan.«

«Ach was, tatsächlich? Das ist eine richtige Meditationsform?« Hund war sichtlich überrascht.

»Die Energie fließen zu lassen fühlt sich an wie Lichtbahnen im Körper. Und ich male mir aus, wie das Licht meine Zellen reinigt«, endete er zufrieden.

»*Jede Zelle meines Körpers ist glücklich, jede Körperzelle fühlt sich wohl*«, sang Wasserbüffel prompt und ich setzte sofort ein. Gemeinsam sangen wir: »*Jede Zelle, an jeder Stelle, jede Zelle ist voll gut drauf.*«

Um das ›gut drauf‹ zu verstärken, schwangen wir einen Arm in die Luft und ich ballte die Pfote zur Faust.

»Tolles Lied. Noch mal bitte«, bat Hund.

Also sangen wir es noch mal und schon im zweiten Durchgang setzte Hund mit ein. Wir trällerten noch eine Weile, meditierten und legten uns schlafen. Bis ich einschlief, sang mein Geist das Körperzellenlied rauf und runter. Glücklicherweise wusste ich, dass Ohrwürmer keine Krankheit sind.

# Karma & Nichtgegebenes

Tags drauf erwachte ich als erster. Nach dem Motto: Eine Grimasse am Morgen vertreibt Kummer und Sorgen, praktizierte ich sofort den Grinsetrick. Das zog in den Wangen wie hundert Akupunkturnadelstiche. Hormonausschüttung läuft, dachte ich zufrieden.

Hund und Wasserbüffel wurden auch wach. Gemeinsam pinkelten wir in den neuen Tag hinein. Herrlich. Goldgelb kroch gerade auch die Sonne langsam den Himmel empor. Nach ausgiebigem Gähnen und Strecken schlug ich eine Runde Frühsport vor. Da wir vor Motivation nur so strotzten, ließen wir uns von der ansteigenden Wärme nicht abhalten. Wir begannen mit einfachen Rückenübungen, gingen über zu Herz-Kreislauf Training, schwitzen wie die Großmeister, und endeten mit fünf Sonnengrüßen aus dem Yoga. Danach waren wir klitschnass und glücklich.

»Schön, wie geschmeidig sich der Körper jetzt anfühlt«, stellte Kyaal fest und streckte sich noch mal. Auch Wasserbüffel wirkte sehr zufrieden und fit, was mich riesig freute.

Gemeinsam schlappten wir zum Wasser und wuschen uns.

Was das Frühstück anbelangte, brauchten wir nicht wählerisch sein. Da ich umsichtig mit unserem Proviant haushaltete, vertilgten wir immer das, was zuerst aufgegessen werden musste. Heute gab es Reiskörner satt und Gurkenwasser.

»So gut wie heute hat mir das Frühstück lange nicht geschmeckt«, schmatzte Wasserbüffel. »Ich schaue noch mal auf die Karte, dann kann es auch schon losgehen.«

Gemeinsam bauten Hund und ich das Lager ab und Wasserbüffel schnallte sich die Taschen um. Hund trug selbst zwei kleine mit Küchenutensilien und ich transportierte in meinem Rucksack meine sieben Sachen und drei kleine von

Wasserbüffel. Der Kartencheck ergab, dass unweit von uns eine Schnellstraße verläuft. »Wenn wir auf Kurs blieben – also immer parallel zur Straße – müssten wir Kyaikto erreichen. Kurz hinter Kyaikto ist das Ende der heutigen Etappe«, meinte Büffel und wir setzten uns wieder in Bewegung. Gute Stimmung, dufte Truppe und Herzen im Gleichschritt. Was gibt es Schöneres?

Ich ließ meinen Blick schweifen und freute mich, wie bunt und prächtig die Landschaft plötzlich war. Das wir tagelang durch die Einöde gelatscht waren, war schon nicht mehr vorstellbar, denn hier saßen die Bäume voller Blüten oder Früchte. Auch am Boden wuchsen verschwenderisch bunte Blumen.

»Hey Leute, wer möchte einen schönen Blumenstrauß haben?«

»Blumen? Wo willst du die denn jetzt herkriegen?«, fragte Hund. Freudig deutete ich auf meine florale Entdeckung.

»Na von da vorne. Guckt doch mal, die blühen hier überall. Die meisten zwar nur in weiß, aber blaue gibt es auch.«

»Tatsächlich! Ich sehe sogar noch gelbe und da hinten sind ganz viele rote«, stimmte Hund zu. Büffel blieb stehen.

»Ihr meint doch nicht dieses flatternde Zeug da? Schaut mal genauer hin! Na, erkannt? Ich will euch ja nicht enttäuschen ...«

»Aber?«, fragte ich vorsichtig.

»Das sind mit Sicherheit keine Blumen.«

»Wohl! Woran willst du horniger Besserwisser denn erkennen, dass es keine sind? Die wachsen doch da, an den Bäumen. Und an den Sträuchern auch«, konterte ich.

Hund sah zwischen uns hin und her. Vielleicht überlegte er schon, zu wem er halten sollte, falls ich mit Büffel in Streit geriet.

»Das ist Plastik. Kommt mit«, sprach Büffel und wir trotteten zu einem der Sträucher. Er pflückte uns jedem eine Blume.

»Hier überzeuge dich selbst, Huong! Riecht nicht, hat weder Saft noch Samen, lebt nicht, knistert und ist daher Plastik.«

»Plastik?«, wiederholte Hund. »Zeig mal her.«

So sehr ich mir Blumen gewünscht hatte, nach eingehender Untersuchung musste ich zugeben, dass es sich um Kunststoff handelte. War nix mit Blumen, die ich im Überschwang nur allzu gerne an meine Freunde verschenkt hätte. Was zum Weißwangengibbon, machen optische Täuschungen eigentlich am Arsch der Welt? Ernüchtert bemühte ich mich meinen Puls runterzufahren.

»Und wie kommt das Plastik hierher?«, fragte Hund verdattert.

»Hat mal irgendwer verloren oder hingeworfen. Der Wind hat es weitergetragen, und dann hat es sich hier am Baum und in den Sträuchern verfangen. Leider wird es hier liegen bleiben. Schlimmstenfalls drei- bis vierhundert Jahre!«, teilte ich mein Wissen. Hund war entsetzt. »So lange? Bist du sicher?«

»Leider ja. Plastik wird künstlich hergestellt. Sagt ja schon der Name: Kunststoff. Der kann sich nicht so einfach zersetzen wie etwas Natürliches. Stattdessen wird Plastik in immer kleinere Teile zerrieben«, erklärte Wasserbüffel.

»Vom Wind und vom Wetter«, warf ich ein. Letztes Jahr hatte ein Büffel aus dem Nachbardorf eine Anti-Plastik-Kampagne gestartet, an der wir teilgenommen hatten. Daher waren wir bestens im Bilde über das Zeug. Wie ich das aus der Ferne für Blumen halten konnte, war mir schleierhaft. Hund schnüffelte an einem Stück und ließ es durch seine Pfoten gleiten.

»Weiter gedacht heißt das ja auch, dass – mal angenommen das wäre hier ein Feld – und keiner, der diesen Schund wegräumt, das Plastik immer kleiner wird und die Bestandteile erst ins Grundwasser und von da in die Pflanzen gehen, oder?«, fragte er nachdenklich.

Büffel und ich nickten. Ich seufzte: »Ja. Schadstoffe wie Bisphenol A und so landen dann erst im Grundwasser und am Ende des Kreislaufs in unseren Futternäpfen und auf den Tellern der Zweibeiner.«

Wir diskutierten, ob wir das Plastik einsammeln sollten, mussten uns aus Transport-, und Abbaugründen aber dagegen entscheiden. Schweren Herzens ließen wir den Müll liegen und marschierten weiter. So ging der Vormittag dahin. Bis zur mittäglichen Glut war kein Dorf auszumachen, dafür weniger Plastik.

Die Ebene, in die sich kaum ein Strauch oder Baum mehr verirrt hatte, geschweige denn Menschen mit 'nem Dorf, war plötzlich wieder karg und wüstenhaft. Die gesuchte Straße war auch Fehlanzeige, obwohl wir den Fahrzeuglärm von Weitem hörten. Büffel meinte, wir seien goldrichtig. In sicherer Entfernung zur gefährlichen Straße und trotzdem auf dem richtigen Weg. Wir machten einen Trinkstopp und stellten fest, wie häufig die Landschaft sich hier änderte. Heute früh waren wir im Grünen gestartet und hier war alles wieder staubtrocken. Wir bissen die Zähne zusammen und kämpften uns tapfer nach vorne. Zwei Stunden später war ich kurz vor quengelig, sagte aber nichts. Wie verwöhnt wir mit unserer Umgebung zu Hause waren. In Vietnam war es immer grün, denn es gab Reisfelder bis zum Horizont. Spontan vermisste ich unsere Heimat bei jedem Schritt mehr.

»Wer den ersten Schattenplatz fürs Mittagessen und ein kurzes Schläfchen sieht, kann nachmittags auf mir reiten«, lockte uns Wasserbüffel. Aber der Reisegott oder wer auch immer, ging hart mit uns ins Gericht. Buddha war es auf jeden Fall nicht, denn der richtet ja nicht.

Unangenehmerweise schwoll die Hitze auf glutheiß. On top

kam ein kleiner Hügel auf uns zu. Steigung und Sonne sind kein gutes Paar, aber ich zwang mich, weiter meine Klappe zu halten und gelassen und friedvoll zu sein. Endlich erreichten wir die Bergkuppe. Und siehe da, vor unseren Augen tat sich entweder eine Fata Morgana oder ein Dorf auf. Mit viel Grün und buntem Plastik, denn Blumen in der Fülle schloss ich aus.

Im Endspurt gaben wir noch mal alles und standen kurz drauf staunend in einem so netten Weiler, den wir in der Einöde niemals vermutet hätten. Überall wuchsen Blumen und pinkfarbene Bougainvillea. Bisher hatten wir auf unserem Weg nur Wellblech- oder Bambushütten gesehen. Aber hier wurden Häuser aus Stein gebaut. Der war weiß. Überall standen Sonnenschirme in bunten Farben und am Essgeschirr labte sich ein ganzes Ameisenvolk. Emsig schleppte die Arbeiterschaft große Brocken weg.

»Hier herrscht Aufschwung, seht ihr das, Freunde?«, fragte Wasserbüffel, als wir durch die Gassen schlenderten. Wir bleiben mehrmals stehen und blickten uns um. Vor den Häusern hing Wäsche und es gab sogar einen Brunnen und einen Tümpel, über dessen Wasseroberfläche sich rote und blaue Libellen tummelten. Nur eines war seltsam: Kein Mensch weit und breit zu sehen.

»Wahrscheinlich arbeiten die Menschen gerade woanders, und zwar gegen Geld damit sie hier weiterbauen können«, überlegte Kyaal laut.

»Kann gut sein. Ist doch nichts gegen einzuwenden, wenn wir hier unsere Wasservorräte auffüllen, oder?«, wandte ich mich an meine Begleiter. Wir entschieden, dass das nicht in die Kategorie stehlen fällt, und so füllte Büffel am Brunnen unsere Trinkbeutel.

Unsere Stimmung war ausgelassen und voller Übermut lieferten wir uns eine Wasserschlacht. »Hier, nimm das!« schrie

ich zu Wasserbüffel hoch und schüttete eine Kralle Wasser direkt auf seine Hufe.

»Na warte, Huong«, rief Hund und wollte gerade eine Pfote voll Wasser über mir ausgießen. Ich probierte zu entkommen, aber er trat mir auf den Schwanz und im nächsten Moment war ich komplett nass. Der Grinsetrick war bei dieser Aktion inklusive.

»Das tut gut«, keuchte Wasserbüffel und setzte sich. Als wir wieder trocken waren, verglichen wir die Karte mit unserem Standpunkt.

»Hm. Das Dorf habe ich nicht eingezeichnet. Ist scheinbar ganz neu.«

»Du meinst, wir sind nicht in Kyaikto?«, fragte Kyaal.

»Ich glaube nicht, dafür war es zu nah. Ich finde, wir gehen weiter. Wer weiß, wann hier Zweibeiner aufkreuzen mit Interesse an einem Arbeitsbüffel, einem Wachhund und einer Ratte.«

Mir lief es sofort kalt das Rückenfell runter. »Dann wären die aber auch keine Buddhisten«, warf ich ein und sah mich um.

»Lasst uns kein Risiko eingehen und den nächsten Schattenplatz abseits von hier ansteuern. Dort essen und pausieren wir ausgiebig«, schlug Büffel vor.

»Hört, hört, pausieren«, lachte Hund.

Ich hätte allzu gerne mein Veto eingelegt, sah aber ein, dass es sicherer war zu verschwinden. Safety First hat für uns ja weltweit Gültigkeit. Hund musste noch mal weg, wahrscheinlich pinkeln. Dann schnallten wir uns fix alle Taschen um und stiefelten weiter.

Neben uns liefen schon länger seltsamen Rohre. In denen rauschte es und an einigen Stellen tropfte was raus. Vielleicht Wasser? Hier und da kamen noch Schläuche raus, die sich im

Gelände verliefen oder einfach in der Erde abtauchten. Versteh' einer die Natur. Oder die Dinge. Am rauschenden Rohr stand auch was dran. Das seltsame Wort hörte mit ›e‹, das einen verrückten Strich als Dach trug auf. Buchstaben mit Dach hatte ich noch nie gesehen. However.

Kurz darauf blieb Hund stehen. »Guckt mal, was ich mitgenommen habe«, sagte Kyaal und zauberte einen Sonnenschirm unter seinem Bauch hervor. Außerdem Schnüre. Wisst ihr, was wir damit machen?« fragte er und wedelte freudig mit dem Schwanz.

Wasserbüffel schüttelte sofort den Kopf.

»Einen Gleitschirm für mich?«, riet ich.

»Nein, daraus machen wir einen Sonnenhut für dich, Büffel. Dann bekommst du bestimmt nie wieder Kopfschmerzen«, bellte Kyaal. Welch charmante Idee! Hätte von mir sein können.

»Das ist wirklich gut gemeint, Kyaal. Ich danke dir für deine Umsicht«, entgegnete Wasserbüffel. An der Art, wie er redete, erkannte ich sofort, dass er den Sonnenschirm ablehnen würde. Warum eigentlich? Ich dachte, man soll nix ablehnen und auch an nix haften. Er müsste den Schirm deshalb doch nehmen. Werden wir gleich mal sehen, was Buddhismus so im Alltag taugt, dachte ich spöttisch, als Wasserbüffel sagte: »Weißt du, was ich lieber hätte als diesen Schirm, Kyaal?«

Unverständnis stand in mächtigen Lettern in Hunds Gesicht. »Nein. Weiß ich nicht.« Er neigte skeptisch den Kopf. «Was möchtest du stattdessen, Büffel?«

»Dass du die Sachen zurückbringst. Sie gehören den Dorfbewohnern.«

»Sie haben doch so viele davon, da fällt es sicher nicht auf, wenn einer fehlt«, gab Hund zurück.

»Ich bitte dich, bring die Sachen trotzdem zurück. Wenn du möchtest, begleite ich dich. Weit ist es ja nicht«, schlug Büffel vor. »Nein, nein. Ich gehe schon alleine«, seufzte Kyaal.

Ich sah, wie enttäuscht Hund war, und das erinnerte mich an die Aktion mit den Rollschuhen. Es tut so weh, wenn man für wen Geliebtes was Gutes tun möchte und dann will oder kann er es nicht annehmen. Um die Situation zu entspannen, schlug ich vor, mich ums Essen zu kümmern, während Hund eben zurücktrabt.

»Das ist eine gute Idee, Huong«, Wasserbüffel schaute sich um.

»Was haltet ihr davon, wenn wir bereits hier kampieren? Die Sonne steht schon so niedrig am Himmel, länger als ein Stündchen könnten wir nach dem Essen eh nicht mehr laufen. Unsere Wasserschlacht war toll, hat aber ganz schön viel Zeit gekostet. Und schaut mal, da vorne stehen zwei Bäume. Ich glaube, die warten nur auf uns.«

»Alles klar, machen wir so«, willigten Kyaal und ich ein. Nachdem wir unser Lager errichtet hatten, packte Kyaal das Gestohlene zusammen und machte sich zurück auf den Weg ins Dorf.

# Sechs befreiende Handlungen

Als wir alleine waren, sprach ich Wasserbüffel noch mal auf den Sonnenschirm an. Ich kramte in unserem Gepäck und fragte: »Warum wolltest du den Schirm denn nicht haben, Hörnchen? Das war doch eine brillante Idee von Kyaal. Ich glaube, er war sehr enttäuscht, dass du sein Geschenk nicht annehmen wolltest.«

»Ich will nicht, dass Hund stiehlt. Das ist nicht gut für sein Karma. Und der Ärmste ist doch sowieso schon arg dran. Da muss er sich nicht noch mehr aufladen. Ich erkläre es euch nach dem Essen. Es ist eine Lektion aus dem Buddhismus und da es so gut zum Thema passt, möchte ich heute darüber sprechen«, sagte er.

Damit war die Sonnenschirmdiskussion aus. Wir hatten just das Essen fertig, als Hund zurückkam, also spachtelten wir ausgiebig. Zum Nachtisch fragte Hund: »Was ist jetzt dieses Karma, von dem wir schon sprachen?«

»Nach allem, was ich bisher gehört habe, denke ich, dass Karma ein anderes Wort für Schicksal ist. Oder?«, fragte ich. Wasserbüffel schüttelte den Kopf.

»Nein, nicht ganz. Nach buddhistischer Auffassung bedeutet Karma eher Handlung. Dabei werden drei Arten von Handlungen unterschieden.«

»Welche sind das?«, fragte Wissbegierde mit Schlappohren, wie ich Hund neulich im Stillen bezeichnet hatte.

»Es sind zuerst die Handlungen des Körpers, als Zweites die der Rede und in die dritte Kategorie fallen alle Handlungen des Geistes. Sie alle erzeugen Prägungen in uns, die wiederum die Basis für zukünftiges Handeln und Erfahren sind. Denk- und Handlungsleitbahnen, wenn ihr so wollt.«

Hund und ich guckten uns fragend an, worauf unser Lehrer erst richtig in Fahrt kam.

»Es ist ein bisschen wie mit den guten und schlechten Gewohnheiten. Es gibt Handlungen, die uns helfen Weisheit in unserem Leben zu verankern. Dann biegen wir nicht mehr so schnell auf eingefahrene Gedanken, Gefühls- und Handlungsstraßen ab und verlieren uns nicht länger in automatischen Kettenreaktionen, die oftmals weder für uns selbst noch andere positiv sind. Versteht ihr? Von diesen Handlungen gibt es insgesamt zehn. Sechs davon stelle ich euch vor. Man nennt sie auch Paramitas. Das sind Großzügigkeit, Geduld, freudige Anstrengung, sinnvolles Verhalten, Meditation und Weisheit.«

Anhand meiner Krallen hatte ich mitgezählt. Stimmt, waren genau sechs, wobei ich die jetzt schon nicht mehr hätte aufsagen können. Mein Freund war wirklich so schlau. Wie zum Weißwangengibbon konnte er sich das bloß alles merken? Eintätowiert hatte er das auch nirgends. Hund gab zu bedenken, dass Weisheit doch keine Handlung ist, und bat unseren Schlaubüffel, das Gesagte genauer auszuführen.

»Aber du kannst weise handeln«, sagte dieser sanft und begann die Paramitas zu erklären. »Großzügigkeit meint, dass man nicht an seinen inneren und äußeren Besitztümern festhält, sondern sie mit anderen teilt.«

»Damit scheint mehr als das Teilen von Gegenständen gemeint«, kläffte Hund.

»Wüsste nicht, was man außer Dingen noch teilen kann.«, warf ich verwundert ein.

»Nun, man kann ja auch Emotionen wie Freude, Liebe und so weiter teilen, offenherzig sein, den anderen inspirieren und von der eigenen Lebensfreude etwas abgeben«, erklärte Büffel und fuhr fort: »Gefühle teilen zeigt dem anderen, wer du bist, stärkt die Beziehung und verringert auch gleich die Ich-Bezogenheit. Apropos Ich-Bezogenheit. Das Teilen sollte immer aus freien Stücken geschehen und vor allem, ohne Erwartung etwas zurückzubekommen.«

»Du meinst, zum Beispiel das Kyaal uns seine Betelnüsse überlassen hat? Gut, war was Materielles, aber trotzdem. Und die sollten gute Gefühle in uns erzeugen. Was am Anfang ja auch so war. Und du hast doch nicht erwartet, im Tausch von uns etwas zu bekommen, oder doch?«, wandte ich mich an Kyaal, der den Kopf schüttelte, dass seine Ohren nur so flogen. Wasserbüffel flocht schnell ein, dass Kyaal damals nicht wissen konnte, dass wir die Betelnüsse nicht vertragen würden. Danach meinte Büffel, dass die nächste befreiende Handlung Geduld sei.

»Schade. Geduld hab' ich nicht im Verhaltensangebot. Ich Rappelratte«, grummelte ich.

»Geduld bedeutet hier, trotz emotionaler Schwierigkeiten, zu denen es im Leben ja mal kommen kann, im inneren Frieden zu bleiben. Mitgefühl ist das Stichwort. Es macht uns stark und Geduld hilft uns in jeder Lage ausgeglichen zu bleiben. Wer diese Tugend beherrscht, wird so leicht durch nichts mehr erschüttert.«

»Darin bin ich eigentlich ganz gut«, lächelte Hund zufrieden. »Ich sage mir immer: Kyaal, sage ich zu mir, mach einfach das Beste draus. Und das funktioniert.« Ich war baff, dass es so leicht sein konnte. Genauso wie der Grinsetrick.

»Das Dritte ist die sogenannte freudige Anstrengung«, erklärte unser Lehrer weiter.

»Die Wörter sind doch schon ein Gegensatz«, echauffierte ich mich. »Wenn ich mich anstrengen muss, kommt dabei selten Freude auf«, ergänzte ich und Hund kräuselte die Stirn.

»Mit freudiger Anstrengung ist unser Bemühen gemeint, mit voller Kraft zum Besten für andere und uns selbst zu handeln. Ich weiß, das ist im Alltag nicht so einfach. Schätze, es beginnt mit Selbstfürsorge, Ablenkungen nicht auf den Leim zu gehen und zu wissen: Keiner ist perfekt«, sagte Büffel.

»Ich glaube, wir sind ja auch zum Lernen im Leben und nicht zum Wissen und Können. Was hätte das alles sonst für einen Sinn? Und wenn wir schon perfekt wären, könnten wir uns ja auch gar nicht mehr weiterentwickeln«, überlegte Kyaal laut.

»Stimmt. Und auch hier gilt: Dranbleiben, mutig sein, das was ist wertfrei betrachten und die Freude zuzulassen, die wir empfinden, wenn wir uns und anderen bestmöglich dienen«, meinte Wasserbüffel.

»Damit haben wir schon vier Paramitas«, bemerkte Hund ganz richtig.

»Ja, und die fünfte ist das sinnvolle Verhalten.«

»Das hört sich ja sehr vernünftig an«, kicherte ich. »Was bedeutet das?«

»Das wir uns anstrengen, verantwortungsbewusst zu handeln. Also um die Konsequenzen unserer Gedanken, Worte und Taten wissen.«

»Dann sind die, die Plastik, Zigarettenkippen oder anderen Müll in der Natur entsorgen, oder chemische Substanzen in die Natur einbringen von sinnvollem Verhalten ja weit entfernt. Denn würden sie bedenken, dass ihre Handlungen die Umwelt schädigt, sie Böden und Lebewesen vergiften müssten sie es ja anders machen«, griff ich den Gedanken auf und wurde sofort böse auf die Menschen, die so handelten. Tiere machen so einen Unsinn ja nicht. »Die so schändlich mit der Natur umgehen sollte man mal ordentlich verhauen«, schlug ich vor.

»Keinesfalls, Huong. Sinnvolles Verhalten bedeutet auch Gewalt – egal ob mit Gedanken, Worten oder Taten – unbedingt zu vermeiden und stattdessen anderen möglichst viel zu nutzen und Gutes zu bringen. Wir sind ja nicht am Leben, um Negativitäten zu verbreiten. Statt Gewalt wäre Aufklärung zum Thema Verschmutzung die richtige Wahl. Plus Verständnis für diejenigen, die es nicht besser wissen und weiter rummüllen.«

»Warte mal, Wasserbüffel. Können wir uns das so vorstellen, dass anderen helfen, Gutes tun und sich für die Belange der Natur einzusetzen gutes Karma bringt?«, fragte Kyaal.

»Ja. So ist es«, antwortete Büffel.

»Allen anderen helfen? Auch so einem wie dem Bauern, der mir so viel Leid angetan hat? Dir ja auch. Wie oft hat er dich geschlagen, nur weil du nicht schnell genug gelaufen bist!«, platzte es aus mir raus.

Mit den Worten: »Auch das ist Vergangenheit, Huong, und ja, es bezieht alle Wesen mit ein. Sonst ist es ja kein Metta, also keine liebende Güte«, ging er über so etwas Schlimmes einfach hinweg. Stattdessen erklärte er: »Metta bedeutet Freundlichkeit, Güte und Sympathie. Buddha selbst vergleicht Metta mit der Liebe einer Mutter zu ihrem Kind. Ziel ist es, diese liebende Güte auf alle fühlenden Wesen auszuweiten und aktives Interesse an anderen zu hegen. Die letzte befreiende Tat ist Meditation. Indem wir uns darin üben, wird es uns überhaupt erst möglich, unser Innenleben objektiv zu betrachten. Das heißt, wir nehmen alle Gedanken und Gefühle wahr, wie sie erscheinen.«

»Sozusagen geschmacksneutral«, kommentierte ich belustigt, aber ich hatte kein Publikum, denn Wasserbüffel redete weiter und Hund hing an seinen Lippen.

»Dadurch, dass wir achtsamer werden, werden wir der ständigen Ablenkung von uns selbst müde. Außerdem werden wir bewusster und dadurch wiederum wächst unser ethisches Verständnis und Verhalten.«

»Du hast ja schon gesagt, Büffel, dass Gedanken und Gefühle entstehen und vergehen, so wie alles auf diesem Planeten«, überlegte Kyaal laut.

»Ja, das zu verstehen ist eine hohe Kunst. Ebenso wie sich

zu zähmen, sich nicht auf jeden Gedanken und alle Gefühle einzulassen. Bei Geistesplagen, also schädigenden Gedanken oder Gefühlen tröste ich mich immer damit, dass sie erwiesenermaßen nicht länger als 90 Sekunden bestehen bleiben, zumindest wenn wir sie nicht mit weiteren Gedanken oder Gefühlen aus der gleichen Richtung füttern. Gelingt die geistige Zähmung, befreit man sich zudem von Anhaftung und Abneigung. Auch Erwartungen und Befürchtungen weichen der Einsicht.«

»Worin denn Einsicht?«, forschte Hund weiter.

»Na, darin, dass alles miteinander verbunden ist und in die mannigfaltige Bedingtheit aller Elemente. Wenn wir auf dem buddhistischen Pfad voranschreiten, sehen wir die Dinge irgendwann so, wie sie sind. Ohne Bewertungen von gut und schlecht und frei von Ablehnung , also ›Das will ich nicht‹ und frei von Anhaftung ›Das will ich‹. Dies führt uns letztendlich zu Weisheit. Erst, wenn wir weise handeln, erkennen und anerkennen wir, dass alle Elemente Teile eines Ganzen sind. Aber alle Täuschungen über die Natur der Dinge und des Geistes zusammen machen das aus, was wir Wirklichkeit nennen.« Büffel räusperte sich. »Zumindest glauben wir ja zu wissen, was wirklich ist und was nicht.«

»Hm«, Hund bohrte weiter: »Bedeutet das etwa, dass die Wirklichkeit, so wie wir sie erleben, gar nicht wirklich ist? Das verstehe ich nicht. Wie wirklich ist die Wirklichkeit denn dann?«

Mir wurde es langsam zu bunt. Und vor allem zu viel. Konnte man nicht einfach Buddhist sein und Erleuchtung erlangen? Musste man denn diese ganzen Kompliziertheiten auch noch wissen? Mit Spucke holte ich den Dreck der letzten Tage unter einer Kralle hervor und sagte: »Seht ihr, das hier ist Dreck. Kommt von meinen Krallen. Wir sehen doch alle, dass dieser Dreck wirklich ist, denn er liegt doch vor uns.« Höchst gespannt erwartete ich die Antwort.

»Die buddhistische Erkenntnislehre untersucht zuerst die Beziehung zwischen dem wahrgenommenen Objekt, hier den Krallendreck und dem wahrnehmenden Subjekt, das bist in diesem Fall du, Huong, bessergesagt wir alle, weil wir den Dreck ja sehen.«

»Ist bis dahin klar«, antwortete ich und Hund nickte.

»Der Erlebende, also du, beziehungsweise wir, und das Erlebnis, also wir betrachten den Dreck, sind immer abhängig voneinander. Denn es kommt noch die Bedeutungszuschreibung ins Spiel. Dass Dreck, Dreck ist, ist ja eine Zuschreibung und Bewertung. Ohne Zuschreibung ist es einfach Materie. Neutral. Wir sagen Dreck und bewerten es damit als schlecht. Doch andere Lebewesen oder sogar wir selbst, würden es unter anderen Umständen nicht so, sondern vielleicht als gut oder nützlich bewerten. Der Buddhismus erklärt uns, wie man die fehlerhafte Wahrnehmung beseitigen kann.« Wir blieben gespannt!

»Zur Lösung des Themas sollten wir zuallererst darüber Bescheid wissen, dass es einerseits Materie und andererseits den Geist gibt. Das Materielle gehört zur bedingten Welt.«

»Du meinst alles, was wir anfassen können?«, fragte Kyaal und Büffel nickte.

»Der Geist ist aber kein Ding, den kann ich nicht sehen, wiegen oder ...«

»Oder in eine Tasche stecken«, ergänzte ich. Wasserbüffel stimmte zu.

»Erst, wenn wir diese Unterscheidung gemacht haben, können wir uns wieder um den Dreck kümmern, um bei dem Beispiel zu bleiben. Wie erfahren wir denn, dass dort Dreck vor uns liegt?«, testete Büffel uns.

»Na, weil wir ihn doch sehen«, antwortete ich sofort.

»Richtig. Da ist also zuerst der äußere Reiz, der über den

Sinneskanal – in diesem Fall die Augen – in unser Bewusstsein dringt. Der Wahrnehmung folgt der Gedanke: ›Das ist Dreck‹, dann die Bewertung: ›Deck ist eklig‹ und schon setzt sich der Körper handelnd in Bewegung und fegt den Dreck weg. Ich finde, so kann man verstehen, dass der Geist kein Ding ist, und wie Materie und Geist zusammenwirken.«

»Ist halb klar«, meinten wir zögerlich.

»Dinge, also Materie haben die Merkmale, stofflich unbelebt und real zu sein, richtig?«

Jetzt starrten wir alle wieder auf den Krallendreck vor uns.

»Ja, so ist es«, entschieden Hund und ich und entlockten Wasserbüffel ein Nicken.

Der fuhr fort: »Unser Geist dagegen hat die Merkmale, bewusst und klar zu sein.«

»Zumindest ohne Betelnüsse oder andere Betäubung«, warf Hund ein.

»Exakt. Den Geist kannst du nicht sehen, nicht schmecken oder anfassen, richtig? Er hat weder Farbe noch Gewicht noch Maß noch irgendetwas anderes Greifbares. Doch er kann, erleben, erkennen und wissen ohne die einzelnen Momente des Erlebens zu vermischen.«

»Wie jetzt?«, erkundigte ich mich.

»Na durch Ursache und Wirkung. Buddha erkannte, dass es immer eine Ursache, bessergesagt mehrere Ursachen plus entsprechender Bedingungen geben *muss* damit Auswirkungen entstehen können. Das ist in der äußeren Welt so und in unserem Inneren auch.«

»Hast du das mal konkreter, Büffel?«, forderte Hund.

»Ja«, offensichtlich kramte unser Lehrer in seinem Gehirn nach einem anschaulichen Beispiel. Dann schnalzte er mit der Zunge. »Also gut, stellt euch einen Samen vor. Aus dem entsteht eine Pflanze. Aber damit der Samen überhaupt keimen und das Pflänzchen wachsen kann, sind die Elemente

Erde und Wasser nötig. Und wenn diese mit Bedingungen wie Wärme und Luft zusammenkommen, keimt die Saat.

»Schaut her!« Er griff sich einen Stock und schrieb zur Verdeutlichung:

*Samen = Ursache.*
*Samen + Wasser + Erde = Ursachen.*
*Sonne + Wind + Wärme = Bedingungen.*
*Ursachen + Bedingung = Wirkung.*
*Samen + Wasser + Erde + Sonne + Wind+ Wärme*
*= Keimling* → *Pflanze wächst.*

Jetzt malte er ein großes Ausrufezeichen an den Rand und sagte: »So ist es auch mit unserem inneren Erleben. Die direkten Ursachen sind einzelne Bewusstseinsmomente in unserem Geist, die uns erst zu Gedanken, eventuell zu Worten und dann zu Handlungen treiben.«

»Und das alles, weil wir denken und bewerten. Dazu meist unbewusst, stimmt's? In diesen Mechanismus einzugreifen ist sicher ganz schön mühevoll«, meinte Hund und schüttelte sich.

»Ja. Denken, fühlen, bewerten und darauf reagieren bilden eine unaufhörliche Kette. Die nennt man Geiststrom. Der fließt durch diesen Tag, den morgigen und alle weiteren. Durch unser ganzes Leben. Die mitwirkenden Bedingungen sind die Elemente, aus denen unsere Körper bestehen. Die Knochen im Körper gehören zum Erdelement. Die Flüssigkeiten sind das Wasserelement.«

»Blut zum Beispiel«, wusste ich.

»Stimmt. Unsere Körperwärme gehört zum Feuerelement, die Atmung ist das Windelement, der Platz für die Organe ist das Raumelement.«

»Mein Raumelement verlangt nach einem Shake«, meinte Hund. »Oder ist es mein Geist? Weil ich an ein leckeres Fruchtshake dachte?«

»Sahst du den Shake auch vor dir und hattest den Geschmack davon auf der Zunge?«, fragte ich mit einem Zwinkern. Hund stand auf.

Büffel nickte ihm zu. »Und siehe da, schon setzt sich der Gedanke erst in Worte und nun in Handlung um und Hund presst uns eine Vitaminbombe.« Tatsächlich konnten wir uns Selbige kurz drauf in unsere Raumelemente einverleiben. Als Wasserbüffel ausgetrunken hatte, sprach er: »Das Bewusstsein verbindet Körper und Geist. Untersucht man einen materiellen Teil, befindet man sich im Bereich der mitwirkenden Bedingungen. Ob es das Erbmaterial der Eltern, unser Herz, das schlägt oder das Gehirn ist, sie alle sind Bedingungen für unsere Existenz. Diese sind zwar wichtig, man darf sie aber trotzdem nicht mit der eigentlichen Ursache verwechseln, nämlich mit unserem Geist.«

Mittlerweile war es stockdunkel und ich übte mich im Zuhören und kapieren.

»Schwierig, schwierig«, stöhnte Kyaal. Das sich die Lehre von unserem Alltagsverständnis und der gewöhnlichen Art zu denken so unterschied, machte es nicht leichter.

»Ja. Aber das ist noch nicht alles«, sagte Wasserbüffel. »Denn es gibt weitere Einteilungen. Einerseits in die belebte und die unbelebte Welt.«

»Warte mal, wieso denn belebt und unbelebt?«, hakte ich nach.

»Nun ja, zur belebten Welt gehört alles, was lebt, also alle Lebewesen und zur unbelebten Welt gehört alles andere, also alles, dem kein Eigenbewusstsein und damit auch kein Erleben zugeschrieben werden kann.«

»Okay, Hörnchen, verstanden. Steine, Plastik und unsere Hütte zu Hause gehören demnach zur unbelebten Welt. Spinnen, Bauern und wir zur belebten, richtig?«

Er nickte. »Ja, und dann gibt es noch die Einteilung in Geist und Körper. Sie gilt, solange man die Natur des Geistes, und damit auch die Natur der Dinge, nicht klar erkennt.«

»Was ist denn die Natur der Dinge? Ich meine, was heißt das für den täglichen Gebrauch?«, musste ich wissen.

»Na ja, es heißt, dass im Grunde alles neutral, also weder gut noch schlecht ist. Aber unser Geist bewertet alles und ständig. Dabei ist es egal, was durch die Pforte der Sinne in unsere Wahrnehmung dringt. Weil es so wichtig ist, wiederhole ich es: Der Geist nimmt auf jeden Reiz *sofort* eine Einordnung vor. In gut und schlecht. Und weiter in ›das will ich haben oder sein‹, oder ›das will ich nicht haben oder sein‹. Dessen sind wir uns nur nicht bewusst«, lehrte Büffel.

»Es heißt also bei jedem Kontakt egal womit: Her damit, oder bleib mir vom Leib«, übersetzte ich die Lehre alltagstauglich.

»Und diese Einteilung führt uns dann zu Anhaftung, ich will, oder Ablehnung, also ich will nicht«, wiederholte Hund. »Unserer Bewertung, sowie den dann folgenden Handlungen, liegt natürlich immer unser Wunsch zugrunde, Schmerz zu vermeiden«, ergänzte ich. Unser Lehrer nickte und holte tief Luft.

»Durch jahrelange Innenschau mithilfe Meditation erfuhr Buddha, dass es keine für sich unabhängig existierende Welt gibt. Man kann nur von einem Objekt im Verhältnis zu einem Subjekt sprechen. Das, was erlebt wird – zum Beispiel unsere Freundschaft – ist immer abhängig von denen, die es erleben. Also von dir und mir – und unserem wahrnehmenden Geist. Wie ich schon sagte, interpretiert der Geist alles von außen wie von innen Kommende und bewertet.«

Hund hätte auch hierzu gern noch ein Beispiel. Büffel kräuselte die Stirn und seufzte.

»Ach, lasst uns das mal auf morgen verschieben«, gähnte ich und so folgte auf diesen Wandertag mit Station im schönsten Dorf der Welt eine ruhige Nacht. Krönender Abschluss dieser war, dass ich putzmunter erwachte. Ich fühlte mich wie grunderneuert. Super. Als alle wach waren, meditierten wir. Uns drängte nix und deshalb brachten wir Hund eine weitere Yogaübung bei und frühstückten an Ort und Stelle. Da Hund nach jeder Mahlzeit unsere Trink- und Fressnäpfe ausschleckte, hatte ich deutlich weniger Abwasch. Herrlich, denn ich hasse abwaschen mit Wasser. Mit Sand habe ich es auch mal probiert, ging aber nicht.

»Das ich euch beide getroffen habe, ist wirklich großes Glück. Das hat mir körperlich und geistig richtig Auftrieb gegeben und was ich in der kurzen Zeit mit euch alles gelernt habe, ist phänomenal«, meinte Kyaal und wir drei strahlten einander an wie geschliffene Diamanten in der Sonne.

Wir bauten das Lager ab und Büffel verstaute alles in den Taschen. Kyaal war eine große Hilfe. Tja, zuerst dachte ich ja schlecht über ihn und war ängstlich. Da habe ich Hund sofort bewertet, obwohl ich ihn gar nicht kannte. Und manchmal bewerte ich ihn ja heute noch. Es dämmerte mir, dass Bezeichnungen für ihn wie Streber, Streuner, Wissbegierde mit Schlappohren nicht nur eine Bewertung, sondern eine Abwertung sind. Und die verhelfen niemandem zum Glücklichsein. Ich versprach mir ein für alle Mal mit dem bewerten von Wesen, Umständen und Situationen aufzuhören.

Als wir kurz drauf im Gänsemarsch hintereinander her gingen, nahm Hund den Gedanken von gestern Abend wieder auf. »Gestern ging es ja viel um Bedeutungszuschreibung. Und um Geist und Materie. Wir sind an einem ziemlich schwierigen Punkt stehen geblieben. Kannst du den noch mal erklären, Wasserbüffel?«

»Also, wir denken, dass Materie etwas anderes ist als Geist. Tatsächlich ist Materie aber nur eine Projektion unseres Geistes. Doch wir glauben, dass da etwas unabhängig existiert. Aber das ist falsch. Und, die Eindrücke im Spiegel des Geistes ändern sich die ganze Zeit.«

Jetzt kommt der auch noch mit Spiegeln! Ich war es leid zu fragen, was das heißen sollte. Die Eindrücke im Spiegel des Geistes. Ich glaub' der spinnt. Spieglein, Spieglein in der Bambushütte, war mir wohl geläufig. Aber Spiegel des Geistes ...

»Schaut, wir halten unsere Vorstellung über diesen Tag gerade jetzt für wirklich.« Wir blieben stehen und blickten uns um. Sonne, blauer Himmel und ein paar Wölkchen hier und dort. »Und nachts«, sprach Büffel weiter. »Nachts geben wir unseren Träumen dieselbe Wirklichkeit. Aber beide sind vergänglich. Der Tag wie die Nacht. Weil sie eben nicht unabhängig existieren. Der Geist als Grundlage unserer Welt ist im Gegensatz dazu nicht vergänglich.«

»Und mit unseren Absichten und Taten bauen wir Karma auf. Für diese und die nächste Existenz, in der der Geist in einen neuen Körper schlüpft und wieder zum Erlebenden wird?«, fragte Hund, der geistig immer noch folgte. Materiell ja sowieso, denn er ging hinter Wasserbüffel her, der gerade nickte. »Und ich dachte immer, das, was wir erleben, ist Schicksal und vorherbestimmt.«

»Moment Hund, nicht so schnell. Da müssen wir noch einen Gedanken einfügen. Der Begriff des Karmas wird in buddhistischen Lehrbüchern deutlich vom Schicksalsbegriff getrennt. Habe ich alles gelesen. Nach Buddhas Aussage sind weder ein Schöpfergott oder wie wir den nennen wollen, noch irgendwelche äußeren Ursachen für unsere Erlebnisse verantwortlich. Versteht ihr?«

Ich knüpfte wieder an. »Nee verstehen wir nicht.« Hund und ich schüttelten mal wieder die Köpfe. Gut, dass unser Lehrer so geduldig war. Er blieb stehen und drehte sich zu uns um.

»Wenn unsere Erlebnisse nicht von äußeren Umständen abhängen, wovon denn dann?«, fragte Hund und kratzte sich am Kopf.

»Laut Buddha entspringt unsere Wahrnehmung immer unserem Geist. Und solange wir die Beschaffenheit des Geistes nicht erkennen, ist uns das nicht bewusst.«

»Du meinst, wir müssen rauskriegen, wie unser Geist tickt?«, hakte ich nach.

»Ja, aber die meisten wissen das eben nicht. Genauso wie sie nicht wissen, dass positive Worte, Wünsche und Handlungen zu ebensolchen Erfahrungen für sie selbst führen und andersrum Negativitäten meist nur in noch mehr Ärger münden. Ist doch so.« Er seufzte und sprach weiter: »Um den ständigen gedanklichen Verstrickungen zu entkommen, können wir uns nur darin trainieren, uns immer wieder zu erinnern, dass alles neutral ist, und unsere Wertungen einzig dem Geist entspringen.«

»Warte. Wenn ich richtig verstehe, heißt das auch, dass positive Worte und Taten für andere zu ebenso Gutem im eigenen Leben führen, oder?«, bemerkte Hund, der mit dem Thema offensichtlich noch nicht fertig war.

»Ja. Und, statt das Gute zu genießen, erleben wir uns getrennt von der uns umgebenden Welt. Wir denken, dass unsere Erfahrungen von außen verursacht werden. Wir sprachen schon darüber, dass wir aufgrund der Unwissenheit des Geistes an angenehmen Erlebnissen anhaften. Was war der Gegenpol davon?«, fragte Wasserbüffel, drehte sich zu uns um und trottete langsam weiter. »Na?«

»Das Gegenteil von Anhaftung ist Ablehnung«, sagte ich.

Kyaal, der neben mir ging, führte es genauer aus: »Weil wir Schmerz vermeiden wollen, lehnen wir Unangenehmes ab und wollen es von uns fernhalten.«

»Richtig. So ist das. Die Grundlage für Leiden ist also nicht etwas Böses, das plötzlich von außen über uns herfällt. Der einzige Feind ist *der* in unserem Inneren«, schnaubte Büffel.

»Der Fallstrick ist, dass wir nicht wissen, wie der Geist tickt und wie wir ihn zähmen können, damit wir selbst Chef im Kopf und Erleben sind. Und nicht Spielball des Geistes bleiben, der mit uns im Schlepptau ständig in die Vergangenheit oder die Zukunft abdriftet«, kombinierte ich.

»Ja, und dazu kommt noch das Karma. Buddha erklärte, dass alles mit unseren Gedanken anfängt. Und den Gedanken folgen dann Gefühle. Erst aus den Gefühlen resultieren unsere Handlungen. Logischerweise können positive Ursachen niemals zu negativen Handlungen führen. Negative oder sagen wir, schlechte Handlungen können somit auch nie positive Ergebnisse bringen. Versteht ihr?«

»Nicht so richtig«, gab ich zu und zog die Gurte meines Rucksacks nach.

»Nehmen wir zum Beispiel an, Hund klaut den Dorfbesitzern einen Sonnenschirm. Er will damit was Gutes für jemanden, in diesem Fall für mich, tun. Aufgrund von Unwissenheit oder nennen wir es Unbewusstheit, hat er nicht bedacht, dass diese Dinge den Dorfbewohnern nicht mehr zur Verfügung stehen, wenn er sie entwendet. Nehmen wir mal an, der Schirm hat einer alten Frau gehört, die nichts weiter besaß. Ohne den Schirm muss die Frau tagtäglich in der prallen Sonne hocken. Davon wird sie vielleicht krank.«

»Weit vorausgedacht, aber durchaus möglich, ja«, befanden wir.

»Die Unwissenheit in Hunds Geist hat also Leid bei der Frau hervorgerufen. Dieses Leid könnte sich sogar noch vergrößern.«

»Indem die Frau an der Krankheit stirbt?«, fragte Hund erschrocken.

»Ja. Nehmen wir an, sie stirbt. Ihre Familien und Freunde

werden darüber sehr traurig sein. Ihr könnt den Faden noch weiterspinnen. Habt ihr eine Idee?«

Ideen haben, ist mein Metier, deshalb hatte ich sofort eine. »Stellt euch vor, die Frau hat immer auf ein Kind aufgepasst. Dessen Mutter konnte nur arbeiten und – sagen wir – Melonen verkaufen, weil sie eine Betreuung für ihr Kind hatte. Ohne Betreuung kann die Frau keine Melonen mehr verkaufen. Sie verdient nix und kann dem Kind keine Schulsachen kaufen.«

»Schlimm, dass eine unbewusste Handlung solche Folgen haben kann«, stellte Hund bedröppelt fest. »Jetzt verstehe ich auch, warum du wolltest, dass ich die Sachen zurückbringe. Ich habe nicht an die Konsequenzen für andere gedacht, als ich das Zeug mitgehen ließ.«

»Da bist du keine Ausnahme, Kyaal! Eben weil wir uns getrennt von allem sehen oder anders gesagt, wir uns der Verbundenheit mit allem nicht bewusst sind, ist jeder sich selbst am nächsten.«

Sich selbst am nächsten sein? Was sollte das nun wieder heißen? Im Moment war mir doch Kyaal am nächsten, weil er vor mir ging. Insgeheim fragte ich mich, ob einige von Buddhas Gedanken vielleicht doch von gärendem Obst herrührten, was da unterm Baum lag, unter dem er hockte.

Hund blieb dran. »Das heißt, jeder macht Dinge, die erst mal für ihn und gerade mal für die Angehörigen gut sind, oder wie? Aber wir denken nie noch ein Stück weiter und malen uns aus, welche Auswirkungen unsere Taten auf andere Lebewesen haben. Hätten wir neulich alles Plastik weggeräumt, wäre das gut und gäbe gutes Karma, weil es andere Tiere nicht fressen könnten. Unsere gute Tat hätte sich also auf mehr Wesen als nur auf uns drei ausgewirkt, richtig?«

»Richtig. Wenn wir regelmäßig meditieren werden uns unsere inneren Ursachen für leidvolle Erfahrungen immer deutlicher. Erst dann können wir uns darin üben diese Ursachen aus unserem Denken und Handeln zu entfernen.«

»Also indem wir darauf achten, nicht ständig so einen Mist zu denken«, kombinierte ich weiter.

»Vielleicht sogar das wir lernen, schlechte Gedanken zu erkennen und sofort durch bessere zu ersetzen«, schlug Kyaal vor.

»Ja, und das bedeutet weniger Leid für uns und andere«, lächelte Wasserbüffel zufrieden.

»Gut, dass wir durch Meditation unserer Innenwelt immer mehr auf die Schliche kommen«, meinte Hund.

»Ja, denn alles beginnt mit Gedanken. Wenn wir uns darüber klar sind, was in unserem Inneren vor sich geht, können wir Störgefühle schon im Entstehen erkennen. Meditation befreit uns auf diese Weise von der ständigen unbewussten Verstrickung in Ursache und Wirkung. Als kleine Faustregel gilt:

> *Achte auf deine Gedanken,*
> *denn sie werden Worte.*
> *Achte auf deine Worte,*
> *denn sie werden zu Handlungen.*
> *Achte auf deine Handlungen,*
> *denn sie werden zu Gewohnheiten.*
> *Achte auf deine Gewohnheiten,*
> *denn sie werden dein Charakter.*
> *Achte auf deinen Charakter,*
> *denn er wird dein Schicksal.‹*

So hat es Buddha gesagt«, schnaubte Büffel.

»Hört sich gut an«, meinte Hund.

»Um den Geist zu zähmen müssen wir beobachten, was wir denken und fühlen. Dazu können wir uns fragen: Wie heißt das Gefühl? Woher kenne ich das? Und welche Empfindung macht das im Körper? Was fühle ich dort? Und alles, was gedanklich oder im Körper auftaucht beobachten ohne darauf zu reagieren. Um das zu schaffen muss man den Wunsch haben, aktiv auf den Geist einzuwirken, statt sich weiter von den Gedanken oder willkommenen Ablenkungen einlullen zu lassen. Und Drittens sollte man nach Kenntnis seiner Lage dann Entsprechendes tun oder eben unterlassen. Im Denken wie im Handeln. Zurück zum Karma: Die Resultate unserer Absicht und unserer Handlungen bilden unser Karma und das bestimmt wie und als was, unter welchen Bedingungen und mit welchen Merkmalen wir wiedergeboren werden.«

»Ist klar ...«, sagte ich und ließ meinen Blick über die Landschaft schweifen.

Alles immer noch knochentrocken. Wann es hier wohl das letzte Mal geregnet hat? Nur unter dem mit uns laufenden Rohr war der Boden dunkel und manchmal lugte etwas grün hervor. War also wahrscheinlich Wasser, was da drin rauschte, kombinierte mein Geist. Warum zum Weißwangengibbon mitten in der Einöde 'ne Wasserleitung läuft, wusste er allerdings auch nicht. However. Ich zog die Schnallen meines Rucksacks wieder nach, die sich heute ständig lockerten.

»Ihr seht, dass das Karma eng mit der Wiedergeburt verknüpft ist«, fuhr Büffel fort.

»So weit geht das mit dem Karma?«, vergewisserte sich Kyaal.

»Ja. Unsere Taten sind neutral oder erzeugen gutes oder schlechtes Karma. Entscheidend ist die Motivation, die hinter unseren Handlungen steckt. Taten von Herzen füllen unseren Geist mit positiven Eindrücken. Deshalb ist Nutzbringendes ja so förderlich. Gutes Karma kann zu Gutem im jetzigen Leben oder zu einer Wiedergeburt in angenehmen Verhältnissen, beziehungsweise in der Göttersphäre führen.«

Yes! Die Göttersphäre ist wieder dabei, freute ich mich und rieb mir die Pfoten. Und meine Motivation? Na, die ist ja immer tadellos.

Wasserbüffel sprach weiter: »Schlechtes Karma führt zu einer Wiedergeburt unter negativen Umständen. Jetzt kommt das Hauptproblem: Solange wir die Welt in Gut und Böse einteilen, bleibt die Wirkung jeder Handlung begrenzt.«

»Oh, echt?« Hund schien überrascht.

»Ja, und – wie ich schon sagte – spielt die Absicht dabei eine große Rolle. Einen Mord aus Hass begangen zu haben wird im nächsten Leben die Erfahrung eines höllenähnlichen Zustandes hervorrufen, während das Töten aus Dummheit mit einer Wiedergeburt als Tier enden kann.«

»Also wird Bauer Nguyen im nächsten Leben ein Tier. Vielleicht ja ein Regenwurm«, überlegte ich laut.

»Sein Motiv war ja noch ein anderes«, begann Wasserbüffel und trat nach einem Stein auf dem Weg. »Er wollte seiner Frau helfen, gesund zu werden, und dachte, dass ...«

»Ja, ja lassen wir das«, unterbrach ich ihn. »Ich möchte nicht daran erinnert werden.«

»Also gut, fassen wir zusammen: Unser Bewusstseinsstrom fließt von Geburt zu Geburt. In jedem Leben müssen alte Eindrücke verdaut und auflöst werden. Das kann neue Eindrücke abspeichern, die dann im nächsten Leben bearbeitet werden müssen. Dummerweise bilden sich im Leben auch leicht Teufelskreise von Reiz und Reaktion, aus denen man schwer ausbrechen kann. Von einer Autobahn kann man ja auch nicht so leicht auf einen Feldweg abbiegen.«

»Schade«, kommentierte ich, wobei mir das mit der Autobahn schon wieder zu viel war. Frage mich, was Straßen mit der buddhistischen Lehre zu tun haben, aber na ja. Wir hatten ja noch nicht mal die große Straße gefunden, die wir neulich als Anhaltspunkt suchten. Oder suchten wir die schon gar nicht mehr?

»Wusstet ihr, dass auch die extremsten Geisteszustände das Ergebnis bestimmter Bedingungen und Ursachen sind?

Glücklicherweise ist ja alles, was?« Büffel schaute uns durchdringend an.

»Vergänglich?«, rieten Kyaal und ich synchron.

»Perfekt. Buddha selbst hat nie gesagt: *Du darfst nie das und das, oder du sollst immer so und so.*«

»Das er wenig Vorschriften auferlegt, macht den Herrn Buddha sympathisch«, meinte ich, da ich Vorschriften, Erlasse, Durchführungsverordnungen sowie alle Arten von Einschränkungen meiner Freiheit hasste.

»Er macht gar keine Vorschriften«, korrigierte Büffel. »Null.«

»Ach ja. Stimmt. Und die Verantwortung für sein Tun und auch für die Erleuchtung, trägt ja auch jeder selbst. Das war ja das Beste an der Geschäftsidee. Da braucht der Herr Buddha nicht mal einen Laden oder Lager, was?«, sagte ich und wollte Büffel herausfordern, doch mal kurz aus der Haut zu fahren. Tat er aber nicht. Er blieb im Frieden und sein Schatten fiel weit ins Land.

»Befreiend und erleuchtend wirken kann eine Tat erst in Verbindung mit der Einsicht in die Leerheit«, ging er schon zum nächsten Kapitel über.

»Was heißt denn das schon wieder?« wollte Hund wissen. Das Kyaal es auch niemals gut sein lassen konnte. Genervt stülpte ich meine Fellfalten nach außen.

»Guckt! Das ist leer. Nix drin«, sagte ich.

»Wenn es so einfach wäre, wäre das ja schön. Leerheit bedeutet, dass alles letztlich Teil derselben Ganzheit ist. Diese höchste Weisheit entfaltet sich erst allmählich, ihr habt also Zeit. Und ich selbst stehe ja auch erst am Anfang. Von Erleuchtung bin ich Lichtjahre entfernt«, endete er.

»Ach, und wie man Erleuchtung erlangt, auch das ist Buddha beim Meditieren eingefallen?«, fragte Kyaal verblüfft.

»Nein. Ich schätze, er hat es erlebt. Guck dir mal sein Leben an. Er hat so unterschiedliche Phasen gehabt und dadurch viel erlebt und mit vielen verschiedenen Menschen gesprochen. In der Meditation hat er es zusätzlich erfahren.«

Mich machte das ganz rappelig. »Wäre der mal besser König Siddharta geworden, dann hätte er uns diese ganzen komplizierten Sachen erspart«, sagte ich und wusste gar nicht, was mich plötzlich so in Rage brachte.

»Und wenn du jetzt fragst, wer Siddharta war, dann kündige ich dir auf der Stelle die Freundschaft, Kyaal«, wandte ich mich an Hund.

Sofort lenkte unser Friedensstifter ein: »Ich weiß, Huong, es ist viel und schwieriger Input, weil wir uns damit bisher auch so wenig beschäftigt haben. Ich will euch nicht den Spaß verderben, also sollten wir es für heute dabei belassen und den Tag mit der zweiten Regel des Buddhismus beenden. Es ist die Regel der rechten Tat. Diese heißt: ›Nichtgegebenes zu nehmen will ich mich enthalten.‹ Das heißt, ich stehle nicht. Ich beute keine Lebewesen aus oder unterdrücke sie. Ich achte den Besitz anderer und bin selbst großzügig mit meiner Zeit, meiner Energie und meinem materiellen Besitz«, erklärte Wasserbüffel.

»Das sind kraftvolle Sätze, Büffel. Was haltet ihr davon, wenn wir uns darauf einschwören?«, schlug Hund vor.

»Ja, das machen wir«, stimmte Büffel begeistert zu und da ich sowieso niemals klaute, konnte ich besten Gewissens mit schwören. Wir ließen erst die Rucksäcke und Taschen und dann uns selbst nieder und schworen, uns nix mehr anzueignen, was uns nicht gegeben wird.

Später, als ich an meine Freunde gekuschelt lag und mir die Sterne ansah, fiel mir ein, dass ich schon viele Male gestohlen hatte. Futter. Vor meinem geistigen Auge sah ich mich die Mülltonnen des Bauers durchwühlen. Oder ist es nicht stehlen, wenn man das nimmt, was andere schon weggeworfen haben? Es heißt ja: Nicht-Gegebenes will ich nicht nehmen. Und nicht: Weggeworfenes will ich nicht nehmen. Und Weggeworfenes ist doch dann Gegebenes, oder? Ich kam auf keine sinnvolle Antwort. Wasserbüffel schnarchte und Hund wimmerte. Der Ärmste. Wieder ging mir seine Krankheit durch den Kopf. Ganz leicht berührte ich ihn und sprach in Gedanken: »Mögest du sicher sein und warm, Kyaal.«

Nach gefühltem stundenlangem innerem Palaver schlief ich kurz ein, bis mich Blitz und Donnergrollen weckten. Es schüttete aus Eimern. Meine Gefährten ratzten tief und fest. Flink kramte ich nach der Taschenlampe und der Regenplane. Zuerst deckte ich unser Gepäck zu. Gut, dass wir nix ausgepackt hatten. Es war schwierig, in einer Pfote die Lampe zu halten und mit der anderen die Plane zu ziehen. Hätte ich, statt der Taschenlampe, mal die Stirnlampe mitgenommen, ärgerte ich mich. Blöderweise blieb die Plane an Büffels Horn hängen. Das andere Ende schob ich Kyaal unter den Bauch. Dann quetschte ich mich an Hunds Hinterpfoten und lauschte dem Regen, der auf die gespannte Plane niederprasselte. Wie meine Freunde bei diesem Lärm schlafen konnten, war mir ein Rätsel. Ist eben jeder anders, anders als der andere. Ich bin ja auch nicht wie Kyaal oder mein geliebter Wasserbüffel.

Als es wieder blitzte, zitterte ich vor Angst und schickte den Wunsch: »Mögen alle Lebewesen glücklich und zufrieden sein« gen Himmel. Beim zweiten und dritten Blitz wünschte ich zähneklappernd: »Mögen alle Lebewesen sicher sein und warm.« Beim Wort ›warm‹ krachte es so laut, dass ich zusammenzuckte. Das Gewitter war jetzt direkt über uns. Oh je, oh je. Ich hatte furchtbare Angst. Silbernes Licht flackerte durch die Nacht und schürte mein Grusel. Zur Sicherheit nahm ich einen erhöhten Platz zwischen Hunds Rücken und Büffels Seite ein. Wenn Kyaal ausatmete, blies er mir direkt ins Gesicht. Für große Hitze speicherte ich mir diese Position sogleich in meinem Superplatzspeicher ab. Wieder grollte und krachte es. Ungewiss, ob es ein Morgen geben würde. Ich drapierte mich so, dass Hund mir statt ins Gesicht jetzt an meine Füße atmete. Oh, Wahnsinn! Welch fantastische Luftmassage an meinen Sohlen. Das Gewitter zog weiter, die Gefahr wich und schlagartig war ich so müde und mein Platz war warm und gemütlich, dass ich auch wieder einnickte.

Den bezweifelten Morgen gab es dann doch. Wir staunten über die Ausmaße des Unwetters. Um uns herum waren kleine Seen entstanden, wo gestern noch keine waren.

»Gut, dass du alles zugedeckt hast, Huong und wir und das Gepäck trocken geblieben sind«, bedankte sich Hund und ich freute mich über sein Lob.

Wir frühstückten das, was ich ohne große Suchaktion finden konnte und meditierten ohne Kissen. Ging auch, war aber noch unbequemer als sonst. Meinem armen Knie gefiel das überhaupt nicht. Nach der Sitzerei konnte ich kaum aufstehen. Da ich wegen so einer Knielappalie, verglichen mit den Umständen meiner Freunde, nicht jammern wollte, biss ich die Zähne zusammen und verpackte die Reste. Ein Blick zum Himmel riet uns, alle Bündel und Taschen in die Plane einzurollen. Könnte gut sein, dass es noch mal regnen würde. Mit dem verpackten Bündel beladen sah Wasserbüffel aus, als sei er selbst aus Plastik. Wir trabten los. Der Vorteil am Regen war, dass es jetzt überall ausreichend Wasser gab und wir so, beinahe im Vorbeigehen, unseren Durst an jeder Pfütze löschen konnten.

Die Wetterlage blieb bizarr. Dunkle Wolken krochen über den Himmel und ließen nur wenige Sonnenstrahlen hindurch. Als es später aufklarte, wurde es brutal heiß.

Alles gab Hitze ab, die Erde und die Sträucher am Wegesrand. Die Schwitzerei war unerträglich. Von der Verdunstung wurde die Luft mit jeder Minute feuchter. Unser Fell war nass, obwohl es nicht regnete. Die seltsamen Rohre, die uns länger begleitet hatten verschwanden irgendwann einfach in der Erde. Seltsam.

Wir hatten schon ein gutes Stück zurückgelegt, als Hund um eine Pause bat. »Es tut mir leid Freunde, ich kann nicht mehr.«

»Da vorne ist Schatten, schaffst du es noch bis dahin?«, fragte Wasserbüffel und Hund nickte. Wir ließen uns nieder. Schatten tat uns allen gut.

»Ist dir übel? Hast du Kreislaufprobleme? Bekommst du gut Luft?« schoss es sofort aus mir raus. »Leg' dich hin, damit ich dein Herz abhören kann«, bat ich ihn. »Deinen Puls will ich auch fühlen und dann entscheiden wir, wie wir verfahren.« Hund legte sich brav auf den Rücken und ich konnte auf seinen Bauch klettern, um sein Herzschlag zu hören. Da er viel größer war als ich, war sein Herz so riesig, dass ich bei jedem Schlag auf und ab wippte.

»Scheint okay. Gib mir deine Pfote«, forderte ich ihn auf. Ich presste meinen rechten Lauschlappen an sein Pfotengelenk. »Puls etwas schnell, aber das kommt vom Wetter.« Ich stieg von ihm runter. »Setz dich und streck die Zunge raus, so als ob du mich echt doof finden würdest.«

»Ich finde dich aber nicht doof«, fing er an zu diskutieren.

»Dann mach es eben, weil du mich magst. Na los!« Wasserbüffel beobachtete uns.

»Zunge o.B. Nun die Augen. Komm mal näher, damit ich deine Augen sehen kann.« Kyaal kam so dicht ran, dass alles verschwamm. »So nah nun auch wieder nicht.« Er wich zurück. »Stopp, genau so bleiben bitte. Beweg die Augen ganz nach links. Gut. o.B. Schau ganz nach rechts. Super, o.B. Dreh mal deinen Kopf in alle Richtungen, wie ist das?«

»Gut«, antwortete er verunsichert und schaute zu jeder Seite, dann nach oben und nach unten. Bei der guten Beweglichkeit konnte ich Blockaden in der Halswirbelsäule ausschließen.

»Zunge o.B.? Was ist mit meiner Zunge? Und überhaupt was ist o.B.?« Sofort schwang Besorgnis in Hunds Stimme mit. »Was habe ich denn? Ist o.B. sehr schlimm?«, wollte er wissen und hechelte angespannt.

»Nee. Ist ja alles o.B.« Ich war weiter mit ihm beschäftigt, streckte mich und fühlte erst seine Nase und dann die Stirn.

»Das ist eine Abkürzung und heißt ›ohne Befund‹«, erklärte Büffel. »Es ist also ein gutes Zeichen. Wusstest du, dass unser Huong heilkundig ist?«

Überrascht riss Hund die Augen auf! Das war super, so konnte ich dort noch mal alles gut erkennen.

»Ich kann nichts feststellen«, sagte ich, kletterte von ihm runter und setzte mich. Seine Zunge war lila und hing ihm weit aus der Schnauze. Fix kramte ich seinen Trinknapf raus und füllte ihn mit Wasser. »Hier, trink.«

»Echt, du bist Arzt?«, fragte Hund bewundernd.

»Na ja, studieren konnte ich nicht, weil wir ja in einem Dorf lebten. Da gab es keine Hochschule. Aber ich ging bei anderen Ärzten in die Lehre und seitdem Büffel mir das Lesen beigebracht hatte.«

Wasserbüffel unterbrach mich: »Ja, seitdem verschlang er alle medizinischen Texte, die wir auftreiben konnten, und wurde zum Helfer für alle Tiere der Umgebung. Du hättest sehen sollen, wie sie geströmt kamen, um ihn zu konsultieren.«

»Na ja, jetzt hör aber auf«, winkte ich ab.

»Weißt du Huong, das verstehe ich nicht. Du könntest ruhig mal ein bisschen stolz auf dich sein. Du warst und bist ein ordentlicher Arzt«, sprach Wasserbüffel mit einem Kopfschütteln. Er schnaubte und Hund starrte mich weiter an. Ich konnte nichts entgegnen und weil mir das Thema überhaupt nicht passte, wollte ich beide mit einer Idee ablenken, die durch meine Großhirnrinde gekrochen kam. Oder war es das Kleinhirn? Egal. Bevor ich etwas sagen konnte, meinte Hund: »Ich schlage vor, ihr geht alleine weiter. Ich bleibe hier und dann bin ich morgen wieder fit. Ich nehme eure Witterung auf und hole euch ganz sicher wieder ein. Na, wie ist das?«

»Blöd«, entgegnete ich spontan. »Das machen wir auf keinen Fall so.«

»Huong hat recht, Kyaal. Wir haben eine Vereinbarung. Wir halten zusammen und wir trennen uns nicht. Komme, was wolle.«

Ich nickte. »Du sagst es, Hörnchen. Eine Trennung kommt weder hier noch woanders infrage. Ich habe eine bessere Idee. Entweder wir bleiben heute alle hier oder wir packen die Rollschuhe aus und ziehen Hund«, rief ich begeistert.

»Ja. Das ist es. Vorausgesetzt du bist einverstanden, Kyaal. Ich gehe auch langsam und vorsichtig«, sagte Wasserbüffel und klatschte in die Hufe. Hund wurde neugierig. Während Wasserbüffel ihm von der Rollschuhaktion berichtete, kramte ich die Dinger raus. Hund ließ sich auf den Vorschlag ein und so schnallten wir ihm die Schuhe um. Sie waren natürlich viel zu groß. »Die müssen wir mit irgendwas auspolstern, sonst steht er nicht sicher«, stellte Büffel fest. Wir schauten uns nach Brauchbarem um.

»Steine drücken, das geht nicht. Aber Blätter, lasst uns ein paar Blätter nehmen«, schlug ich vor. Büffel pflückte und ich war der Herr Polsterer. Das ging super und kurz darauf trug Hund die komfortabelsten Rollschuhe, die die Welt je gesehen hat. Vorsichtig legten wir Kyaal die Leine um und Wasserbüffel schlüpfte, statt meiner, in die Zurrgurte. Wir rückten ab. Es kam uns zu Gute, dass der Weg eben war. Ohne Kraftaufwand zog Büffel Kyaal hinter sich her. Ich ging ganz hinten und hatte immer ein Auge auf Hund.

»So eine clevere Idee von dir, Huong. Das ist die allerbeste Fahrt meines Lebens«, freute der sich.

Plötzlich war alles wieder angenehm und leicht. So liebte ich das Leben. Auf uns, den Weg und Hund in den Rollschuhen konzentriert, hatten wir gar nicht bemerkt, was vor sich ging. Im Außen.

# Herdentiere

»Na, ihr seid ja eine lustige Truppe«, sprach uns plötzlich eine Kleine an und meckerte laut. Einen Hund auf Rollschuhen hatte sie vermutlich noch nie gesehen und ruck zuck hatten sich noch mehr von ihrer Sorte um uns versammelt.

»Ja, wo wollt ihr denn hin?«, fragte ein älterer Bock.

»Wir sind auf dem Weg nach Yangon zur goldenen Pagode«, entgegnete ich.

»Nach Yangon? Aha. Und was wollt ihr bei der Pagode?«, fragte er weiter.

»Sein und meditieren«, antwortete Büffel.

»Sein und meditieren. Aha. Und warum?«

»Weil wir auf dem buddhistischen Lebenspfad sind. Die Shwedagon Pagode ist ein interessantes und dazu das energiereichste Bauwerk für Buddhisten«, erklärte Büffel.

»Für Buddhisten. Aha«, wiederholte Bock eintönig und wandte sich ab.

Mein Geist freute sich sogleich über den Aufmerksamkeitsschwenk auf das kleine Zicklein und seine Mutter.

»Das kommt gar nicht infrage«, meckerte die Alte gerade.

»Aber warum denn nicht Mami? Bitte, bitte lass mich doch mitgehen nach Yangon«, quengelte die Kleine.

»Du bist ein Herdentier. Deshalb bleibst du hier und machst das, was der Rest auch macht, klar?« Sie klang genervt. »Geht einer von uns nach Yangon?«, wandte sich das Muttertier an die Umstehenden. Alle meckerten und schüttelten so heftig die Köpfe, dass ihre Ohren nur so wackelten. Pampig fragte sie weiter. »Ist einer von uns Buddhist oder will es werden?« Die Antwort fiel gleich aus. Überall Gemecker und einheitliches Kopfschütteln.

»Ich könnte Buddhistin werden. Erlaube es mir doch. Ich komme auch schnell zurück und reihe mich ganz ordentlich wieder ein. Ich verspreche es«, bettelte die Kleine unnachgiebig.

»Nein. Du bliebst hier. Ende der Diskussion. Ich will nichts mehr hören. Die Zeiten sind schon schwierig genug. Da brauchen wir nicht noch Probleme mit Abtrünnigen. Geh zu deinen Geschwistern. Na los.«

Mit gesenktem Kopf ging das Zicklein weg.

Wir hatten nichts zu verlieren, also sagte ich mutig. »Na ja, wenn man immer nur macht, was alle machen, erlebt man auch nicht mehr als der Durchschnitt. Am Leben vorbei ist doch auch schade, oder? Außerdem ist nicht immer das richtig, was alle machen.« Scheinbar wickelte sie meine Wörter um ihre Hörner, denn sie ging überhaupt nicht darauf ein.

»Macht, dass ihr fortkommt, bevor ihr noch alles durcheinanderbringt. Los!«, forderte sie uns auf und meckerte wie wild. »Und dann noch diese neumodischen Rollen da«, sie deutete auf Hund. »So was wollen wir hier nicht«, fauchte sie

»Das sind Rollschuhe. Selbst gemacht und sehr sicher«, musste ich entgegnen.

»Wir sind sofort weg, edle Dame«, säuselte Wasserbüffel in seiner diplomatischen Art. »Vorher sagt uns bitte, weshalb die Zeiten für euch gerade so schwierig sind. Es ist Teil unserer Lebensphilosophie, anderen zu helfen, wo immer wir können.«

Volltreffer. Die Ansprache hatte sie berührt und sie wurde in Sekundenbruchteilen weicher.


Der ältere Bock kam auch wieder näher und die beiden erzählten. Was wir zu hören bekamen, war geradezu unglaublich. Sie berichteten von Wasserknappheit. Und dass sie gar nichts dagegen tun könnten und keine Ahnung hatten, warum das Wasser plötzlich fehlte. Sie wüssten nur so viel: Ohne Wasser ist kein Leben möglich. Wasser sei überall. In den

Meeren, in Flüssen, ja sogar in Pflanzen. Und auch wir bestünden zum größten Teil aus Wasser, behauptete Bock. Ich sah mich um. Scheinbar hatte es hier letzte Nacht gar nicht geregnet.

»Wenn wir schwitzen, was sich ja nicht vermeiden lässt, verlieren wir Wasser«, meinte Bock. »Deshalb müssen die Wasservorräte in unserem Körper täglich aufgefüllt werden. Wenn es sein muss, kann man mehrere Wochen ohne Futter leben, aber ohne Wasser funktionieren diese Körper nicht«, endete er.

Wasser im Körper? So ein Schwachsinn! Flüssigkeit schon. Von Gehirn- über Gelenkflüssigkeit bis hin zu Blut und Urin, sind diese Flüssigkeiten ja in uns drin. Aber doch kein Wasser, dachte ich wieder und behielt die Worte glücklicherweise für mich. Kann ja jeder denken, was er will.

»Wozu braucht der Körper eigentlich Wasser?«, fragte Büffel.

Ich spitzte die Ohren. Da müsste Bock sich ja was Gutes ausdenken. Wasser im Körper ... ich glaube es nicht ...

»Wir brauchen es, weil es viele wichtige Stoffe enthält. Die nennt man Mineralstoffe. Sie heißen zum Beispiel Calcium und Magnesium. Beide sind ja wichtig für Knochen und Muskeln«, erklärte Ziegenmutter.

»Ach.« Ich war perplex.

»Das Schlimme ist...«, fuhr sie fort, »dass wir nun ständig zu wenig trinken, weil die Quelle, die hier in der Nähe war, einfach versiegt ist. Dabei soll man doch mindestens zwei Liter am Tag trinken. Viele von uns haben jetzt oft Kopfschmerzen und fühlen sich müde. Auch das Denken fällt einigen schwer.«

»Unser Gehirn besteht nämlich zu 75 Prozent aus Wasser und braucht deshalb ständig Nachschub«, sprach Bock.

Ich wunderte mich über die Anzahl seiner Worte. Noch mehr allerdings über diese Wassermassen im Gehirn. Seltsam. Hatte ich in meiner Medizinerlaufbahn wohl irgendwie nicht mitbekommen. Patienten hatten wohl mal Blut verloren oder Schaum vorm Maul, aber doch kein Wasser. Seltsam.

»Außerdem benötigen wir Wasser um die Körpertemperatur zu regulieren, zum Transport von Nährstoffen und zur Ausschwemmung von Giften«, berichtete er weiter.

Mir dämmerte erst jetzt, dass er recht hatte. Sorry.

»Da wir täglich bereits bei normaler Belastung ungefähr zwei bis drei Liter Wasser verlieren, müssen wir trinken. Trinkt man dauerhaft zu wenig, können körperliche Leiden und ernste Krankheiten die Folge sein. Gänzlich ohne Wasserzufuhr können Tiere höchstens zwei Tage überleben. Gleiches gilt für Menschen«, endete Bock und Kyaal nickte bestätigend.

»Zwei Tage? Das ist ja schlimm. Ist denn überhaupt genug Wasser für alle da? Also auf dem Planeten? Wo es doch so viele Lebewesen gibt, die alle Wasser brauchen«, dachte ich laut und hatte sofort Durst.

Jetzt wurde Kyaal aktiv und sagte: »Theoretisch reichen die Wasservorkommen auf der Welt sogar aus, um alle mit genügend Trinkwasser zu versorgen. Das Problem ist, dass die Menschen einen sehr verschwenderischen Umgang mit Wasser pflegen.«

»Wieso? Was machen die denn damit?«, fragte Ziegenmutter verständnislos.

»Na ja, viel geht für die Bewässerung der Felder drauf, auf denen dann Nahrungsmittel für Mensch und Tier angebaut werden.«

»Das ist ja ungerecht. Da bekommen Pflanzen mehr Wasser als Menschen und Tiere?«, fragte Bock.

»Und ob das ungerecht ist. Die Verteilung und Versorgung mit Wasser sind weltweit gesehen sogar sehr ungerecht. Das ›Internationale Instituts für Wassermanagement (IWMI)‹ hat herausgefunden, dass der Wassermangel zum kleinsten Teil natürliche Ursachen wie Hitze und Trockenheit hat. Aber stellt euch vor, zu 98 Prozent verursachen die Menschen ihn selbst.«

»98 Prozent? Bist du dir da sicher, Hund?«

»Ja, bin ich. Ich weiß das von der Familie.«

»Was machen die Menschen da wieder für ein Unsinn?«, fragte ich enttäuscht. »Es ist traurig.«

Kyaal meinte: »In den reichen Nationen steht Wasser vielen Menschen im Überfluss zur Verfügung. Den meisten ist überhaupt nicht klar, wie kostbar es ist. Daher verplempern sie es. Hier ein bisschen, da ein bisschen. Insgesamt kommt ganz schön was zusammen. Ich habe sogar Zahlen parat.«

»Lass hören!«, forderte Bock ihn auf.

»Die Menschen in den Industrieländern verbrauchen täglich mehrere Hundert Liter Wasser. Also jeder einzelne.«

»So viel? Wie das denn?« fragte Ziegenmutter.

»Na, wenn sie duschen, ihre Wäsche waschen oder das Geschirr spülen. Ja, sogar wenn sie die Toilette spülen.«

»Warte mal! Die spülen Toiletten mit Wasser? Die sind doch nicht ganz dicht!«, platze es aus mir raus. »Nie, wirklich niemals will ich als Mensch wiedergeboren werden. Dann lieber als Höllenwesen.« Verständnislos bohrte ich in der Nase. Es erschloss sich mir nach wie vor nicht, warum Dummheit zur Wiedergeburt als Tier führen sollte und die Menschen hingegen – die vor Dummheit doch nur so strotzten – das Privileg hatten, Erleuchtung zu erlangen. Wer das mal festgelegt hat, hatte wenig Ahnung oder Zeit, sich mit der Materie zu beschäftigen. Ich wendete mich wieder Hunds Worten zu.

»Zu diesem Verbrauch kommt noch eine große Menge Wasser, das bei der Produktion von Dingen des täglichen Lebens für Menschen verwendet wird. Dabei wird das wertvolle Nass verschmutzt. Hier und da verdunstet es auch einfach. Da können schon mehrere Tausend Liter pro Person und Tag zusammenkommen!

»Heiliger Reissack. Die Zahl ist ja total unwirklich«, stöhnte ich.

»Leider nein. Zur Herstellung von Lebensmitteln wie Gemüse, Obst, Getreide oder Käse wird sehr viel Wasser verbraucht.«

»Da kann man getrost von verbraten sprechen«, unterbrach ich das ernste Thema mit einem kleinen Wortspiel.

»Stellt euch vor, die Gewinnung eins Kilogramms Mais schlägt mit etwas mehr als 700 Liter Wasser zu Buche. Für Fleisch ist es fast doppelt so viel. Außerdem werden auch für die Herstellung von Pflegemitteln, Kleidung und besonders Elektrogeräten große Mengen Wasser benötigt.« Wir staunten.

»Und auch in unseren Breitengraden gehen die landwirtschaftlichen Betriebe verschwenderisch mit dem kostbaren Gut um«, fuhr er fort. »Durch veraltete oder schlechte Bewässerungssysteme gehen täglich Unmengen von Wasser verloren, weil es verdunstet und versickert. Und viele Flüsse und Seen sind stark verschmutzt.«

»Ob die Menschen eines Tages zu den hoch entwickelten Wesen werden, für die sie sich halten?« fragte ich. »Ich meine, wir sitzen alle auf dieser einen Erde. Und gemeinsam müssen wir ausbaden, was wir uns eingebrockt haben. Durch Rücksichtslosigkeit, Gier und ... weiß der Weißwangengibbon was sonst noch alles. Am Wasserproblem ist gut zu sehen, dass wir alle mit allem verbunden sind. Sind wir doch, Hörnchen, ne?« Mein Freund nickte andächtig.

»Zu allem Übel gibt es auch skrupellose Unternehmen. Die kaufen Land auf denen Wasserquellen liegen, dann pumpen sie die leer, hinterlassen unglaubliche Verwüstung und bieten das Wasser dann abgefüllt in Flaschen zum Verkauf an. Diese

Machenschaften sind auch sehr schlimm«, wusste Kyaal. »Woher kommt eigentlich das Trinkwasser?«, wollte ich wissen. »Wenn man den Zufluss kennt, könnte man den Haupthahn ja einfach mal zudrehen, bis die Menschen vernünftig werden.«

»Haupthahn?« Hund schüttelte sich. »Etwa 72 Prozent der Erdoberfläche ist mit Wasser bedeckt. Süßwasser gibt es aber trotzdem nicht so viel und alles andere kann man ja nicht trinken«, stellte er fest.

»Wieso? Wo ist das ganze Wasser denn? Ich blickte nach oben. Muss wohl alles in den Wolken sitzen.

»Also, der größte Teil ist als Eis an den Polen und in Gletschergebieten vorhanden. Dort kann es nur schwer abgebaut und verwendet werden. Das direkt verfügbare Trinkwasser ist deutlich knapper. Stellt euch vor, es macht gerade einmal drei Prozent der gesamten Süßwassermenge aus!«

»Aber es gibt doch so viele Meere. Sind die Menschen nie auf die Idee gekommen, einfach das Meerwasser zu benutzen?« fragte Bock.

»So schlaue Gedanken? Bei Menschen? Kann ich mir nur ganz schwer vorstellen«, schnaubte ich.

»Na ja, so einfach ist das leider nicht. Meerwasser ist zwar wichtig für das Leben auf der Erde, hat aber sehr viel Salz und ist daher als Trinkwasser und zur Bewässerung unbrauchbar. Den Wassermangel bekommen schon einige zu spüren. So wie ihr.« Hund sah die Ziegen mitleidig an und seufzte. »Immer mehr Wesen müssen ihre Heimat verlassen, weil sie nicht genügend sauberes Wasser haben. Selbst ehemals wasserreiche Regionen sehen heute wüstenähnlich aus.«

»Wüstenähnlich?« Ziegenmutter rang nach Luft. »Oh nein.«

Ich dachte sofort an zu Hause. Das gab es doch so viel Wasser. Allein die Menge, die der Bauer täglich mit Büffels Hilfe auf den Reisfeldern ausbrachte. Dass das einfach mal weg sein könnte, und Büffel, Hund und ich dann in der Wüste leben müssen, konnte ich mir nicht vorstellen. Ob Hund übertrieb? Und, was hätte Bauer Nguyen in der Wüste schon arbeiten sollen? Reis anbauen wohl kaum.

Ziegenmutter schüttelte verzweifelt ihren Kopf. »Dann ist die Wasserknappheit jetzt schon bei uns angekommen. Aber da müssen wir doch irgendwas dagegen tun.«

»Wir haben schon alles, was in der Nähe liegt auskundschaftet. Es gibt noch einen See, aber das Wasser darin ist stark schmutzig«, warf Bock ein.

»Wir sollten unsere Gedanken jetzt auf die Lösung eures Problems ausrichten. Das heißt, was können wir tun, um eure Lage zu verbessern?«, fragte Wasserbüffel in die Runde und schabte mit einem Vorderhuf.

»Habt ihr Wasser dabei, das ihr uns geben könnt?«, wandte Ziege sich an mich.

»Unser Wasservorrat würde gerade mal ausreichen, dass sich euer Volk die Lippen benetzen kann. Damit ist euch nicht geholfen«, antwortete ich wahrheitsgemäß.

»Vor allem nicht langfristig«, sagte Büffel. »Aber ich glaube, ich habe schon eine Idee.«

»Wirklich? Erzähl!«, forderte Hund neugierig.

»Zuerst sollten wir dir mal die Rollschuhe ausziehen, Kyaal«, mischte ich mich ungefragt ein. »Es klingt, als würden wir hier eine Weile bleiben.« Im Nu hatte ich ihm die Dinger von den Füßen genommen. Er schleckte mir einmal über das Gesicht.

Dann verstaute Hund die Rollschuhe und Wasserbüffel sagte: »Wir könnten etwas bauen, mit dem ihr Regenwasser auffangen könnt. Wir müssten aus, keine Ahnung welchem Material große Tröge basteln, in denen das Regenwasser gesammelt wird«, sagte Wasserbüffel. Ich war begeistert.

Bock schwieg und schien noch in der EFP, der Entscheidungsfindungsphase festzustecken, was er zu dem Vorschlag sagen sollte. Während meine Freunde und ich uns weiter in die Idee reinschraubten, sah Bock zwischen uns hin- und her.

»Trichter brauchen wir dann auch. Die müssen größer sein als die Tröge. Dann könnte man noch mehr auffangen«, fiel mir ein.

»Ja, und gleichzeitig dichten die Trichter die Tröge ab, damit das Wasser nicht gleich wieder verdunstet. Und als zweite Aktion können wir etwas bauen, um das Seewasser zu filtern. Ich weiß, wie das geht«, bellte Hund.

Wasserbüffel war sofort für die Trichter. »Das ist eine super Idee. Los, das machen wir!«

»Ich finde die Idee dieser Herren klug genug, um sie zu testen. Wir haben doch nichts zu verlieren. Meinst du nicht auch?«, sprach Ziege an Bock gewandt. Er nickte. »Und dabei wollt ihr uns wirklich helfen? Ich denke, ihr pilgert«, sagte Bock.

»Ja, aber wir haben genug Zeit für gute Taten im Gepäck«, entgegnete Wasserbüffel und wir nickten.

»Vielleicht haben wir sogar geeignetes Material für die Auffangbecken hier rumliegen«, meinte Bock. »Das müssten wir sichten.«

»Also gut. Dann lasst uns damit beginnen«, schlug Büffel vor.

»Wartet, wir haben noch kräftige Unterstützer, ich rufe sie«, sagte Bock. »Achtung Ziege auf drei! Eins, zwei und drei.«

Bei drei meckerten die beiden so laut, dass ich mir die Ohren zuhalten musste. Der Boden fing an zu vibrieren, denn im Nu kam ein Teil der Herde angerannt. Bock berichtete ihnen in Kürze von der wahrscheinlichen Ursache des Wassermangels und trug Wasserbüffels Idee vor. Ein Meckern, das ich nicht zu deuten wusste, ging durch die Reihen und Bock sah sehr zufrieden aus.

»Gut«, sprach er. »Also dann Nummer 5, 8, 17, 32, ach ja und du auch Nummer 28, ihr macht euch auf den Weg, die Betonbottiche aus dem Schuppen zu holen. Wir kommen gleich zu euch. Und du, Nummer 13, gehst mit Nummer 4 zur Herde zurück. Schnappt euch die Kinder und geht los, um möglichst Plastikplanen zu finden! Oder andere große Teile für die Trichter. Je größer, desto besser! Nimm vor allem Zicklein 25 und 35 mit, die sind so akrobatisch, dass ihr mit ihrer Hilfe eine Ziegenpyramide bauen könnt, um auch Plastikteile zu erwischen, die hoch oben in den Bäumen hängen. Weiter nehmt ihr alle Zicklein mit, die Lust haben. Verkauft es ihnen als Spiel, dann werden sie freiwillig mitgehen. Hat jemand Fragen?«

Kurzes Gemecker, aber keine Fragen. Die Ziegen sprinteten los und wir trotteten mit Bock und Ziegenmutter Richtung Stall, der sich als Verschlag entpuppte, dessen beste Zeit schon der Vergangenheit angehörte. Egal, uns ging es ja um die Tröge. Sechs Stück hatten sie schon vor die Tür gezerrt, als wir aufschlugen.

»Danke. Bleibt gleich hier, es gibt weitere Anweisungen«, blökte Bock seinen Artgenossen zu und an Wasserbüffel gewandt: »Dies ist das Material, Herr Wasserbüffel. Ob die wohl geeignet sind?«

»Das haben wir gleich. Huong, kannst du mal in die Tröge steigen und sie von innen begutachten?« Und ob ich das konnte. Ich kletterte auf Hunds Rücken, stieg über seinen Kopf zum Ohr und hielt mich daran fest. Hund senkte den Kopf und ließ mich herunter. Im Trog war es halbdunkel. Der Stein roch muffig.

»Sieht auf den ersten Blick gut aus«, rief ich nach oben. »Mit der Taschenlampe könnte ich auch Haarrisse erkennen. Bringt ja nix, wenn das gesammelte Wasser gleich wieder versickert. Der Boden scheint dicht. Die Seitenwände muss ich näher anschauen«, gab ich weiter Auskunft.

»Gut, ich hole die Lampe«, sagte Wasserbüffel, als Bock ihn zurückhielt.

»Nein, nein. Sie sind ja der Bauleiter, Herr Büffel. Den Kleinkram erledigen wir.«

»Zuhören, Leute«, wandte er sich an die umstehenden. »Nummer 17, du läufst zurück zum Gepäck der Herren und holst die Lampe für den Herrn Ratte. Der Bauleiter wird dir erklären, wo sie zu finden ist. Nummer 32, du gehst zur Herde zurück. Ruf die Damen Nummer 22, 26 und 27 zusammen. Sie sollen ein Küchenteam bilden und unseren Helfern ein vorzügliches Mahl bereiten.«

Im Trog hörte ich, dass Nummer 32 postwendend lostrabte. Die sind ja ganz schön gedrillt, dachte ich. Und wie er mich genannt hat: Herr Ratte ... Ich wuchs vor Stolz um zwei Zentimeter, oder um drei.

Ich musste pinkeln, kniff aber beide Pobacken zusammen. Wer weiß, was Rattenurin mit Ziegen macht. Berauschen vielleicht und berauschen war ja out. Da wurde auch schon die Taschenlampe von Nummer 17 zu mir runter gereicht.

»Herzlichen Dank, Nummer 17!«, sagte ich und nahm die Inspektion wieder auf. Ich umrundete den ersten Trog zweimal und leuchtete dann Zentimeter um Zentimeter den ganzen Boden aus. Bloß keinen Riss im Beton übersehen, an dem unser Vorhaben scheitern könnte.

»Dieser hier ist überall dicht«, rief ich nach oben.

Hund reichte mir seine Pfote und zog mich raus. Fix ausgetreten verbrachte ich die nächsten Stunden mit der Inspektion der Bottiche. Zwei waren innen gebrochen und daher unbrauchbar. Und ein dritter hatte ein dickes Loch im Boden. Als ich aus dem letzten Trog auftauchte, hatten sie bereits fünf weitere bereitgestellt. Also nix wie rein und weiter gearbeitet. Ich hatte richtig Spaß daran. Ich, der Trogprüfer. Top. Büffel hatte sich zurückgezogen und ruhte. Als ich mit den Trögen fertig war, sah ich ihn auf dem Boden sitzen, eine Ziege diente ihm als Tisch. Ah, der Herr Bauleiter fertigt Zeichnungen an und rechnet.

Am frühen Nachmittag hatte der Ziegenhelfertrupp die acht brauchbaren Tröge aufgestellt. Bock besprach sich mit Ziegenmutter, meckerte und sogleich kamen kleine Zicklein angelaufen.

Zu denen sprach Ziegenmutter: »Nummer 2 und Nummer 11. Ihr geht und stellt Putzkolonnen zusammen. Pro Trog werden eure Schwestern in Tandems arbeiten. Alle Tröge müssen gereinigt werden.« Sie nickten und suchten sich geeignete Damen aus.

»Nummer 5 und Nummer 8«, wandte Bock sich an die Burschen: »Geht los und pflückt Grasbüschel und Blätter zur Reinigung der Tröge. Danach helft ihr den Damen, so lernt ihr auch gleich, wie man putzt, klar?«

Sie waren gerade losmarschiert, als der Plastiksammeltrupp zurückkam. »Wir haben reichlich Beute gemacht, Herr Hund. Sie können die Plastikstücke begutachten und die geeigneten heraussuchen. Wir haben viele große Tüten gefunden. Kommen sie! Es liegt alles hier drüben«, sprach ein Zicklein und deutete mit dem Kopf auf die Fundstücke.

Schwanzwedelnd machte sich Hund an die Arbeit. »Ruhen sie sich nur ein wenig aus, Herr Ratte«, wandte Bock sich an mich. Arbeitslos wie ich war, ging ich vor Aufregung wieder urinieren. Erleichtert schlenderte ich dann zu unserem Gepäck und kramte meine Hängematte raus. Im nächsten Moment lag ich schon drin, schaukelte entspannt hin und her und nickte kurz weg.

Mit dem Gedanken, dass ich lieber ein Arbeitssuchender als ein Arbeitsloser war erwachte ich und schielte zu Hund rüber. Er begutachtete, erklärte und zeigte den Zicklein irgendwas und schien ganz in seinem Element. Noch zwei Minuten geschaukelt und ich stand auf und ging zum Bautrupp.

Hund gab gerade Anweisungen, wie die Auffangtrichter für die Tröge gebaut werden sollen. Ich stellte mich daneben und übte mich im Zuhören. Nach Arbeitsanweisung zog der Ziegentrupp los und ich fragte Hund, ob wir nicht schon mal mit der Wasserfilterungsanlage beginnen könnten.

»Klar, wir brauchen nur Helfer.«

»Herr Bock wäre es möglich, weiteres Personal zu bekommen?«, fragte ich. »Kyaal und ich könnten mit Unterstützung bereits jetzt mit der Filterungsanlage für das Seewasser beginnen.«

»Aber natürlich, Herr Ratte. Nehmen sie so viel Personal wie sie benötigen. Sie brauchen nur Nummern zwischen null und 83 zu rufen und die Ziegen werden kommen.«

»Na, das wird ein Spaß«, kicherte ich und erkälte Hund kurz, dass ich nur Zahlen bis zehn sicher konnte und er die höheren Nummern rufen müsste. Wie viele brauchen wir denn?«

»Na ja ein Team mit zehn Ziegen sollten wir schon zusammenstellen«, meinte er. Und schon ging es los.

»Nummer 3!«, schrie ich. Keine Ahnung wer Nummer 3 war, aber sofort hob eine Ziege den Kopf und kam zu uns. »Du bist dran.«

»Nummer 39!«, rief Hund. 39 kam. »Nummer 9!«, brüllte ich wieder.

»Nummer 83«, rief Hund. Wir lachten uns kringelig und riefen wahllos Nummern aus, bis wir ein Team von zehn Ziegen hatten.

Hund bedankte sich für ihr Kommen und erklärte, welche Aufgaben anstanden. Wieder war Plastik von Nöten, nun allerdings Flaschen, und nur solche, die unbeschädigt waren.

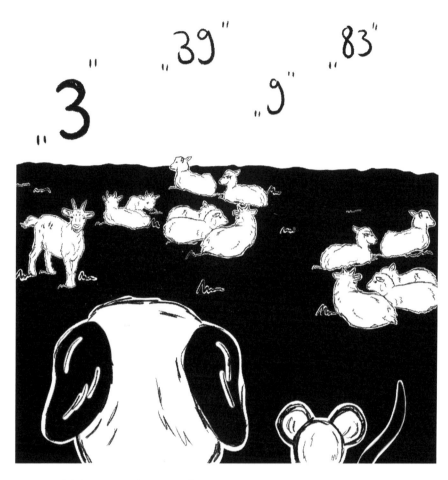

Zwei Ziegen teilte er für das Beschaffen von Gräsern und
Blättern ein, zwei weitere mussten kleine Steinchen sammeln
und wiederum zwei schickte er mit dem Auftrag los, Tücher
oder Stoff zu besorgen. Da wir die Chefs waren, blieben wir
zurück, saßen dumm rum und warteten auf die Ergebnisse.

Als wir uns genug gelangweilt hatten, schlenderten wir zu
Wasserbüffel rüber, der über einem Berg Rechenaufgaben
brütete. Dabei konnten wir nichts ausrichten, also mussten
wir weiter pausieren.

Hund schwänzelte durchs Gelände und ich setzte mich neben Ziegenmutter. Für Minuten schwiegen wir uns an. Dann fragte sie: »Und ihr helft uns einfach so, ja? Ich weiß gar nicht, wie wir das je wieder gut machen können.«

»Ach, gnädige Dame«, erwiderte ich und probierte, mich in Wasserbüffels Stil auszudrücken. »Mit guten Taten kann man so viel erreichen. Uns ist es genug, zu wissen dass euer Volk wieder Wasser hat. Wir erwarten überhaupt keine Gegenleistung. Wirklich nicht. Aus unserer Sicht verbessern gute Taten das Karma und wenn man Gutes tut, kommt es irgendwann von irgendwoher zu einem zurück. Egal woher. Seid ganz unbesorgt, Werteste.«

»Was ist denn Karma?«, wollte sie wissen.

Au Backe, da fragt sie ausgerechnet mich! Da ich es unmöglich erklären konnte, war es optimal, dass gerade jetzt unser erstes Ziegenteam mit dem Gesammelten eintraf. Mit den Worten »Ich muss los. Die Arbeit ruft«, entschuldigte ich mich und machte, dass ich wegkam.

Wahnsinn, wie viel Flaschen und Stofffetzen die Ziegen zusammengetragen hatten! Zum ersten Mal hatte es einen positiven Effekt, dass Menschen die Natur so zumüllen. Als alle zurück waren, ließ Hund sie Zweiergruppen nach Wahl bilden. Das ging schnell und sie spitzen die Ohren, als er weitere Anweisungen verlauten ließ.

»Zuerst werden wir von den Flaschen den Boden abtrennen.« Mit Wucht rammte er einem spitzen Stein ins Plastik und konnte so den Boden abschneiden. »Seht ihr, so einfach geht das.«

»Dann stopfen wir das Tuch ganz weit runter in den Flaschenhals, schaut.«

»Die Stofffetzen sind ganz schön schmutzig. Ist es nicht besser, wir spenden eine von unseren Deckchen?« Hund nickte und ich marschierte los, sie zu holen.

Wir nahmen Maß und ich knabberte die Decke an zwei Seiten ein Stückchen an. »Es ist immer gut, wenn ein Nager zugegen ist«, lachte Kyaal anerkennend. Dann zogen Hund an der einen und eine Ziege an der anderen Seite der Decke. Sie ruckelten so lange im Takt, bis der Stoff in zwei Teile riss. Das wiederholten bis, bis sie 10 Teile hatten, für jede Flasche einen. Da die anderen bereits die Böden von den Flaschen geschnitten hatten, konnte es sofort mit Stopfen weiter gehen.

»Prima Leute, den Stoff also weit in den Flaschenhals stopfen. Auf den Stoff geben wir die Steinchen, dann die Grasbüschel. Zum Schluss die Blätter.« Die Ziegen taten, was er befahl.

»Damit sind unsere Wasserfilter auch schon fertig. Ist das nicht toll?« Hund war begeistert und schubberte mit dem Rücken über den Boden.

»Und wie funktioniert das?« fragte ein junger Ziegenbock.

»Wer Lust hat, geht zum See und holt Wasser. Ich zeige es euch dann.« Hoch motiviert und mit Schüsseln bepackt, zogen alle zehn Ziegen los und wir hatten wieder Pause.

Ohne Vorwarnung ließ uns ein furchtbar lautes Ziegenmeckerkonzert zusammenzucken. »Essen fassen, Essen fassen. Zuerst die Gäste und Nummer 0 bis 15 bitte.«

»Oh, das sind wir«, sagte Hund und schnurstracks marschierten wir Richtung Futterquelle. Ich merkte erst jetzt, welch Hunger ich hatte. Unterwegs gabelten wir Wasserbüffel auf, der gerade mit drei Ziegen den vorletzten Trichter in einen geputzten Trog eingesetzt hatte.

Das Mahl war ein undefinierbarer Mischmasch aus Brei und Brocken. Das Ganze war grau, braun und sah unappetitlich aus. Schlimmer als Matschetöpfchen. Höflich, wie wir waren, nahmen Hund und ich trotzdem eine Kleinigkeit. Wasserbüffel, seines Zeichens Bauleiter, kam nicht so glimpflich davon, heißt, er bekam einen großen Napf voll. Der ärmste! Da er mein allerallerbester Freund ist, ließ ich einen Teil seines Mahls unbemerkt in meinen leeren Fellfalten verschwinden. Hauptsache, morgen an die Entsorgung denken!

Anstandslos würgte Büffel den Rest runter. Mir fiel auf, dass Hund beim Essen total zappelig war.

»Was ist denn los mit dir?«, fragte ich, als er unruhig von einer Seite auf die andere rutschte.

»Ich brenne darauf, die Filter auszuprobieren! Ich hoffe, das machen wir heute noch, sonst habe ich eine schlaflose Nacht, so viel steht fest«, antwortete er.

»Na, wenn du dir die Schlaflosigkeit jetzt schon einredest, wird es auch so sein«, sagte ich und bot mich umgehend als Mentaltrainer an. »Weißt du Kyaal, Multitasking ist eine meiner Hauptstärken«, übertrieb ich und schob meinen leeren Napf weit von mir weg. Büffel, der mir gegenübersaß, rollte mit den Augen. Bis alle gesättigt waren, dauerte es seine Zeit, aber emsig wie Ziegen sind, wurden die Arbeiten gleich im Anschluss wieder aufgenommen. Von den Vorzügen eines kurzen Mittagsschlafs hatten die hier scheinbar noch nichts gehört. Mit einer kurzen Erklärung und zwei, drei Statements bewarb ich die Sache bei Bock noch mal und probierte, ihm eine Inspirationsquelle zu sein.

Aber er schüttelte nur den Kopf und sagte: »Eine Aufgabe anfangen, eine Aufgabe abschließen. So schafft man was weg.« Und berichtete sehr anerkennend vom Fleiß seines Volkes während wir gingen..

Endlich kamen wir zu den Filtern. Gespannt saßen wir um Hund herum, als er das schmutzige Wasser in die erste Flasche füllte. Sieh einer an, das Wasser suchte sich seinen Weg durch die Blätter, die Steine, die Gräser und das Tuch und kam unten deutlich sauberer wieder raus. Er gab es in die zweite Flasche. Dann in die Dritte, die Vierte und die Fünfte. Danach war das Wasser klar. Alle klatschten und johlten.

Nummer 2 brach vor Rührung in Tränen aus. Oder war es Nummer 39? An diesem Tag lernte ich, dass Ziegen einander ziemlich ähnlich sehen.

Auch die Regenwasserauffangstationen waren fertig geworden. Bock trommelte alle zusammen und erwartungsvoll stand die ganze Herde um uns herum. Neugierig und hoch erfreut musterten sie die Tröge mit den Trichtern drauf. »Da fehlt ja nur noch die Wonne von oben«, sagte Ziegenmutter überglücklich und hob ihre Hufe gen Himmel. »Nummer 12, 56, 38, 42, 70, 79, 65, 3, 19 und 5, ihr geht morgen zum See und holt Wasser für alle«, befahl Bock. »Für heute ist Feierabend. Herzlichen Dank euch allen.«

Mittlerweile dunkelte es und alle waren müde. Die Ziegen zogen sich in ihre klapprigen Unterstände zurück und wir bekamen als Gäste einen mit halb intakter Bedachung. Hinter uns lag ein anstrengender Tag, sodass ich mich für meditieren im Liegen entschied. Das Büffel den Gong zum Ende der Mediation läutete, nahm ich aus weiter Ferne wahr, drehte mich auf die Seite und ratzte weiter.

Da wir schliefen wie die Steine, bekamen wir das Wunder der Nacht gar nicht mit. Es hatte geregnet, denn morgens gab es Pfützen und die Tröge führten erstes Wasser. Die Schar war außer sich vor Freude. Da unsere Aufgabe hier abgeschlossen war, packten wir unsere sieben Sachen und den ganzen Rest zusammen. Aus dem Augenwinkel sah ich, dass die kleine Ziege wieder mit ihrer Mutter diskutierte. Bestimmt ging es noch mal darum, ob sie uns begleiten dürfte. Ich sah, wie die Mutter heftig ihren Kopf schüttelte und mit den Vorderhufen in der Luft herumfuchtelte.

Gut, wenn sie nicht mitkommen durfte, mussten wir nicht die Verantwortung für so ein junges Ding übernehmen. Hat definitiv Vorteile. Ich dachte an meine Zeit mit Annapurna zurück, sie war ja auch noch so ein kleines Rattenmädchen, als sich unsere Wege damals gekreuzt hatten. In Saigon. Mit gesenktem Kopf ging die Kleine weg und blickte sehnsüchtig zu uns rüber.

»Wer weiß, welche Mischung zum Frühstück serviert wird«, sagte Wasserbüffel und schüttelte sich. »In meine Fellfalten passt auch nix mehr rein«, gab ich zu bedenken. Also zügig die Rucksäcke auf, fertig, los. Als wir uns verabschiedeten, rückte Bock einen kleinen Lederbeutel raus.

»Hier, ihr Weltverbesserer, das ist für euch! Es wird euch gute Dienste erweisen.« Da er Büffel – wahrscheinlich aufgrund seiner Größe – für unseren Anführer hielt, überreichte er ihn ihm. Dankbar nahm Büffel das Säckchen entgegen. Er öffnete es vorsichtig und heraus kamen kleine Sternchen, die in der Luft schwebten.

»Oh, was ist das denn Magisches?«, fragte ich.

»Das ist Sternenstaub, werte Herren. Er macht euch unsichtbar. Eine kleine Dosis reicht und euch wird keiner mehr sehen. Zumindest kein Mensch. Nur für andere Tiere oder falls ihr nass werdet, seid ihr sichtbar. Gut verborgen sein scheint mir in einer Großstadt wie Yangon ganz wichtig«, meinte Bock.

»Ja, unbedingt, denn sichtbar fallt ihr überall auf, ob ihr wollt oder nicht«, ergänzte Ziegenmutter.

»Ihr müsst das Pulver auf euch rieseln lassen und schon seid ihr unsichtbar. Und merkt euch bitte die drei Sichtbarkeitsregeln. Ich wiederhole sie: Tiere werden euch weiterhin sehen. Eure Unsichtbarkeit hält 12 Stunden an, aber die Wirkung hebt sich früher auf, wenn ihr mit Wasser in Berührung kommt«, erklärte Bock.

Uns blieb der Mund offenstehen. Sternenstaub? Aha. Ich hatte nie gewusst, dass es so was gibt. Na ja, war vielleicht vom Schwarzmarkt. Wir bedankten uns, schnallten weiteres

Gepäck um und diskutierten kurz über Wegstrecke und Pausen. Dann marschierten wir los. Wir wollten erst etwas Strecke machen und uns dann ein herrliches Frühstück inklusive Mittagessen gönnen. Bei dem Gedanken an getrocknete Libellen lief mir das Wasser im Mund zusammen.

Den ersten Kilometer schwiegen wir und die Ziegen sowie die ganze Aktion hallte noch in uns nach. Diese Leichtigkeit, die nur Weltverbesserer kennen pulsierte in meinen Adern und ich ließ mich von dem Gefühl tragen, wie eine Blüte auf dem Wasser. Noch mit den Erlebnissen bei den Ziegen beschäftigt – die, wie ich feststellte schon wieder Vergangenheit waren – meldete sich mein Magen. Hunger. Feines Fresschen aktuell unmöglich, daher besser nicht dran denken.

Irgendwann sagte Büffel: »Das Wasserproblem in der Welt ist schlimm. Und lebensbedrohlich für Mensch und Tier.« Er schüttelte betrübt den Kopf. »Weil es so gut zum Thema passt, möchte ich euch eine weitere buddhistische Lebensregel mitgeben, vorausgesetzt ihr seid schon wieder aufnahmefähig«. Waren wir. »Wie heißt die Regel, Hörnchen?«, fragte ich.

Er blieb stehen. »Es ist die Regel von der rechten Tat und sie lautet: Lebendiges umzubringen will ich mich enthalten. Ich zerstöre oder verletze kein Lebewesen. Ich wende mich stattdessen allen Lebewesen mitfühlend zu.«

Die Regel gefiel uns auf Anhieb. Klar und verständlich. Super. Da wir Pazifisten waren, und auf töten per se verzichteten, brauchten wir uns auf diese Regel nicht extra einschwören.

»Schön, dass wir Teile unseres Weges schon richtig gut meistern. Und, dass Teile unserer Lebensphilosophie auch Teil des buddhistischen Lebenswegs sind«, stellte Hund zufrieden fest.

Es machte mir großen Spaß zu wandern, denn etwas von Abenteuer lag mal wieder in der Luft. Umgehend heftete ich mein Herzchen an all das, und hoffte, wir könnten, bis auf die

immer dringender werdende Picknickpause, immer so wei-
termarschieren. Frei und fröhlich.

»Ganz schön eintönig, so ein Ziegendasein. Du bist ein Herdentier und Herdentiere machen alles, was der Rest auch
macht«, äffte ich Ziegenmutter nach. »Ihr Kleines hätte bei
uns mal was Neues lernen können. Es wäre doch viel schlauer
gewesen, sie hätte ihrem Kind erlaubt, uns zu begleiten. Versteh einer die Ziegen.«

»Tja. Ob wir wollen oder nicht, wir müssen die Entscheidungen unserer Mitgeschöpfe immer respektieren. Ob sie
uns gefallen, oder nicht«, stellte Büffel fest.

»Du meinst, wir müssen es aushalten und den anderen einfach weiter mögen, auch wenn wir die Entscheidungen, die er
oder sie für sich trifft, nicht richtig finden, oder?«, wollte Kyaal
wissen.

Wasserbüffel nickte. »Ja. Das ist eine Herausforderung des
gemeinschaftlichen Lebens. Und ihr wisst ja, dass jeder die
Verantwortung für sich selbst trägt. Selbstfürsorge ist unsere
Lebenspflicht. Denn wenn es mir, also dem Einzelnen gut
geht, profitiert ja auch mein Umfeld davon. In Gemeinschaft
sollte man schauen, dass es jedem für sich gut geht und man
Kompromisse findet, wenn Streitpunkte auftreten. Merkt
euch eines: Ändern kann man nur einen: Sich selbst. Niemand
anderen. Wir alle lehnen es ab, korrigiert zu werden. Du
möchtest ja auch nicht verändert werden, Huong. Oder? Stell
dir vor, ich würde von dir verlangen, dass du anfängst zu rauchen.«

»Ich und rauchen?«, wiederholte ich entsetzt. »Keinesfalls!
Niemals und Ende der Anfrage«, sagte ich streng.

»Siehst du. Musst du ja auch gar nicht. War doch nur ein
Beispiel. Und selbst wenn es mir noch so wichtig wäre, muss
ich dein ›Nein‹ respektieren. Nichts zu erwarten oder sich zu
wünschen ist eine gute Übung und verringert Enttäuschun-

gen. Und wenn ich sehr weit entwickelt bin, liebe ich dich um deiner - und der Liebe willen. Und weil das Leben in dir seinen Ausdruck findet. Und durch dich liebe ich das Leben und kann mich selbst erfahren. Und wenn ich dich der Liebe wegen liebe, wird sie vor deiner Entscheidung, die mir vielleicht nicht passte, nicht geschmälert. Dann bin ich weit entfernt von Erwartungen und Sorgenfalten«, erklärte Büffel.

»Und von Störgefühlen sowieso«, bellte Hund.

»Na ja, in Gemeinschaften ist es ja ganz normal, dass man andere oder sich selbst mal doof findet«, sagte Wasserbüffel weiter. Da fiel mir fast der Strohhut vom Kopf.

»Wie? Du findest mich manchmal doof? Ist nicht dein Ernst?«, fragte ich empört und schaute hoch. »Dabei habe ich die Eigenschaften mit doofen-D wie: Dickköpfig, desinteressiert, dazwischenreden und daher quatschen überhaupt nicht. Nicht mal im Ansatz«, spulte ich mich auf.

»Also Huong, wir leben tagein, tagaus miteinander und auch mal nebeneinander her. Bei so engem Zusammenleben lässt es sich doch gar nicht vermeiden, dass man den andern manchmal doof findet. Schätze, das wäre immer so, egal, mit wem man lebt. Ich finde dich ja auch nur manchmal doof. Und du mich mit Sicherheit auch.« Findet der mich manchmal doof, schlimmes Fiasko! Mit einem Schlag fühlte ich richtig viel Ablehnung für Büffel. Oder war es Hass? Was auch immer das Gefühl war, ich war voll davon. Und zwar bis oben hin. Die Adrenalin- und Aggressionswelle riss mich kurzfristig mit, bis mich eine Übersprunghandlung dazu veranlasste, mir heftig das Bauchfell zu kratzen. Um die Gedankenkette zu durchbrechen hörte ich Hund zu.

Der sagte gerade: »Und du akzeptierst, respektierst und liebst Huong um seiner und der Liebe willen und nicht als eine Art Tauschgeschäft.«

Meine Wut erstickte. Gut so. Das Ganze hätte in schlimme

Toberei meinerseits ausarten können. Plötzlich kamen mir die Worte gelassen und friedfertig in den Sinn. Ich atmete durch und fuhr den Puls runter.

»So ist es«, bestätigte Wasserbüffel. »Wer die reine Liebe lebt, der liebt einfach. Und zwar ohne eine Gegenleistung zu erwarten. Er liebt der Liebe wegen. Sonst nichts.«

Prompt wurde ein anderes Gefühl vorstellig. Mein schlechtes Gewissen. Wie konnte ich für meinen allerallerbesten Freund nur so hässliche Gefühle wie Ablehnung oder Hass hegen? Er und unser gemeinsames Leben sind doch das allergrößte für mich. Beinahe mein Ein-und-Alles.

Dass Ablehnung noch mehr Hunger macht, spürte ich jetzt deutlich im Magen. Oder knurrte mir zuerst der Magen und ich verspürte dann Ablehnung? Keine Ahnung. Büffel kannte mich gut und merkte sofort, dass ich Doppel-G war, nämlich gereizt und grummelig.

»Na, mein Bester, Brennstoffmangel im Gehirn?«, wandte er sich an mich. »Ich finde, wir machen gleich mal Pause und essen endlich was«, schlug Hund vor und deutete auf einen Platz in geringer Entfernung.

Büffel war dafür und ich gekränkt und hungrig. Wir gingen weiter.

»Ja, ich habe Brennstoffmangel. An Liebe! Nicht im Gehirn«, sagte ich und zog meine dickste Schmolllippe auf, die ich nur zu besonderen Anlässen herausholte. Ich wollte doch nur mal in den Arm. Jetzt. Sofort. Aber ich konnte ihn nicht drum bitten und von alleine tat er es nicht. Endlich hatten wir den anvisierten Platz erreicht. Welch Glück, er war frei.

Da wir alle so hungrig waren, machten wir uns sofort über unser Futter her. Die Nährstoffe konnten meine Blut-Hirn-Schranke noch gar nicht passiert haben, da wurde ich wieder verträglich. Alle Schmach war vorüber. Wir schüttelten uns, als ich die Pampe von gestern aus meinen Fellfalten holte. Aus dem restlichen Obst, dem die Wärme in den Taschen auch nicht guttat, quetschte Büffel uns einen Vitamindrink. Wahrscheinlich besteht mein Blut eh nur noch aus Vitaminen, bei dem Grünzeug, das wir uns neuerdings reinzogen.

Mit vollen Bäuchen legten wir uns in den Schatten und dösten. Plötzlich wusste ich wieder, dass Wasserbüffel und ich uns grundsätzlich liebten und es nicht schlimm ist, dass wir einander auch mal blöd fanden. Das gehört wahrscheinlich zu dem hin- und herpendeln im Leben, zwischen Anhaftung und Ablehnung und mit einem Bein immer in Samsara oder so. Mit der Erkenntnis nickte ich ein.

Nachmittags befragte Büffel unsere Karte. »Wisst ihr was? Wir könnten hierbleiben. Schätzungsweise sind es noch drei Tage bis Yangon. Die Arbeit bei den Ziegen war ja ganz schön anstrengend.« Hund und ich waren einverstanden. Motiviert hatten wir fix unsere Bleibe errichtet und als wir – nach einer Yogasession, dem Essen und Meditieren – am Abend zusammensaßen, fragte ich: »Hörnchen, was wünscht du dir eigentlich am allermeisten im Leben?«

»Ich möchte die Shwedagon Pagode sehen, auf meinem Pfad bleiben und möglichst Erleuchtung erlangen. Und gesund werden, mich gut fühlen und vielen Wesen von Nutzen sein, die meinen Weg kreuzen. Sind das zu viele Wünsche?«

»Nein, gar nicht. Ich glaube an dich und daran, dass sich deine Wünsche erfüllen, Hörnchen«, sagte ich und streichelte liebevoll sein Huf.

»Und was wünscht du dir, Kyaal?«, fragte ich weiter.

»Das weiß ich sofort.« Er wedelte mit dem Schwanz und bellte freudig: »Irgendwo am Strand den Sonnenuntergang genießen und dabei im Herzen spüren: Jetzt ist alles in Ordnung. Das wäre toll. Ich hoffe sehr, dass ich das noch schaffe.«

»Ganz bestimmt. Huong und ich glauben an dich, Kyaal.«

»Und daran, dass sich dein Wunsch erfüllt!«, ergänzte ich, wobei ich nicht wusste, was er mit Strand meinte. Büffel wohl, denn er sagte: »Im Anschluss an Yangon könnten wir ja den Strand deiner Träume aufsuchen, Hund.« Kyaal knurrte voller Wohlwollen.

»Ja, das machen wir. Und du, Huong, was wünschst du dir?«, ging die Frage an mich.

»Weiter in Freiheit leben und immer öfter in Frieden und Liebe mit mir selbst und meiner Welt sein. Und ich wünsche mir, dass wir noch viele Abenteuer erleben, bis wir mal totgehen.« Hund schluckte. Mist! Das Wort wollte ich gar nicht sagen. Kyaal verzieh mir und da uns die Müdigkeit im Fell saß, kuschelten wir uns aneinander und regenerierten unsere Körper die ganze Nacht.

# Ankunft in Yangon

Nach drei weiteren Latschtagen, an denen sich nix Nennenswertes ereignete, kamen wir in ein Dorf, das immer größer wurde.

»Ha, na endlich. Das wird der Vorort von Yangon sein«, rief Wasserbüffel freudig erregt.

Wir blieben stehen. Ich hangelte mich an seinem Bein hoch, kroch über Taschen auf seinen Rücken und konnte die Karte wie immer mit Muskelkraft nach unten aus der Lasche schieben. Hund nahm sie in Empfang und breitete sie aus.

»Der Vergleich von Straße und Zeichnung hält Stand«, stellte Büffel kurz darauf zufrieden fest. Also gingen wir weiter.

»Ich denke, es ist Zeit für eine Prise Sternenstaub. Sicher ist sicher«, meinte Kyaal plötzlich.

Wir holten das Lederbeutelchen aus Hunds Rucksack und Wasserbüffel warf einen Hauch des magischen Pulvers in die Luft. Lustig, wie die Sternchen auf uns herabrieselten! Das kitzelte. Unsichtbar setzten wir unseren Weg fort.

Das Pulver schien zu wirken, denn die Menschen, die überall unterwegs waren, nahmen keine Notiz von uns. Witzig! Ich kicherte und pfiff frohen Mutes ein Liedchen. Unsichtbar hieß doch auch unhörbar, oder? Ich überlegte. Na ja, wen man nicht sehen kann, den kann man ja erst recht nicht hören. Geht ja gar nicht anders. However.

Das Dorf war zur Stadt geschwollen, um es medizinisch auszudrücken. Vieles erinnerte mich an Saigon. Wie dort herrschte auch hier ohrenbetäubender Lärm. Ein Gemisch von Autos, Blechtieren und deren ständiger Huperei. Aus Geschäften, die sich auf dem Bürgersteig befanden, dröhnte laute Musik. Aus Häusern auch. Neben der Lautstärke machte uns sofort der Mief zu schaffen. Es stank aus jeder Ecke. Einige Menschen drängten den Gehweg entlang, andere wohnten darauf. An der nächsten Kreuzung wurde sich nackt an Brunnen gewaschen. So wenig Privatsphäre wäre selbst mir zu wenig, und kleinlich bin ich, was das angeht eigentlich nicht. Das Gesamtbild war widerlich und faszinierend zugleich. Ich blieb dicht zwischen Wasserbüffel und Hund, meine einzigen Sicherheiten in diesem Szenario.

Als wir um die Ecke bogen, kam es noch schlimmer. In einem riesigen Container wurde Müll abgeladen. Was machen die denn da? Menschen ohne Schuhe krochen in dem Container rum, warfen die Säcke wieder raus und packten den ganzen Abfall neben dem Container aus. Diesen sortierten sie und stapelten ihre Funde: Pappe, Plastik, Schnüre und sonstige Haufen. Dass Menschen so stark beschäftigt und dabei so gut organisiert sein können, hatte ich vorher noch nirgends gesehen.

Hier hätte uns auch ohne Sternenstaub niemand bemerkt, denn ein jeder war mit sich und mindestens fünf bis sieben anderen beschäftigt. Und das Betelzeug stand hier offensichtlich ganz hoch im Kurs. Viele hatten gefärbte Zähne, blutrote Lippen und kauten wie irre. Da könnten wir glatt als Erscheinung durchgehen. Zwischen Müll und dem geschäftigen Treiben hockten Alte und bettelten. Es wurde gegessen und sich die Fußnägel geschnitten, Kinder geschlagen, weiter gegessen und rot von Betelnuss überall ausgespuckt. So ein Chaos. Wir waren total schockiert. Ich wollte sofort nach Hause, aber meine Anfrage scheiterte. Statt zurück mussten wir weiter. Noch tiefer ins Gewirr. Hier waren selbst die Straßennamen komisch. Sie hatten keine Namen, sondern Zahlen, die ich nicht lesen konnte.

Wir passierten eine Frau, die vor einem Haus saß. Neben ihr stand ein Gehäuse aus Bambus. Scheinbar ein Käfig, in dem bei uns Hühner oder Hähne leben. Aber was saß da drin? Ich stellte meinen Augen scharf, zoomte ran und, nein, hockten da tatsächlich zwei riesige Eulen? In diesem kleinen Käfig? Tatsächlich! Unsere Blicke trafen sich. Sie klimperten mit den Augen und drehten ihre Köpfe einmal ganz um den Hals. Sofort war mir schwindelig. Ich fixierte sie und probierte, telepathisch zu erfragen, was der Grund ihres Aufenthalts in diesem Gefängnis sei. Nebenbei musste ich Anschluss an meine Freunde halten. Ich wendete mich gerade wieder nach vorne, schwand mir der Boden unter den Pfoten. Unvorhersehbar landete ich im Wasser. Sofort brüllte ich nach Büffel und Kyaal. Das Wasser war Fließwasser, was es nicht besser machte. Adrenalinüberflutet krallte ich mich an dem Stein fest, an dem ich mir gerade das Knie aufgeschlagen hatte. Das Schlimme. »Huong? Huong!!!«, vernahm ich die Rufe meiner Freunde. Aus Leibeskräften schrie ich zurück, dass die Straße mich gefressen hatte und ich hier unten drin sei. Jetzt bloß nicht weinen, sondern festhalten, ermahnte ich mich. Neben mir flossen stinkende Brocken, die mich mal am Arm und mal am Bauch anstupsten, als wollten sie mich direkt ins Verderben ziehen. Mit aller Kraft hielt ich dagegen. Ich blickte nach oben und schrie erneut. Endlich tauchten Hunds Augen vor mir auf.

»Huong, was machst du denn da unten?«, fragte er. »Warum bist du da drin?«

Bevor ich antworten konnte, war sein Kopf wieder weg und ich schnappte Wortfetzen auf, die Kyaal mit Wasserbüffel sprach.

»Rettet mich, *Hiiiiilfe*!«, brüllte ich aus Leibeskräften.

Gefühlte Stunden später sah ich Hunds Augen und Schnauze wieder.

»Pass auf, Huong, hör gut zu, was ich dir sage! Ich strecke dir jetzt meine Pfote hin und du hältst dich so doll an mir fest, wie du kannst, ja? Lass bloß nicht los, dann bist du verloren.«

Bibbernd nickte ich.

»Sag ihm nicht, dass er verloren ist, sag ihm du rettest ihn«, hörte ich Wasserbüffel. »Der hat schon genug Angst.«

»Okay, Huong. Du bist natürlich nicht verloren! Halt dich trotzdem fest, ich ziehe dich da eben raus«, sagte Hund jetzt gekünstelt salopp. Endlich tauchte seine Pfote neben mir auf. Ich hatte sie gerade gegriffen, als mir ein weiterer Brocken kräftig an den Bauch schlug und die Beine wegriss. Im nächsten Moment hing ich an Hunds rechtem Vorderbein. Sacht zog er mich hoch und setzte mich ab. Ich zitterte am ganzen Körper. Meine Zähne klapperten.

»Der B-B-B-Brocken hätte mich in den Tod gerissen, wenn d-d-du mich nicht r-r-r-r-rausgeholt hättest, Hund. Heiliger R-R-R-Reissack, wie konnte denn das nur p-p-p-passieren?«, stotterte ich. Unter Schock wollte ich nur eines: Ankuscheln.

»Das geht jetzt nicht, Huong, du stinkst. Und zwar ganz schlimm«, keuchte Büffel. Weder quengeln noch weinen nützte, er wollte mich nicht nehmen. Stattdessen kam Hunds Nase jetzt dicht an mich ran.

»Stimmt, du stinkst! Und wisst ihr wonach? Igittigitt.« Er wich zwei Schritte zurück. »Nach menschlichen Exkrementen. Das rieche ich ganz deutlich.«

»Oje! Wir müssen dich erst mal sauber kriegen, Kleiner«, zwinkerte Büffel mir zu und sah sich suchend um. Mir war alles egal. Ob ich stank oder nicht, auf jeden Fall war ich noch am Leben. Langsam beruhigte ich mich und schluchzte nur noch leise vor mich hin.

»Aha. Steig mal auf meinen Rücken, Kyaal. Siehst du den Brunnen da hinten?«

»Du meinst den da, mit der Fontaine? Da vor dem Kaufhaus? Ja, den sehe ich.«

»Gut. Da laufe ich hin und hole Wasser. Du bleibst bei Huong. Sprich mit ihm, er braucht jetzt vor allem psychische

Unterstützung. Für mentales Training ist das hier kein Fall. Das ist ein Notfall«, keuchte Wasserbüffel.

Aus welchem Grund auch immer, diskutierten die beiden jetzt, wer von ihnen mich betreuen und wer das Wasser holen sollte. Sie packten die Haushaltstaschen aus und kramten ein Gefäß heraus. Als Hund einfiel, dass Wasser sie sichtbar machen würde, diskutieren sie wieder.

Notfall, Wasser, Stinkebrocken, Alternativen, Sternenstaub. Mir wurde schwindelig. Mein Körper kribbelte und plötzlich flogen noch viel mehr Sternchen um mich herum. Meine Ohren fiepten, dann wurde es abrupt dunkel. Das Nächste, was ich spürte, war kalt und nass. Von Weitem hörte ich Hunds Stimme: »Wir brauchen mehr Wasser, der stinkt immer noch. Aber er rappelt sich. Sieh mal.«

Mehrmals wurde es noch kalt und nass und plötzlich sah ich, dass Kyaal meine Beine hochhielt, während Büffel mich weiter begoss. Das Bild war verschwommen. Noch mal kam

ein Wasserschwall, ich prustete und Hund ließ meine Beine los.

»Er ist wieder da.« Ich spürte Kyaals Nase an meinem Bauch. Dann rollte er mich erst auf den Rücken, dann auf die Seite. Die Sicht wurde klar. »Das haben wir super gemacht, er stinkt nicht mehr.«

»Gar nicht mehr?«, fragte Büffel skeptisch und schnupperte auch an mir. »Stimmt.« Hund zog mich hoch. Entgeistert schaute ich von einem zum anderen. Dann schüttelte ich mich mit 120 Umdrehungen pro Minute trocken. Ein Stück abseits setzten wir uns.

»Heiliger Reissack, Huong, was machst du für Sachen?«, stöhnte Wasserbüffel und sah zum Himmel. Plötzlich stockte er. Ich ahnte, dass er entweder nach den richtigen Worten suchte oder gleich furchtbar schimpfen würde. Weder das eine noch das andere trat ein. Stattdessen fiel er auf die Knie und fing an zu weinen. Er kippte mehrmals vorn über, verneigte sich tief und legte die Stirn auf den Boden. Dann war er still. Hund und ich verstanden gar nichts mehr.

»Das war alles zu viel für ihn. Warum habe ich nicht probiert, ihn von dieser Wahnsinnsidee abzubringen, ganz hierher zu laufen, nur wegen so einer Pagode, die wir in diesem Gewusel wahrscheinlich sowieso niemals finden«, jammerte ich. Währenddessen kam Büffels Kopf wieder hoch. »Seht nur, da hinten! Da ist sie!« sagte er mit zittriger Stimme.

»Wer?«, fragte Kyaal und sah sich zu allen Seiten um.

»Na, die Pagode! Wir haben sie gefunden. Das ist ja zu schön, um wahr zu sein. Bin ich froh! Über dich natürlich auch mein Kleiner«, sprach er und fuhr zärtlich mit seinem Schwanz über meinen Rücken.

Verdattert drehte ich mich um. Tatsächlich! Aus der Ferne betrachteten wir die mächtige Pagode und verschnauften bis Hund sagte: »Ich glaube, es ist Zeit, einen Schlafplatz zu suchen. Bald wird es dunkel.«

Kurzerhand ließen wir noch mal den Sternenstaub auf uns rieseln und schlüpften am Rande des Chaos in die offene Vorhalle eines Geschäfts. Was für ein Tag! Wir machten es uns so bequem wie möglich und schliefen aneinander gekuschelt ein.

Am nächsten Morgen war ich wieder fit. Um mich bei meinen Freunden für die Rettung zu bedanken, holte ich uns Ananasabschnitte vom Markt, der gleich gegenüber lag.

»Ich will nicht drängeln, aber wollen wir weiter?«, fragte Büffel als wir noch genüsslich knusperten. Mit der Morgenprise Sternenstaub im Fell, machten wir uns auf, zurück ins Gewühl.

»Kyaal, kannst du mal gucken gehen, wie die beiden Straßen heißen, die sich da vorne kreuzen?«

»Klar.« Er verschwand und kam mit wackelndem Schwanz zurück. »78. und 33.«

»Aha.« Wasserbüffel vertiefte sich in die Karte. »Wenn wir da hinten rechts abbiegen, kommen wir logischerweise an der 78. Straße raus, wenn sie die 26. kreuzt. Da müssen wir hin. Da ist der Südeingang zur Pagode. Zunächst wird es ein kleines Stück bergauf gehen, dann kommen wir an der Nga Htat Gyi Pagode vorbei und dann ist es nur noch ein Katzensprung. Könnt ihr noch oder wollt ihr auf meinen Rücken?«

# Rechter Lebensunterhalt

»Wir können noch, und aufsteigen wollten wir nicht«, antwortete Hund schnell, bevor ich das Angebot angenommen hätte.

»Ich will auch nicht aufsteigen, Hörnchen«, log ich.

Der Platz auf seinem Rücken hätte mir viel mehr Sicherheit gegeben in diesem  yangonischen Durcheinander. Anyway.

»Ganz, wie ihr wollt«, meinte Büffel und blickte uns freudestrahlend an.

Kyaal und ich hatten verabredet, dass in Yangon Wasserbüffels Entscheidungen oberste Wichtigkeitsstufe haben, also Chefsache sind und er zudem im Schongebiet sei, wie Kyaal es nannte, damit er sich nach all dem Weg und dem Lehren mal ausruhen könnte.

Hund pfiff: »Pagode wir kommen!«

Es war noch früh und die 25 Grad entsprachen ganz unserer Betriebstemperatur. Geschmeidig und der Größe nach schritten wir unsichtbar hintereinander her. Ich zwang mich, nur noch geradeaus zu gucken und auf jede Unebenheit im Boden zu achten. Das stinkige Erlebnis von gestern wollte ich keinesfalls wiederholen. Um meinen Körper unterwegs etwas zu trainieren, sprang ich die Bürgersteige auf der einen Seite runter und, wenn wir die Straße überquert hatten, wieder hoch. So ging es einige Male und meine Beinmuskeln mussten sich schon richtig anstrengen. In Abständen drehte sich Wasserbüffel um und fragte: »Seid ihr noch da?« Wohl zur Sicherheit, denn wo hätten wir denn hin sein sollen?

Wir wunderten uns über den Lärm, der schon wieder durch die Straßen hallte. Motoren knatterten und dazu dröhnte wieder schlimme Musik aus kleinen Verkaufswagen, die von schmalen, dunkelhäutigen Männlein durch die Gegend bugsiert wurden. Dazu zogen die Männlein geräuschvoll den Schnodder hoch und rotzten ihn ebenso laut wie ekelig überall hin. In Rot, von den Betelnüssen. Ich tänzelte um die Flecken herum. Die Straßen waren voll davon. Igittigitt. Ich war bestimmt kein Ansteller, aber beim Anblick der dunklen Männlein mit seltsamen Tüchern um die Köpfe gewickelt, wurde mir komisch. Es war doch schon heiß genug, warum dann noch Mützen? Wenn sie miteinander sprachen und dabei ihre schwarz, roten Zahnstumpen zeigte, drehte sich mir der Magen um. Und sie kauten in einem fort und lachten mit offenem Mund. Auf der Stelle ploppte die Nacht im Betelnusstaumel in meine Erinnerung. Anfangs lustig entpuppte sich das Experiment ja als ganz furchtbar. Ist ja längst Vergangenheit. Und wie das Wort schon sagt, ist die vergangen, deswegen muss man sich damit nicht mehr beschäftigen. Heute geht's uns gut und das ist doch wichtiger, als alles was früher mal war und eh nicht mehr zu ändern ist. Ich atmete tief aus und der Tagtraum hauchte mir die Bedeutung von ›Entstehen und Vergehen‹ für eine zehntel Sekunde ins Hirn. Oder ins Herz? Na ja, ursächlich ist ja immer der Geist, weil da alles drin entsteht. Hatten wir ja kürzlich erst gelernt. Dann gibt's noch die mitwirkenden Bedingungen, die Grundlagen unserer Existenz.

Da es hier von Straßen nur so wimmelte, hing ich meinen Gedanken über den achtfachen Pfad nach, als mir einfiel, dass ich ja nicht mehr lügen wollte und das hatte ich ja heute schon wieder getan. Genau genommen musste ich zugeben, dass es mit meinem Verhalten nach den buddhistischen Lebensregeln noch haperte. Büffel war dagegen schon tadellos und Kyaal ein gelehriger Schüler.

Als ich in einem roten Spuckfleck ausrutschte, landete ich abrupt im Hier und Jetzt. Das war zu viel. Ich richtete mich auf und brüllte aus Leibeskräften nach Wasserbüffel. Netterweise kam er prompt und als sein weicher Schwanz mich sanft packte und er mich auf seinem Rücken zwischen den Taschen platziert hatte, war die Welt wieder in Ordnung. Von hier oben konnte ich allerbestens darauf achten, dass wir weiter in südlicher Richtung gingen. War doch südlich, oder?

Als wir um die nächste Ecke bogen, tauchte eine Pagode vor uns auf. Was? So klein ist die nur? Ich war sofort total enttäuscht.

»So ein Ding hätte ich dir auch zu Hause mauern können, Hörnchen!«, machte ich meinem Frust sofort Luft.

»Warte ab Huong, das ist ein anderer Tempel. Guck mal nach vorne, da wollen wir hin. Siehst du den goldenen Stupa da?« Wir hielten an und als ich den Riesenklotz aus Gold sah, registrierte ich Büffels Worte kaum noch, denn das Ding war echt ein Hingucker.

»Uhiuhiuhiu. Das ist ja toll«, bellte Kyaal.

Meine Aufmerksamkeit war indes schon wieder von etwas anderem gefangen. Was war das? Und was zum Weißwangengibbon hatte das zu bedeuten? Ich stellte mich hin und fokussierte eine Frau, die im Eingangsbereich des kleinen Tempels neben uns lungerte. Oje! Wenn man nicht überall Schilder aufstellt, mit so was wie ›Lungern verboten, ausspucken verboten‹ machte das Volk auch, was es will, dachte ich. Das Problem stand allerdings neben ihr. Es handelte sich wieder um einen Käfig. Einen kleinen. Da waren so viele Vögel rein gequetscht, die hatten weder Platz zum Leben noch zum Sterben. Fliegen als Zwischenzustand war gänzlich ausgeschlossen. Ich machte meine Freunde auf meine Beobachtung aufmerksam. Zackig schossen mir fünf Varianten von Befreiungsplänen durch den Kopf, und als ich mich umblickte, hatte ich mindestens auch schon zwei Gefängnisvarianten für die Frau parat, die offensichtlich die Halterin des Vogelelends war. Passenderweise kam von rechts grad' eine dickbäckige Frau mit gelblichen Haaren. Sie blieb vor dem Käfig stehen.

Ihr Kopfschütteln deutete ich als Zeichen der Empörung. Dann beugte sie sich zu der Vogelhüterin runter, sie sprachen etwas mit Händen und Füßen, das ich nicht deuten konnte. Das Gesprochene gab der gelbhaarige Anlass in ihrer Handtasche zu kramen. Zum Vorschein kam ein Bündel Geldscheine. Ach nee, guck mal einer an! Damals in Saigon hatte ich zu Geld eine erste, zarte Beziehung geknüpft. Als Talisman trage ich ja auch immer noch 100 Dong in einer Fellfalte. Die Frauen tauschten Geld gegen zwei, drei Vögel. Will sie die essen? Zu meiner Verwunderung nahm sie die Vögel behutsam in ihre hellen Hände und warf sie in die Luft. Oh, sie schenkte den Vögeln die Freiheit. Welch gute Seele!

»So, ihr Lieben. Hier ist die Chance unser Karma mal richtig auf Vordermann zu bringen. Wenn wir hier weggehen, ist es nämlich so blank wie der riesige goldene Haufen da hinten. Das Ding fiel mir erst jetzt wieder ein und auf. Das tut ja richtig in den Augen weh, wenn man hinschaut, so sehr glänzte das Gold in der Sonne. Zurück zum Karma aufbessern fragte ich meine Freunde: »Wollen wir auch Vögel freilassen?«, rutschte aus dem Taschengedränge auf Büffels Rücken, hangelte mich zu seinem Ohr und ließ mich langsam daran runter, bis ich seinen Oberschenkel erreichte und springen konnte. Leider hatte ich die Pfütze nicht gesehen, in der ich landete. Ich war klitschnass, daher sichtbar, aber davon ließ ich mich nicht beeindrucken.

»Das ist eine gute Idee, aber wie wollen wir das machen, Huong? Wir haben kein Geld«, sagte Wasserbüffel gerade.

»Ich weiß wie«, sprach Hund. »Ich lenke die Frau ab, indem ich sie beiße, ihr schnappt euch schnell den Käfig und rennt damit weg. Dann brauchen wir ja nur noch irgendwo die Tür zu öffnen und alle können raus.«

Die Idee war brillant. Kyaal hat es wirklich drauf.

»So sehr dürfen wir uns nun auch nicht einmischen.«,

sprach unser Vernunftsbolzen namens Wasserbüffel. »Und wenn wir unser Karma aufbessern wollen, sind beißen und stehlen keine Optionen. Das wisst ihr doch auch!«

Die Vögel mussten da so schnell wie möglich raus, also kürzte ich die Diskussion ab, indem ich bestimmend sprach: »Wir kaufen so viele, wie wir bekommen. Ich habe noch 100 Dong im Fell. Für diese gute Tat opfere ich gerne meinen Talisman.«

Ich kramte in den Fellfalten und siehe da, in der hintersten Rundung steckte er. Ich entfaltete ihn. Die Farbe hat gelitten und auch Zahlen waren nicht mehr gut lesbar, aber egal. Bisher hatten wir in einiger Entfernung zu der Frau gestanden. Mit dem Schein zwischen den Pfoten fühlte ich mich sicher. Wie man Geschäfte machte, wusste ich auch noch, also nix wie hin. Keine Ahnung, ob die Frau schon mal Ratten, unsichtbare, oder gar halbsichtbare Ratten als Kunden oder Geschäftspartner hatte. Den Schein wie ein Transparent hoch in die Luft geschwenkt, setzte ich mein nettestes Lächeln auf und ging auf sie zu. Als sie mich sah, stieß sie einen heftigen Freudenschrei aus. Obwohl sie sehr alt wirkte, sprang sie auf wie der Blitz. Bevor ich mein Anliegen vortragen konnte, griff sie nervös nach dem Vogelkäfig.

In welcher Abfolge das Nächste passierte, weiß ich nicht, denn die Zeit wurde angekurbelt und lief plötzlich viele schneller als sonst. Die Frau konnte den Käfig nicht greifen, stupste dann mit ihrem dreckigen Fuß dagegen oder so ähnlich. Auf jeden Fall fiel der Käfig um, die provisorisch verschlossene Tür öffnete sich und die Vögel nahmen das einzig Richtige, den Weg hinaus. Was sich mir nicht erklärte, war, warum die Frau jetzt weinte. Sie hatte zwar nur noch drei Vögel im Käfig, aber dafür das beste Karma ihres Lebens. Ohne mich noch eines Blickes zu würdigen, schnappte sie sich das Drahtgefängnis und rannte weg. Versteh' einer die Menschen.

Die Vögel fand ich sowieso viel wichtiger als die Frau. Ich beobachtete sie noch eine Weile, wie sie glücklich ihrer Wege flogen. Aber, oh nein, was war das? Sie waren gerade die ersten Runden über den Teich vor dem Kloster geflogen, da stießen – urplötzlich – schwarze Riesenvögel vom Himmel herab und fraßen die meisten von ihnen. Ich war so geschockt, dass ich mich setzen musste. Büffel und Hund hatten den Horror gar nicht mitbekommen, da sie irgendwas diskutierten. Kaum sind die einen in Freiheit, sind die Fressfeinde auch nicht weit. Wie ungerecht! Ich zog die Knie an und vergrub mein Gesicht.

»Huong, bist du so berührt, dass die Vögel jetzt frei sind? Du bist ja süß«, rief Hund aus, setzte sich neben mich und legte mir ein Sechstel seiner Pfote auf die Schulter.

»Nee Kyaal, es ist ganz anders gekommen«, schnaubte ich. Die meisten sind gefressen worden.«

Er riss die Augen auf. »Gefressen? Von wem?«

»Na, von denen da.« Vorwurfsvoll zeigte ich direkt auf die Täter, die satt und zufrieden durch die Luft tosten. Wie konnten sie nur. Haben die denn gar kein Herz?

Wasserbüffel schnaufte bedächtig. »Fressen und gefressen werden. Wir müssen es akzeptieren, denn auch das gehört zum Leben.«

Verflixt. Leben und Sterben liegen wahrscheinlich näher beieinander, als mir lieb war. Gerade war ich ja zum Augenzeugen geworden.

Wasserbüffel sagte: »Was die Frau angeht, Freunde, lehrt sie uns eine weitere buddhistische Lebensregel. Diese heißt: ›Rechter Lebensunterhalt‹.«

Ich knüllte den 100-Dong-Schein zusammen und schob ihn zurück in die Fellfalte.

»Seltsame Regel. Was bedeutet sie?«, fragte Kyaal.

»Nun ja, sie stellt klar, dass Geld verdienen, mit einer Tätigkeit verbunden sein soll, die niemandem schadet. Der Handel mit todbringenden Waffen und mit suchterzeugenden Mitteln, mit Lebewesen, mit Fleisch und Giften zählen zu den fünf verwerflichen Berufen. Diese Arten des Handels soll man weder selbst ausüben, noch andere dazu veranlassen«, erklärte Wasserbüffel.

Das seien ja ganz furchtbare Worte, kläffte Hund und ich stellte fest, dass nicht mal die Hälfte davon zu meinem Wissens- und Wortschatz gehörten.

»Fallen darunter auch Betrügereien?«, fragte ich.

»Ja. Geld verdienen durch Trickdiebereien im kleinen wie im großen Stil, sowie das Töten von Tieren ist damit auch gemeint.«

»Töten von Tieren? Was soll das jetzt schon wieder heißen, du Horni?« Kyaal und mir wurde sofort schlecht.

»Warum hat sie die Vögel denn überhaupt eingesperrt?«, fragte Hund verständnislos, als wir uns langsam wieder in Bewegung setzten.

»Ich schätze, sie wollte die Vögel an gläubige Besucher verkaufen. Es bringt gutes Karma, gefangene Tiere frei zu lassen. Viele Gläubige machen das gerne, um damit schlechte Taten auszugleichen«.

»Hm. Da hockt die hier direkt vorm Kloster, dem buddhistischen und arbeitet genau sowas, was dem buddhistischen Pfad entgegensteht«, bellte Kyaal beunruhigt.

»Aber es geht ja auch anders«, beschwichtigte Wasserbüffel. »Unter rechtem Lebensunterhalt werden Berufe verstanden, die weder die fünf Sittenregeln verletzen, noch daraus Nutzen ziehen. Helfende, lehrende und heilende Berufe sind die bessere Wahl für den Ausübenden und alle anderen.«

Erwerbstätigkeit betraf mich nicht mehr, also interessierte mich das Thema nicht sonderlich.

Ich war mit Buddha beschäftigt und musste unbedingt was wissen.

»Sag mal Hörnchen, wenn Buddha schon tot ist, wer oder welcher Gott gibt eigentlich heute den Ton im Buddhismus an?«

»Wie ich schon sagte, im Buddhismus gibt es keinen Schöpfer und keinen Gott, oder einen, der dir helfen oder dich verurteilen wird. Und man ist auch nicht abhängig von der Gnade irgendeiner höheren Macht. Es gibt weder Belohnung, noch Drohung oder göttliche Strafe. Und keinen, der angebetet werden möchte. Buddhas Lehren werden von Mönchen und Lehrern weitergetragen. Es gibt nur einen – sagen wir – spirituellen Führer. Die Gläubigen nennen ihn Lama, das heißt: Der Obere.

»Ach. Ich dachte, Lama ist 'n Tier«, meinte ich und zupfte an meinem Strohhut.

»Ja, auch. Aber dieser eben nicht. Das ist nämlich der Dalai Lama.«

»Ach der. Von dem habe ich schon gehört«, ergriff Hund das Wort. Ich riss die Augen auf, als er weitersprach: »Heißt der nicht Tenzin Gyatso, ist Tibeter und schon als kleiner Junge ins Kloster gekommen? Weil verschiedene Zeichen darauf hindeuteten, dass er die Wiedergeburt eines sehr hochrangigen Wesens ist?«, referierte Hund so mir nix dir nix. Leider musste ich Kyaal dafür mit dem Gedanken ›alter Angeber‹ bewerten, sagte aber nix.

Wasserbüffel nickte zufrieden und Kyaal plauderte weiter: »Ich weiß noch viel mehr über ihn. Der Dalai Lama ist eine sehr bedeutende Persönlichkeit. Er ist das religiöse Oberhaupt der buddhistischen Tibeter. Nachdem die Chinesen 1950 Tibet besetzten, musste er den Potala-Palast in Lhasa verlassen und nach Indien ins Exil gehen.«

»Wer zum Weißwangengibbon ist Lhasa?«, fragte ich und konnte nur noch mit den Ohren schlackern. Tibet, Potala, ins Exil gehen … Wo sollte das alles sein? Na ja wir waren ja auch einfach losgegangen. Eben hierher.

»So war es«, bestätigte Büffel »Und auch heute ist der Dalai-Lama noch im Exil in Indien. Er darf immer noch nicht in seine Heimat zurück.«

»Warum nicht?«, fragte ich.

»Weil es die Chinesen nicht erlauben. Vielleicht haben die Angst vor den Dalai Lama oder vor dem Buddhismus, oder vor beidem. Auf jeden Fall lassen sie ihn vielleicht nie wieder nach Tibet zurück. Die Tibeter sind den Chinesen vielleicht nicht geheuer, eben weil sie Buddhisten sind.«

»Komisch. Bis hierher hatte ich es so verstanden, dass der Buddhismus jedem, der sich interessiert, einen Weg anbieten möchte, der persönlichen Nutzen im Sinn von glücklich sein bringt. Weitergedacht gestalten zufriedene Lebewesen ja eine selige Welt. Insofern dient doch auch hier der Nutzen des Einzelnen wieder dem Nutzen des Ganzen«, sagte Kyaal. »Wie kann man denn da dagegen sein?«

Mit ›Versteh' einer die Menschen‹, hakten wir dieses Thema ab. Wir waren ein gutes Stück weitergekommen. Die große, goldene Pagode lag jetzt direkt vor uns.

»Freunde, ich denke, es ist Zeit für 'ne weitere Prise Sternenstaub«, meinte Wasserbüffel. »Bevor wir hier auffallen und Ärger kriegen.«

Wir gingen in eine Ecke, abseits der Straße. Dort setzte Hund seine Taschen ab und holte den Lederbeutel mit dem magischen Inhalt heraus. Mit den Worten »Hier, du solltest es werfen, du bist am größten«, händigte er Büffel das Säckchen aus.

Vorsichtig öffnete Büffel den Beutel, sog etwas Sternenstaub in die Nase, kniete sich hin, legte den Kopf in den Nacken und pustete das Wundermittel mit aller Kraft wieder raus. Erst stoben die Sternchen in die Luft und fielen dann auf uns, dass es nur so glitzerte. Wir grinsten uns an.

Wasserbüffel stand auf. »Kommt Leute, wir sind gleich am Ziel. Oh, ich kann es gar nicht mehr erwarten.« Wir gingen zur großen Straße zurück.

Heiliger Reissack! Als wäre unsere Anreise nicht schon beschwerlich genug gewesen, kam jetzt eine lange Kette von Treppen. Na super. Ich hüpfte von einer Stufe auf die nächste, und wieder zur nächsten und so ging es in einem fort, bis ich ganz schön aus der Puste oben ankam. Wir überquerten eine Straße. Oh nein! Schon wieder Treppen. Mit einem Blick zurück vergewisserte ich mich, dass ich nicht versehentlich in eine Raum-Zeit-Falte geglitten war. Schließlich wäre es dann kein Wunder, dass sich der Augenblick wiederholte. Hinter mir lagen die anderen Treppen. Also keine Raum-Zeit-Verirrung.

»Hörnchen, kann ich auf dein Rücken? Die Stufen sind echt fies. Ich kann nicht mehr«, schnaufte ich und straffte die Gurte meines Rucksacks.

Gutmütig ließ er mich aufsteigen. Aus dieser Position hatte ich wieder einen super Ausblick und sofort beste Laune.

Mit uns wollten sich viele Menschen das Bauwerk ansehen. Und Händler gab es auch. Die boten an den Seiten auf den Treppen Krimskrams in Hülle und Fülle an. Jeder wollte jedem alles verkaufen. Bücher, Glücksbringer, Buddha-Statuen und Bilder, Kerzen, Blumen, Räucherstäbchen, Blattgold und andere Opfergaben wie Gebetsfahnen waren zu haben. Mit dem Gefühl, nichts davon zu brauchen, fühlte ich mich der Erleuchtung eindeutig näher, bis ich aus dem Augenwinkel so kleine, nette Schirmchen in meinen Lieblingsfarben, also allen, sah. Die würden zu Hause vorm Stall bestimmt spitze aussehen. Bevor ich meine Freunde auf diese Schnäppchen aufmerksam machen konnte, hatten wir sie auch schon passiert. Na ja, egal. Weiter ging es mit Blumenverkäufern. Ein jeder bot bunte Sträuße an. Gleich mehrere von ihnen drängten einzelne Besucher förmlich zum Kauf. Bisschen übertrieben fand ich das Getue ja schon. Außerdem, wer wollte sich während des Pagodenbesuchs noch mit Blumen für die Schwiegermutter abschleppen? Blieb mir schleierhaft.

Endlich waren wir oben. Bezahlen müssen Unsichtbare nix, was ein Vorteil war. Ob die 100 Dong aus Saigon für uns drei gereicht hätten, wage ich auch zu bezweifeln. Oh, was war das? Direkt hinterm Eingang standen wir inmitten kleiner Paläste aus Gold. Sie beherbergten Buddhafiguren in unterschiedlichen Größen. Wahnsinn! Nicht eine einzige davon hätte in unseren Stall gepasst. Ins Bauernhaus wahrscheinlich auch nicht, so groß waren die.

Büffel drehte sich zu Hund um. »Ich würde gerne an einer Führung teilnehmen, ist euch das recht?«, fragte er und senkte den Kopf, damit ich absteigen konnte. Wie eh und je glitt ich galant von seiner Stirn, nutze sein Nasensprungbrett und stand wieder auf den Beinen. »Danke, dass du mich hochgeschleppt hast, Hörnchen!«, sagte ich und drückte ihm einen Kuss auf die Lippen.

»Na, du bist doch ein Fliegengewicht, Huong«, antwortete er.

»Apropos Fliege: Essen könnte ich auch bald. Habt ihr auch Hunger?«, fragte ich.

»Lasst uns doch erst ein paar Minuten hinsetzen, verschnaufen und dann eine Führung mitmachen. Danach suchen wir uns ein nettes Plätzchen, essen und meditieren, ja?«, bat Büffel und setzte sich.

»Gut, erst führen dann futtern«, sprach Hund und knuffte mich in die Seite. Oh ja. Ich erinnerte mich an unsere Verabredung. Wasserbüffel ist hier der Entscheider und niemand vermasselt ihm das. Jawohl!

Nach einer kurzen Pause gingen wir weiter. Hund war beeindruckt von den ganzen Buddhafiguren. Ich schätze, er hat-

te noch nie eine gesehen.

»Seht mal da vorne. Da stehen so viele Leute rum. Da bei der Frau mit dem Schirm. Das sieht mir ganz nach Reisegruppe aus. Los, Abmarsch, bei der Führung können wir mitmachen«, sagte Wasserbüffel und trottete los. Unsichtbar gesellten wir uns zu den Menschen.

# Ein Vormittag mit Rotschirmchen

»Ist ja nett, nur die Dame hat einen Schirm, und der Rest der Truppe muss in der Sonne schmoren«, stelle ich beleidigt fest.

»Sie ist vielleicht keine Buddhistin. Sonst hätte sie für uns doch auch Schirme dabei, oder?«, wandte Hund sich an Wasserbüffel.

Ermahnend drehte sich dieser zu uns um.

»Sie ist doch die Reiseleiterin und der Schirm ist ihr Erkennungszeichen, damit wir sie in diesem Gewusel nicht verlieren. Guckt euch mal um. Habt ihr gesehen, wie voll es hier ist? Und, ich sage es euch gerne noch einmal: Ich will hier zuhören. Keine Fragen und keine dummen Zwischenbemerkungen bitte.«

Er schaute erwartungsvoll erst mich, Kyaal und dann die Dame mit dem roten Schirmchen an.

»Und dass ihr mir ja nichts anfasst! Wir wollen keinen Ärger haben. Klar?« Hund und ich nickten brav.

Mit dünner Stimme stellte sich die Dame tatsächlich als unsere Reiseleiterin vor und fing an zu erklären: »Der Shwedagon ist der wichtigste Sakralbau und das religiöse Zentrum Myanmars. Er ist einer der berühmtesten Stupas der Welt. Das Bauwerk überragt ganz Yangon, wie sie auf der Anreise sicherlich sehen konnten.«

»Uhiuhiuhi. Erster Fehler im zweiten Satz. Muss es nicht die Shwedagon Pagode heißen? Sie hat gesagt der. Der Artikel ist doch gänzlich falsch, oder?«, wandte ich mich an Hund.

»Kann sein. Aber sie hatte recht damit, dass wir die Pagode schon von Weitem sehen konnten. Ich glaube, die Frau ist ganz schön aufgeregt. Vielleicht sind wir ihre erste Gruppe. Oder sie hat Prüfung oder so. Sieh mal, da hinten steht einer, der schreibt ganz viel auf.«

Suchend blickte ich mich um. Tatsächlich. Ein Mann im grünen Blumenhemd hatte Stift und Papier gezückt und kritzelte eifrig. An seinem Arm hingen zwei quengelnde Kinder.

»Von der Polizei kann der aber nicht sein. Der hat doch Kinder dabei«, flüsterte ich Kyaal zu.

Da wir das Rätsel um den Schreiberling nicht lösen konnten, widmeten wir unsere Aufmerksamkeit wieder der aufgeregten Dame. Der Reiseleiterin mit Schirm.

»Unsere Shwedagon-Pagode ist mehr als 2500 Jahre alt. Ihre Legende beginnt mit den zwei Brüdern Taphussa und Bhallika.«

»Was sind das denn für Namen?«, prustete ich los und Hund fiel mit ein.

»Die beiden waren Händler, die Buddha eines Tages trafen und von ihm acht seiner Kopfhaare erhielten«, berichte die Dame.

»Willst du auch ein bisschen Fell von mir, Kyaal? Ist heute im Sonderangebot«, witzelte ich. Wasserbüffel zischte uns an.

»Die Brüder zogen mit den Haaren Buddhas nach Burma, wo sie mithilfe des Königs auf einem Berg eine zehn Meter hohe Pagode bauten. Das war hier.« Sie deutete auf das Bauwerk, das ich sofort viel höher als zehn schlappe Meter schätzte. »In einer goldenen Schatulle wurden die acht Haare in dieser Etage eingemauert«, sagte sie und deutete mit der Hand auf den untersten Teil der Pagode. Ihre Zuhörer waren erstaunt.

»Eingemauert, damit sie keiner klaut, oder was?«, fragte ich mich laut.

»Heute ist die Pagode 98 Metern hoch. Im Jahre 1774 stiftete die damalige Königin ihr Körpergewicht in Gold für die Verkleidung der Pagode. Während der Jahrhunderte wurde das Bauwerk mit weiterem Gold und Edelsteinen verziert und überall mit Glöckchen behängt. Leider wurde sie im Laufe der

Zeit auch mehrmals durch Erdbeben beschädigt.«

Plötzlich redete sie wie aufgezogen und die Infos sprudelten nur so aus ihr raus.

»Auch für die Freiheitsbewegung ist die Shwedagon ein wichtiger Ort. Und die Friedensnobelpreisträgerin Aung San Suu Kyi hielt hier ihre erste öffentliche Rede, und stellen sie sich vor ...«

Ich konnte nicht mehr zuhören und klinkte mich aus. Irgendwann holte sie Luft und legte eine kurze Sprechpause ein.

»Kommen Sie. Wir umrunden die Pagode. Ich gebe ihnen weitere Erklärungen und sie können gerne jederzeit Fragen stellen. Danach haben sie Zeit, alleine hier herumzuschlendern.«

Graziös drehte sie sich um, dass ihre schwarzen Haare nur so flogen, schwenkte ihr rotes Schirmchen und trippelte los. Die Gruppe setzte sich in Bewegung und wir mit ihr.

»Ob das mit dem Fragen stellen auch für unsichtbare Tiere gilt?«, wollte Hund wissen. Wir kicherten.

»Es gibt vier überdachte Eingänge. Der östliche, durch den wir gekommen sind, und der südliche Eingang führen an vielen Händlern vorbei.«

Stimmt. Das hatten wir selbst gesehen. Wir waren den Südlichen aufgestiegen.

»Am westlichen und nördlichen Eingang gibt es jetzt auch Aufzüge«, fuhr sie fort.

»Hast du gehört, Hörnchen? Hätten wir das mal eher gewusst, hätten wir uns das Treppenschlamassel sparen können.«

Er winkte ab, weil er zuhörte. »Lass ihn, Huong«, zügelte Hund mich.

»Ich habe ja selbst keine Ahnung, warum ich plötzlich so aufgekratzt bin«, gestand ich und blieb stehen. »Ist vielleicht die ganze Anspannung, die sich jetzt löst. Oder ich vertrage den Sternenstaub nicht. Weißt du, ich hatte große Angst, dass Wasserbüffel den Weg nicht schaffen würde. Was hätte ich dann tun sollen?«

Die Gruppe war weiter gegangen und schnell schlossen wir auf.

»Die 60.000 Quadratmeter große Plattform, auf der wir hier stehen, ist komplett aus Marmor.«

Das schien für Menschen was Besonderes zu sein, denn alle raunten anerkennende »Ahs« und »Ohs«. Hund und ich sahen uns fragend an und zuckten die Schultern. Nach weiteren Erläuterungen, wie der Marmor hierher befördert wurde, erreichten wir einen anderen Aufgang. Wasserbüffel sog alle Worte der Reiseleiterin auf und nickte andächtig. Hund und ich drängelten uns nach vorne und erschraken als uns plötzlich zwei riesige Wächterfiguren, halb Löwe, halb Drache gegenüberstanden. Glücklicherweise waren die aus Blei oder Bronze und daher ungefährlich.

»Übrigens: Der Hügel, auf dem die Shwedagon-Pagode steht, liegt 58 Meter über dem Meeresspiegel, und die Tempelanlage bedeckt mehr als fünf Hektar«, ließ die Dame gerade verlauten.

»Der arme Hektar«, schniefte ich und Hund lachte.

Weiter ging's auch schon und wir fragten uns, ob die Touristengruppe auch so großen Spaß an der Führung hatte wie wir.

»Wie sie sehen, sehr geehrte Damen und Herren, erhebt sich der Hauptstupa auf einer quadratischen Plattform.«

Hund fing an zu tanzen und sang: »Stupa, dupa.« Wie lustig. Ich sang mit. »Stupa, dupa mach ein kleines Tänzchen unterm goldenen Schirm.« Hund und ich tanzten umeinander rum, erst vorwärts dann rückwärts.

Wasserbüffel fand das gar nicht lustig, er trampelte fest mit dem Huf auf und sah uns streng an. Beschämt stellten wir uns ordentlich hin, blickten zu Boden und schenkten unser Gehör wieder der Reiseleiterin.

»Die Eingänge markieren die Himmelsrichtungen, das hatte ich vergessen zu sagen«, entschuldigte sich die Dame mit dem roten Schirm. Ich gähnte und kratzte mir ordentlich das Bauchfell.

»Ey!« sprach Kyaal und lachte: »Wir nennen sie jetzt Rotschirmchen!« Die Idee war super und ich schlug ein.

Zur Sicherheit schaute sie jetzt in ein Heft, bevor sie weitersprach: »Von dieser Ebene aus erhebt sich der Chedi zuerst 30 Meter in drei quadratischen, dann in achteckigen Terrassen, die in fünf runde Terrassen übergehen. Sehen sie?«

»Na, das hätte ich auch noch mal nachgelesen. Wer kann sich schon so viele Zahlen merken?«, kommentierte ich.

»Und wofür überhaupt? Glaubst du, die Leute wissen das heute Abend noch?«, zweifelte Hund. Ich hatte keine Ahnung, was Menschen sich alles merken können. Oft genug ist es fraglich, ob sie überhaupt irgendetwas merken.

»Darüber ragt der obere Teil des Chedi in Glockenform auf. Erst daran schließt sich die Lotus- sowie die Bananenblüte an. Können sie sie sehen?«, vergewisserte sich die Leiterin und erntete eine Runde Nicken. »Die Blüten sind mit Goldplatten gedeckt. An der Spitze befindet sich ein 76-karätiger Diamant.« Sie kramte in ihrer Tasche. »Auf diesen Fotos ist der Schmuck des Ehrenschirms abgebildet. Sehen Sie selbst.« Rotschirmchen reichte die Fotos rum. Die Leute waren beeindruckt und machten menschliche Scherze, die kein Tier verstanden hätte.

»Schade, dass Zweibeiner so einfach gestrickt sind«, wandte ich mich kopfschüttelnd an Hund und seufzte.

»Stimmt. Die Körper sind ja gut konstruiert, denn auf zwei Beinen laufen ist sicherlich ganz angenehm. Du kannst aus der Höhe gut gucken und es ist bestimmt auch besser für 'n Rücken.«

»Ja du hast recht. Der Konstruktionsfehler beim Menschen sitzt wahrscheinlich im Kopf, also im Gehirn, im Herz oder in beidem. Und weißt du was?« Hund spitzte die Ohren. »Das Schlimmste finde ich ja noch, dass sie sich immer so aufspielen, als wüssten, könnten und dürften sie alles.«

»Ja. Als wären sie der Mittelpunkt des Universums. Na ja, wir können sie nicht ändern.«

»Nee, wir können nur uns ändern und unsere Einstellung. Mensch ist halt eine andere Daseinsform«, antwortete ich.

»Aber war es nicht so, dass die menschliche Daseinsform noch besser ist als die tierische, um Erleuchtung zu erlangen?«, fragte Hund und runzelte die Stirn.

»Ja. Tauschen möchte ich trotzdem nicht«, gab ich zurück und schaute mir die Leute an.

»Tja wir müssen sie so akzeptieren, wie sie sind. Und ihnen nur das Beste senden, von Herz zu Herz. Auch wenn das eine schwierige Übung ist«, meinte er.

»Ja. Aber die ist bestimmt gut für unser Karma.«

Apropos Karma. Wir schauten uns nach Wasserbüffel um. Unsichtbar und massig, wie er war, stand er wie selbstverständlich schon neben Rotschirmchen, verschlang ihre Worte, ließ seine Blicke gleiten und lächelte andächtig zu allem, was sie sagte.

Mit einer kleinen Informationslücke über das Heiligtum wandten auch Kyaal und ich unsere Aufmerksamkeit wieder Rotschirmchen zu, die immer noch den Ehrenschirm erklärte. Ehrfürchtig blickten alle nach oben.

»Den obersten Teil des Ehrenschirms krönen mehr als 4000 Diamanten«, säuselte sie jetzt.

»Ob die alle auch mal durchgezählt werden?«, wandte ich mich an Hund. »Kann ja jeder kommen und sich ein Steinchen abmontieren. Und wer weiß, vielleicht sind die Haare von Buddha hier auch gar nicht mehr.«

»Na ja, wenn das hier alles Buddhisten sind, klauen die nicht. Du weißt doch schlechtes Karma und so«, entgegnete Kyaal.

»Stimmt.« Ich gähnte.

Jetzt floss weiteres zu den Buddhafiguren sowie den Tempeln, denen jeweils ein Wochentag, ein Planet und ein Tier zugeordnet sind, ungebremst aus Rotschirmchen raus.

»Was die alles weiß!«

»Hast du gehört? Tiere machen auch mit«, sagte Kyaal stolz.

Ich zwinkerte ihm zu »Klar. Was wäre die Welt denn ohne Tiere?«

Einstimmiges Ergebnis: »Nix.« Wir kicherten.

»Sehen sie«, fuhr die Reiseleiterin fort, »viele Gläubige kommen hierher und begießen die Buddhafiguren mit Wasser, als Opfergabe. Wenn sie mögen, können sie das auch gleich machen.«

Mit Wasser? Ich würde mich hüten, freiwillig, egal wessen Figur, mit Wasser zu übergießen. Außer es ginge um meinen geliebten Wasserbüffel. Bei ihm würde ich – wenn nötig – natürlich eine Ausnahme machen. Sie trippelte weiter und wir folgten.

Erst jetzt bemerkte ich, dass es neben uns noch viele andere Gruppen gab, die dem einen oder anderen Schirmchen folgten. Wahnsinn, wie riesig das hier ist. Die Sonne schien auf das ganze Gold und das sah ziemlich schön aus. Hatte sich der Weg tatsächlich gelohnt.

»Dies ist die Andachtshalle mit dem liegenden Buddha. Da der Kopf nach Norden zeigt, symbolisiert die Figur den Eintritt ins Nirwana.«

Hund und ich nickten, denn wir wussten sofort, was sie

meinte. Schnell ging sie weiter, bevor jemand Fragen zum Nirwana stellen konnte. Schlau gelöst.

»Gegenüber dem nördlichen Aufgang befindet sich der Tempel mit einem symbolischen Fußabdruck Buddhas.«

»Ein Fußabdruck ist ja gut und schön, aber wo sind denn jetzt die acht Haare?«, fragte Hund.

»Na da oben eingemauert«, gab ich zurück.

Nächster Stopp war ein riesiger Baum, mit Wurzeln so dick wie Wüffels ... ähh quatsch, Büffels Oberschenkel zusammen. Nicht zu fassen, aus den Ästen wuchsen dünne Wurzeln zurück in die Erde. Wie angewurzelt stand ich da und starrte den Baum an. Die Zeit blieb stehen. Für Bruchteile einer Sekunde war der Baum in mir. Und ich war der Baum. Wir waren eins. Das gesamte Dasein erklärte sich in einem einzigen Gefühl. Ich wollte mich gerade in dieser angenehmen Empfindung suhlen, war der Sinneseindruck auch schon wieder passé. Ich schüttelte mich und rieb mir die Augen.

»Und hier sehen sie den für jeden Buddhisten heiligen Bodhibaum, unter dem Buddha erleuchtet wurde.«

Desinteressiertes kurzes Nicken der Gruppe. Scheinbar machen sich Menschen aus Bäumen und Erleuchtung nicht viel, ob heilig oder nicht. Rotschirmchen zog es weiter.

»In allen acht Himmelsrichtungen befinden sich Schreine, die den Planeten, Wochentagen, Sternzeichen und bestimmten Eigenschaften zugeordnet sind.

»Was für ein Patzer! Acht Himmelsrichtungen? Gibt es nicht nur vier? ›Nie ohne Seife waschen‹, so habe ich mir die Himmelsrichtungen immer gemerkt. Also: Norden, Süden, Osten und Westen. Oder liege ich da falsch, Kyaal?«, wandte ich mich an meinen Freund.

»Hm, weiß nicht genau. Vielleicht gibt es Zwischenstufen oder so.«

»Wie? Nur ein bisschen Seife nehmen, oder nur sonntags

waschen, oder was?«

Hund lachte. »Nein, so was wie Südosten oder Nordwesten, könnte doch sein, oder?«

. »Tja« Ich zuckte die Schultern. Plötzlich stieß Wasserbüffel wieder zu uns.

»Das war ja eine Wucht! Ist das nicht toll hier? Ich bin so dankbar, hier zu sein«, sagte er mit feuchten Augen, dass es mir ins Herz schnitt. Verzückt drückte ich mich kurz an seinen warmen Huf und blickte zu ihm hoch.

»Ach Hörnchen! Mein liebes, liebes Hörnchen.«

»Haben sie Fragen?«, wollte Rotschirmchen wissen und war offensichtlich am Ende ihres Vortrags angelangt. Tatsächlich meldete sich spontan der Mitschreiber im Blumenhemd.

»Wie wird die Pagode eigentlich gereinigt und instandgehalten?«

»So einer ist der Liebling eines jeden Reiseführers«, raunte Kyaal.

»Aber echt. Erst alles notieren und dann auch noch Fragen stellen. Soll er das arme Rotschirmchen doch in Frieden lassen. Die ist froh, dass sie es hinter sich hat«, entgegnete ich. Tatsächlich konnte sie antworten.

»Die tägliche Reinigung des Bodens findet am Abend durch Gläubige statt, die mit dünnen Besen vor sich her fegen.«

Das reichte ihm und er gab Ruhe. Nicht so seine Kinder, die ihm jetzt wegen Eis in den Ohren lagen, was immer das auch sein sollte.

»Sie haben nun Zeit, sich alles noch einmal anzusehen. Vielen Dank für Ihre Aufmerksamkeit.« Mit diesen Worten klappte sie ihren Schirm zu und ging weg.

»Das war's dann mit Rotschirmchen«, sagte Kyaal. »Was machen wir jetzt?«

»Ich schlage vor, wir gucken uns einen schönen Platz fürs

Mittagessen und eine Mediation aus!«, schlug Wasserbüffel vor.

»Abgemacht.« Suchend blickten wir uns um.

# Kritische Fragen

»Kommt mal kurz mit. Ich will euch was erklären«, meinte Wasserbüffel und stupste Hund an. Ich winkte ab, da ich in den letzten Stunden schon genug Erklärungen über mich hatte ergehen lassen müssen.

»Oh, ich habe wirklich keine Lust, Hörnchen. Kannst du uns nicht später weitere Sachen über Buddhismus sagen? Muss das jetzt sein?«, nörgelte ich.

»Ja, muss es. Kommt mit!« Widerwillig trottete ich hinter den beiden her. Büffel blieb stehen, senkte seinen Kopf zu uns und flüsterte.

»Hört gut zu. Wie wir alle wissen, sind wir hier in einem fremden Land«, holte er für meinen Geschmack viel zu weit aus. Genervt guckte ich weg und war sofort ertappt. »Huong, ich will, dass du mir zuhörst! Jetzt!«, sagte er mit Nachdruck. »Hier gelten klare Regeln. Es ist nicht erwünscht, dass wir uns kritisch zu diesem Bauwerk und schon gar nicht gegenüber der Religion äußern, klar?«

»Warum nicht?«, fragte ich prompt. »Kann man hier nicht sagen, was man denkt, oder wie? Und überhaupt, ich denke, Buddhismus ist keine Religion. Das hast du doch selbst gesagt.«

Er ging gar nicht drauf ein, sondern schnaufte und sprach: »Ihr könnt es mit der Ziegenherde vergleichen. Wir müssen jetzt das tun, was alle anderen auch machen. Wir dürfen keinesfalls auffallen!«

»Auch nicht im positiven Fall?«

»In gar keinem Fall, Huong. Merkt euch einfach: Wir wollen keinen Ärger.« Hund und ich nickten. »Das heißt vor allem, dass wir gut darauf achten, unsichtbar zu bleiben.«

»Sagt mir bitte, wodurch wir sichtbar werden«, forderte Büffel uns auf. Das hatte ich mir gemerkt und ich wunderte mich sehr, dass mein Freund so was Wichtiges scheinbar vergessen hatte. Denn wenn er es noch wüsste, würde er ja nicht fragen.

»Durch Wasser, Hörnchen. Nur für Tiere sind wir immer sichtbar«, sagte ich.

»Und nach 12 Stunden werden wir es auch«, ergänzte Hund.

»Gut. Ihr wisst es noch. Dann ist ja alles klar. Keine Fragen und bloß nicht sichtbar werden. Wer weiß, was sie mit uns machen, wenn wir hier auffallen würden«, beendete er seine Anweisungen und seufzte.

Sein übertriebenes Getue verstand ich überhaupt nicht. Da kam wieder der Sicherheitsfanatiker in ihm durch. Um ihn zu beruhigen, versprach ich alles, was er wollte. Schließlich waren wir hier bei der Pagode und Pagodenchef war Wasserbüffel. Zur Sicherheit gab es noch eine Prise Sternenstaub.

Unsichtbar schlenderten wir dicht beieinander umher und hielten Ausschau nach einem geeigneten Picknick- und Meditationsplatz.

»Meinst du, Buddha wollte, dass die Menschen ihm so viel spenden und Blumen bringen? Ist doch voll unlogisch, die einen kommen die Treppe hoch, sagen wir den südlichen Eingang, so wie wir. Sie kaufen Blumen. Sie bringen Buddha die Blumen als Opfergaben dar. Kaum zehn Minuten später kommen diese Abräumer hier und holen die Blumen wieder weg. Und richtig viele werden einfach weggeworfen und nicht mal der Schwiegermutter geschenkt«, teilte ich meine Beobachtungen mit. »Seht mal, der Müllkübel da ist ja randvoll mit Blumen«, sagte ich und zeigte drauf.

»Huong, psssst! Jetzt hör' auf!«, zischte Wasserbüffel und ging schneller.

»Ich meine ja nur«, sagte ich kleinlaut und legte meine Pfote auf den Mund, damit keine Worte mehr rauskamen, die ich hier nicht sagen durfte.

An einem Platz, wo viele Gläubige beteten und in Still saßen, türmten sich Körbe voller Bananen, geschmückt mit Blumen und bunten Glitzergirlanden. Nette Farben hatten die. So eine Girlande würde mich bestimmt gut kleiden. Schätze, ich schnappe mir eine gelbe. Nee, den Gedanken konnte ich knicken. Ich durfte keine stehlen, denn dem hatten wir ja für immer entsagt. Schade. Vor allem, weil es auch für Nahrung gilt. Hatte ich in der Euphorie, die Schwören in mir auslöst, gar nicht berücksichtigt.

»Und schaut mal, was machen die wohl mit den ganzen Bananen, die sie da alle wegnehmen?«, plapperte ich schon wieder.

»Zum zweiten Mal verkaufen«, zischte Wasserbüffel. »Huong sei bitte, bitte still.«

Ich fand das so unlogisch. Wenn wir unsichtbar sind, dann doch bestimmt auch unhörbar. Hm. Bloß nicht nachfragen, zügelte ich mich. Es gab an allen Eingängen Opfergaben zu kaufen. Auch Fähnchen und so anderes Dekozeug. Die konnte man den Buddhafiguren umhängen, wenn man sie mit Wasser begoss. Aber nur bestimmten. Ich fragte mich, wer das bestimmt hatte. Anyway.

Wir hatten die Pagode halb umrundet und noch nicht den richtigen Platz gefunden, da musste ich schon wieder was wissen, denn dumm sterben geht für eine Ratte keinesfalls.

»Hat Buddha sich die ganzen Werbegeschenke selbst ausgedacht? Guckt mal wie viele Bücher es da hinten gibt. Hatte Buddha eine eigene Druckerei? Und, war Buddha eigentlich auch mal hier? Und was ist, wenn das mit den Haaren gar nicht stimmt? Und das ist hier nur so ein Touristennepp? Wollte Buddha, dass die Leute ihren Schmuck für die Pagode stiften?«, sprudelte es einfach so aus mir raus.

»Huong, wenn du jetzt nicht still bist, dann drehe ich dir deinen süßen Rattenhals um«, giftete Wasserbüffel mich an.

»Machst du gar nicht. Wir sind doch Freunde!«, entgegnete ich, worauf er stehen blieb und mir streng in die Augen schaute. Au Backe, das tat er nur ganz selten, und nur wenn er ziemlich böse war. Ich rief mich zur Raison. «Okay, okay, hab verstanden. Entschuldige«, flüsterte ich.

Tatsächlich schaffte ich es jetzt, ganz still zu sein und einfach nur zu gehen. Und zu atmen.

# Zeit und Geld

Da ich die Pagodensachen ja alle schon auf der Tour mit Rotschirmchen gesehen und erklärt bekommen hatte, konzentrierte ich mich in dieser Runde nur auf Menschen. Und das waren richtig viele. So viele Buddhisten. Und die sind alle wegen der paar eingemauerten Haare hier? Verrückt. Apropos Haare: Zuerst fiel mir auf, dass nicht alle dunkle Haare hatten. Und bräunliche Haut schon gar nicht. Die, die helle Haut hatten, schleppten meistens dicke Bäuche mit sich rum. Und je dicker deren Bäuche, desto röter waren ihre Gesichter. Gut sah das nicht aus. Gesund auch nicht. Manche Männer hatten sogar Ansätze von Brüsten. Sah ekelhaft aus und war sicher nicht natürlich.

»Guck' dir mal die Rotgesichter an«, wandte ich mich an Hund.

»Ich möchte auch nicht im Daseinsbereich Mensch wiedergeboren werden. Irgendwie sehen die meisten ganz schön gequält aus, findest du auch?« Ich nickte.

Eine Runde Schweigen hatte Büffel gereicht. Er wurde wieder zugewandter und klinkte sich in unser Gespräch ein. »Wen meinst du denn, Huong?«, fragte er. Ich weihte ihn in meine Beobachtungen über die dicken Buddhisten ein.

»Ob die alle Buddhisten sind, wissen wir gar nicht. Einige sind Touristen mit anderem Glauben.«

»Ach nee. Und die dürfen dann trotzdem hier rein?«

»Klar. Und stellt euch vor, es gibt auch Menschen, die glauben an gar nichts.«

»Echt?«, fragten Kyaal und ich wie aus einem Munde.

»Ja. Ich erkläre es euch beim Essen.«

Endlich hatten wir ein geeignetes Plätzchen gefunden und setzten uns in den Schatten eines Bodhibaumes, um zu speisen. Oh wie fühlte ich mich fein neben diesem herrlichen Baum. Ich liebte ihn. Ich liebte ihn sofort so stark, dass ich gerne in ihn hineingekrochen wäre. Seltsam. Kopfschüttelnd breitete ich die Mahlzeit aus.

Wasserbüffel gähnte und lächelte glücklich. Während wir spachtelten, begann er: »Es gibt Menschen die glauben an, tja an Wiedergeburt schon mal nicht. Ist ja auch nicht schlimm. Kann ja jeder denken, was er oder sie will.« Sahen wir alle so.

»Woran könnten Menschen denn sonst glauben?«, fragte ich kauend.

Büffel erklärte, dass es viele Religionen, Sekten und andere Götter gibt, an die Menschen glauben können. Mir schien es, als sei das wieder so eine menschliche Marotte sich selbst ganz groß zu fühlen und trotzdem an etwas noch Größeres glauben zu müssen. Etwas, das sie beschützt, aus allem raushaut und ihrem Leben mehr Sinn gibt, als das, was sie sonst so umtreibt.

»Vielleicht an Geld«, meinte Kyaal. »Zumindest scheint es so, dass sie für Geld alles tun. Aber für Erleuchtung nicht. Es werden viele Konsumtempel gebaut. Habt ihr die großen Baustellen hier in der Stadt gesehen?« Hatten wir.

Nun leuchtete mir ein, dass Menschen, die nicht Buddhisten sind, trotzdem hierher durften. Wir durften ja auch an ihren Baustellen vorbeigehen, wenn das ihre Tempel sind.

»Ich frage mich, warum viele Hellhäutige so dick sind. Vergleicht die mal mit den Menschen aus unserer Gegend. Die sind alle schlank«, stellte ich fest und gönnte mir noch einen köstlichen Grashalm.

»Ich weiß, warum!«, bellte Kyaal.

»Echt?« Büffel und ich waren gespannt.

»Sie sitzen zu viel und bewegen sich zu wenig. Stellt euch vor, die besseren Arbeiten werden fast nur sitzend ausgeführt. Und abends sitzen sie zu Hause rum.«

»So weit einleuchtend«, kommentierte Büffel.

»Sie bekommen Geld für das, was sie ›arbeiten‹ nennen«, wusste Kyaal.

»Ach«, murmelte Wasserbüffel.

»Ja. Und Arbeit ist das, womit Menschen meistens beschäftigt sind.«

»Na ja, Bauer Nguyen schuftet doch auch Tag ein Tag aus für den Reis. Und den verkauft er dann«, wandte Wasserbüffel ein.

»Hört zu! Das Schlimmste kommt erst noch«, meinte Hund geheimnisvoll. Ich biss in eine getrocknete Fliege und übte mich im Zuhören. »Viele haben an dem, was sie arbeiten nennen, keinen Spaß, machen es aber trotzdem. Meistens fünf Tage und dann sind – wenn sie Glück haben – ein bis zwei Tage frei zum Leben. Nur wenigen können sich in ihrer Arbeit verwirklichen.«

»Verwirklichen?« Ich kratzte mich am Kopf.

Er schaute uns an. »Ja. Eben das tun, was man gern und deshalb auch gut macht. Etwas, das man in die Welt bringen möchte, was andere weiterbringt oder so. Auch damit kann man auch seinen Lebensunterhalt verdienen«, meinte Kyaal.

»Ist ja optimal!«, schlussfolgerte Wasserbüffel.

»Ja. Und wenn das Tätigkeiten sind, die andere unterstützen, statt schaden, ist das doch rechter Lebensunterhalt, oder Hörnchen? Dann sind manche Leute vielleicht auf dem buddhistischen Pfad, ohne es zu ahnen«, kombinierte ich. Mein Freund nickte andächtig.

Da fuhr Kyaal auch schon fort: »Arbeit bringt Geld und Bestätigung. Beides ist für Menschen wichtig. Andererseits ist Arbeiten ein Zeitfresser.«

»Zeitfresser?«

»Ja. Von Lebenszeit. Viele haben nach der Arbeit kaum noch Energie für das, was sie interessieren könnte, wenn sie denn Zeit hätten, sich damit zu befassen.«

»Du meinst, weil sie so viel arbeiten?«, vergewisserte sich Wasserbüffel, worauf Hund nickte.

Ich ahnte, dass es noch komplizierter werden würde, und fing an Kreise auf den Boden zu malen, der hier Marmor heißt.

»Tja, Die meisten dürfen und können nicht nur die Hälfte des Tages oder der Woche arbeiten. Das tun sie, damit, wenn sie eines Tages Geld bekommen, ohne dafür noch was leisten zu müssen«

»Und das glauben die, oder was?«, hakte ich ein.

»Ja. In einigen Ländern müssen sie tatsächlich irgendwann nicht mehr arbeiten. Stattdessen können sie machen, wozu sie Lust haben. Dann sind sie in Rente. Und alt. Und in anderen Ländern, wie hier zum Beispiel, arbeiten sie ihr Leben lang.«

Büffel und ich waren sprachlos. Da kannten wir Menschen schon unser ganzes Leben, aber irgendwie kannten wir sie doch nicht.

Mein Freund runzelte die Stirn. »Wie alt wird so ein Mensch überhaupt?«

»Tja, das weiß ich auch nicht. So um die 180 Jahre vielleicht.«, mutmaßte Kyaal.

»Wahnsinn. Welche Chancen in denen schlummern. Ganz zu schweigen von der Möglichkeit der Erleuchtung!«, sinnierte Wasserbüffel.

Wir waren uns einig, dass Menschen mindestens genauso unbewusst agieren wie Tiere, wahrscheinlich aber noch schlimmer.

»Schätze, man kann die Menschen mit der Ziegenherde vergleichen. Schaut mal, die ganze Herde stand mit hängenden Köpfen in der Einöde und trauerte den Zeiten mit viel Grün und Wasser hinterher. Aber keiner hat was unternommen«, erinnerte ich mich laut.

»Stattdessen meckern sie nur, dass sich nichts ändert«, kläffte Hund und meinte dann: »So ähnlich ist das bei den Menschen auch. Die meisten trauen sich wahrscheinlich gar nicht, was zu ändern und was anderes als Standard zu machen.«

»Und Standard reicht denen?«, fragte ich.

»Schätze ja. Sie stellen meist nicht infrage, ob das, was alle machen, tatsächlich richtig ist, sondern laufen einfach mit. Selber denken fällt vielen schwer. Die meisten Menschen fangen erst in Krisen wie Krankheiten, Trennungen oder im fortgeschrittenen Alter an, darüber nachzudenken, was sie bewegt und was sie vom Leben wollen. Erst, wenn sie nicht mehr im Trott stecken, haben sie die Chance sich selbst und das, was in ihnen steckt zu erkennen. Irgendwann sind sie alt, oder krank, oder beides und können nichts mehr ändern. Dann finden sie sich damit ab und reden es sich schön, bis ihnen schwindelig wird«, endete Kyaal und rümpfte die Nase.

Ich flehte nochmals, nie als Menschen wiedergeboren werden zu müssen und schwor dafür stärker als bisher an meiner Erleuchtung zu arbeiten. Ganz ohne Geld, aber zusammen mit meinem Hörnchen. Und wenn wir erleuchtet wären, würden wir eines Tages auf einer weichen Wolke sitzen. Und von der Wolke aus könnten wir uns die schöne Welt anschauen. Ja, so würde es sein. Oder wir wären dann wie die Sterne von unserem magischen Staub. Wir beide mitten im nirgendwo. Ach nee. Im Nirwana.

»Und an der Spitze steht die Wirtschaft mit den großen Konzernen. Haben meine Leute damals gesagt«, spann Kyaal seinen Erzählfaden weiter.

»Konzerne?« Büffel zog die Augenbrauen hoch. »Das Wort habe ich ja noch nie gehört.«

»Konzerne sind große Unternehmen. In denen werden Dinge produziert, die die Leute in den Konsumtempeln kaufen sollen. Machen sie ja auch«, erklärte Kyaal.

»Dann geht die Rechnung von Herrn und Frau Konzern ja voll auf«, stellte ich fest.

»Ja. Und das Schlimmste ist, dass die Konzerne viel schädliches oder zumindest unnützes Zeug verkaufen. Denn was wollen die Konzerne?«, fragte Hund und schaute uns erwartungsvoll an.

»Glücklich sein?«, bot ich an.

»Ich schätze, glücklich werden mit dem Geld der Menschen, an die sie ihre Sachen verkaufen«, ergänzte Wasserbüffel.

»Richtig«, lobte uns Hund und erklärte weiter: »Da die Besitzer der Konzerne möglichst viel Geld verdienen wollen, verkaufen sie viel unnötiges Zeugs. Und weil etliche Leute mit ihrem Leben unzufrieden sind, das von gesellschaftlichem Druck, so sein und das tun zu müssen, wie alle anderen sind und was diese tun, geprägt ist ...«

»... gehen sie in die Konsumtempel und lenken sich von sich und ihrem Unglück ab, indem sie sich die Heiligtümer kaufen, die Herr und Frau Konzern dort hingestellt haben, weil sie dann einen kurzen Glücksmoment verspüren«, beendete ich Hunds Satz.

Der nickte und meinte: »Im Grund bestehen die meisten Menschenleben aus Pflichterfüllung das wenig Alternativen, Freiraum oder Entscheidungsmöglichkeiten lässt.«

Wasserbüffel war nicht ganz einverstanden und gab zu bedenken, dass Menschen eventuell so leben, weil sie daran am meisten lernen, sich also weiterentwickeln können, und das sei ja ihr Ziel. Ich sah keine Chance, das zu eruieren, grapschte mir noch einen Grashalm und verband mich innerlich mit dem Bodhibaum, der Liebe und dem Leben, das ich in mir spürte. Hund erläuterte derweil das Ding mit der Wirtschaft eingehender. Er sagte, dass seiner Erfahrung nach, glückliche Menschen *keine* Konsumenten sind, eben weil sie ja glücklich sind. Und die wüssten, dass konsumieren nur eine Ersatzbefriedigung für etwas anderes sei.

»Wahrscheinlich für Gefühle wie Liebe, Zugehörigkeit, Selbstwirksamkeit, Wachstum und Verbundenheit«, mutmaßte Büffel und Kyaal nickte. Allerdings, so meinte er, sei die Wirtschaft auf Konsumenten angewiesen, sonst würde das Produzieren ja keinen Sinn machen. Ich staunte mal wieder über Kyaals Wissen und die Schlichtheit der Zweibeiner. Da ich genug über das Thema gehört hatte nutze ich die Gelegenheit mich umzusehen.

So viel Gold, Prunk und Glitzer hatte ich noch nirgends gesehen. Hier gab es Tempel in allen Größen, Farben und Formen. Dazu die tollen Bodhibäume. Und wir mittendrin, unsichtbar und dank Rotschirmchen allerbestes informiert. Witzig. Vergnügt stellte ich fest, dass sich der Weg tatsächlich gelohnt hatte. Zumal die Anreise insgesamt ja schon ein Klopfer war. Wir waren satt und packten alles zusammen. Da wir lange genug gesessen hatten, schlug Wasserbüffel vor, noch eine Runde durch die Anlage zu schlendern und dann zu meditieren. Hund und ich genehmigten seinen Antrag, und so gingen wir los. Wir hatten uns gerade unters menschliche Volk gemischt, als es blöderweise anfing, leicht zu regnen, was wir aus Gründen der Unachtsamkeit nicht mitbekamen. Erst als der Regen schlimmer wurde, spürten wir ihn und probierten einen Unterschlupf zu finden. Das war schwierig, denn die Menschen wollten auch nicht nass werden und bevölkerten augenblicklich alle überdachten Fleckchen.

# Goldener Löwenthron

Ich sah mich gerade nach weiteren Möglichkeiten um, als ein Hund in Uniform direkt auf uns zumarschierte. Hinter ihm schritten einige Erdmännchen im Gleichschritt. Keine Ahnung warum, aber plötzlich hatte ich Riesenangst. Flink hangelte ich mich an Büffels Vorderbein hoch und kroch weiter zum Kopf. Ich verbarg mich hinter seinem rechten Ohr, das ich wie ein Vorhang schützend über mich legte.

»Die da sind es. Und die Ratte ist es gewesen«, hörte ich plötzlich wen sprechen. Es war der uniformierte Hund, den ich ab sofort Köter nenne. Bevor wir gewahr wurden, was geschah, hatten sie uns umzingelt.

»Die Ratte muss hier irgendwo stecken«, sprach Köter aufgebracht.

Die Ratte? Oh nein, die meinen mich! Mein Herz klopfte mir

bis zum Hals und ich versuchte, mich babyklein zu machen.

»Guten Tag, werte Herren. Was ist das Problem? Was denn für eine Ratte? Können wir ihnen behilflich sein?«, fragte Büffel freundlich.

»Ihr seid doch schon eine ganze Weile zu dritt unterwegs gewesen. Ihr beide und eine Ratte. Die Ratte müssen wir mal sprechen«, sagte Köter barsch und blickte sich suchend um.

»Ratte? Kyaal, weißt was von einer Ratte?«, wandte Wasserbüffel sich um. Der schüttelte den Kopf. »Nee, keine gesehen.«

Logisch, dass meine Freunde mich nicht verrieten. Es regnete weiter und Büffels Lauscher wurde rutschig. Es tat mir so leid für ihn, aber ich musste nachfassen und rammte meine Krallen fest in sein fleischiges Ohr. Heiliger Reissack! Sie redeten hin und her und meine Freunde blieben dabei, dass sie mich nicht kannten. In meinem Versteck konnte ich alles hören. Es kam raus, dass Köter und sein Gefolge mich, die Ratte, für einen Staatsfeind hielten.

Langsam wurde klar, dass meine Freunde mich wenigstens gesehen haben mussten, auch wenn sie mich nicht kannten.

Also sagte Wasserbüffel: »Ach ja, stimmt, jetzt fällt es mir wieder ein. Klar, da war mal kurz eine Ratte, die hat hier rumgelungert und uns um Essen angeschnorrt. War 'n Bettler, glaube ich.«

»Umsehen!«, befahl Köter den Wachen scharf.

Sie schritten in Zeitlupe um uns herum und begutachteten jedes Fellstück meiner Freunde. Ich klemmte weiter hinter Wasserbüffels Ohr und zitterte. Mittlerweile waren wir durchgeweicht. Und sichtbar sowieso.

Ein unangenehmer Wind zog auf. Mist! Schlechtes Wetter und schlechte Stimmung mit Einheimischen konnten wir so gar nicht gebrauchen. Ich ohrfeigte mich schon jetzt für mein Gefasel und die ganze Fragerei über diese Anlage und Buddha. Warum konnte ich nur nie den Mund halten? Nicht mal, wenn es drauf ankam.

Mein Gedankengang wurde abgeschnitten, denn plötzlich nieste Wasserbüffel und dann ging alles ganz schnell. Ich konnte den Ruck nicht abfangen, rutschte von seinem Ohr, schlitterte an seiner Schulter entlang, dann den Oberschenkel runter und knallte auf den Boden.

»Da ist der Feind! Zugriff!«, schrie Köter und schon im nächsten Augenblick hatten mich die Erdmännchen gepackt.

»Mitkommen, ihr zwei auch! Los Abmarsch! So ein Pack!«, dröhnte Köter und die Wachen schleiften mich mit. Meinen Freunden blieb nichts anderes übrig als, uns zu folgen.

Ich weinte, denn es tat mir so leid für Büffel. Nicht im Entferntesten hatte ich ihm ärger machen wollen. Sie zerrten mich in eine Halle und schubsten Büffel und Hund hinter mir her.

In der Halle war es wenigstens trocken. Aber was wollten die nur von uns, bessergesagt von mir? Ob sie mich aufhängen würden? Oder töten? Heiliger Reissack, hätte ich bloß meine Klappe gehalten! Ich wollte mich zu meinen Freunden umdrehen und Büffel wenigstens ein ›Verzeihung‹ und vielleicht einen Pfotenkuss zuwerfen, doch als ich den Kopf drehte, schlug mir einer der Wächter hart ins Gesicht, dass ich zu Boden ging. An Ort und Stelle blieb ich liegen.

Ich hatte mich gerade aufgegeben, als mich jemand packte und anschrie, ich solle mich gefälligst hinstellen. Seine Majestät würde gleich erscheinen. Ich tat, was mir befohlen wurde. Im nächsten Moment wurde eine goldene Tür geöffnet und ein gekrönter Tiger mit einem kostbaren Umhang kam im Stechschritt herein. Er verbreitete Angst ohne etwas zu sagen, schritt kühl an allen vorbei, zu dem überdimensionalen goldenen Thron in Form eines Löwen. Der Löwe riss das Maul weit auf und darin verbarg sich das Kissen, auf das sich die Majestät jetzt platzierte. Zu seiner rechten und linken standen jeweils vier Erdmännchen mit Palmwedeln und begannen zu fächern, als die Majestät die linke Pfote hob.

Schnell senkte ich den Kopf so tief wie möglich, ohne mir die Halswirbelsäule zu brechen. Obwohl, wenn sie mich umbringen würden, wäre die Halswirbelsäule ja auch egal.

»Wie ich sehe, habt ihr den Staatsfeind dingfest gemacht! Dann wollen wir mal hören. Und wer sind die anderen beiden da?«, grollte die Majestät.

»So, so, Mitläufer und Schutzgebende.«

»Der Haupttäter ist eindeutig die Ratte. Majestät, hier ist das Protokoll. Unerlaubter Anschluss an eine touristische Reisegruppe, verknüpft mit Aufwiegelungsparolen. Außerdem: Erschleichen von Leistungen Staatsbediensteter, dann kritische Fragen stellen, unwahre Worte, verfehlte Wahrnehmung, Geplapper und Lügen. Der ist ein wandelnder Fehler, Majestät. Und das in unserer makellosen Anlage«, ratterte Köter runter. Er händigte der Majestät mehrere Zettel aus. »Ich habe sie beobachtet, seitdem sie unser Heiligtum betreten haben, hochverehrte Majestät.« Köter verneigte sich wie wild und verzog sich rückwärtsgehend auf seinen Platz.

Die Schwingungen und das Rascheln waren sichere Zeichen, das die Augen der Majestät über die Papiere glitten. Dann zu uns.

»Sieh mich an, Staatsfeind«, brüllte er und erst als ich mir einen Stoß in die Rippen einfing, wurde mir klar, dass er mich meinte. Er sah mich durchdringend an. »Hast du was zur Sache zu sagen?«

»Nein eigentlich nicht«, wisperte ich »Ich weiß gar nicht, was ich falsch gemacht habe. Wir sind auf dem buddhistischen ...«

»Schluss damit!«, unterbrach er mich. »Es ist doch immer das gleiche mit euch!«

Er schlug mit der Pranke auf, dass es bis in meine tiefsten

Fellfalten zuckte. Darauffolgend wurde es still, denn er vertiefte sich wieder in Köters Aufzeichnungen.

»Der Dicke und der räudige Hund können nach der Verhandlung gehen. Der Hund macht sowieso nicht mehr lange, und der Dicke würde viel zu viel fressen. Auf die Abschiebeplätze mit den beiden, aber zackig!«, dröhnte er und fletschte die Zähne. »Die Ratte ist der Haupttäter. Die behalten wir.«

Kyaal und Büffel wurden vom Wachpersonal in zwei abgeteilte, mit Gittern umzäunte Stehplätze neben dem Löwenthron geführt. Ich konnte sie nicht ansehen, zu tief saß die Scham. Diese Misere war ganz alleine meine Schuld. Niemals hätte ich mich auf diese Reise einlassen sollen. Ohne mich wäre Wasserbüffel bestimmt viel besser dran. Und selbst, wenn er es die ganzen Jahre nicht gemerkt hatte, spätestens jetzt würde es ihm auffallen, und er würde nie wieder in diesem Leben was mit mir zu tun haben wollen. Im nächsten sicher auch nicht.

»Sehr richtig, Eure Majestät«, drangen Köters Worte an mein Ohr. »Die Ratte hat fortwährend Dinge behauptet, die nicht stimmen. Geplappert hat sie auch«, petzte er noch einmal und verneigte sich wieder.

Unerwartet klingelte mein Ohr. Eine telepathische Nachricht. Oh Wunder, von Wasserbüffel!

»Sprich mir nach, Huong. Wenn ich fertig bin, hältst du weiter die Klappe. Es geht los.«

Ich schluckte einen Kloß im Hals runter und las von seinen Lippen ab.

»Eure Majestät«, hörte ich mich sagen. »Lassen Sie mich Worte Buddhas anbringen, bevor Sie mich zu Recht strafen. Worte des edlen achtfachen Pfades, auf dessen Weg ich mich befinde. Ich bin hier, um zu lernen.«

Heiliger Reissack, wieso zu Recht strafen? Ich schluckte und lauschte auf meine nächsten Worte. Die waren: »Falsches will nicht länger äußern, Majestät.«

Intuitiv hob ich meine Pfote wie zum Schwur, als schon wieder eine Buchstabenfolge aus mir rauskam.

»Ich lüge nicht. Ich benutze keine Worte, die die Wahrheit verdrehen und absichtlich Zwietracht säen. Ich achte im Umgang mit anderen darauf, dass ich wohlwollend, respektvoll und unterstützend zu ihnen spreche, denn ich weiß, dass auch Worte verletzen können. Das bedeutet, dass ich nichts und niemanden mehr verleumden will, grobe Worte vermeide, nicht mehr schwätze und plappere. Stattdessen will ich mich im mitfühlenden Zuhören üben. Von Herz zu Herz, eure Hoheit.«

Dann kam nix mehr. Am liebsten hätte ich noch hinterhergeschickt, dass er mich bitte gehen lassen möge, da ich doch nur der unbedeutende Huong aus Vietnam bin. Doch aus Angst biss ich mir fest auf die Zunge.

Er blickte kurz auf. Hatte ich da etwa einen Anflug von Zartheit in seinen Augen gesehen?

Wasserbüffel verdrehte sofort die Augen, als ich sagte: »Majestät, ich muss gestehen, dass ich rechte Rede im Alltag besonders schwer umzusetzen finde, denn oft plappern wir jeden Gedanken aus und sind uns den Folgen nicht bewusst. Auch deshalb sind wir ja ...«

»Papperlapapp«, schnitt er mir das Wort ab. Scheinbar war seine Zartheit nur mein Wunschgedanke, denn er schlug mit der Pranke kräftig auf die Armlehne seines Throns. »Macht mehr Wind. Seht ihr nicht, dass ich denke!«, fauchte die Majestät seine Ergebenen mit den Palmwedeln an. Augenblicklich fächerten sie um die Wette, ihr Leben oder beides. Nach zwei Augenblicken, die gefühlt eine Ewigkeit dauerten, fragte er: »Zwangsarbeit oder Buße, was willst du, Ratte?«

Ich überlegte. Keine Ahnung, was Zwangsarbeit war, Buße hatte ich allerdings auch noch nie gehört. Das eine hatte sicher mit Arbeit zu tun, wenn das Wort schon drinsteckt. Und Buße? Mit Weibchen? Aber die an den Weibchen heißen ja Brüste, nicht Buße, oder?

Irritiert sah ich zu Wasserbüffel und zog meine rechte Augenbraue hoch. Unser Geheimzeichen für: Was würdest du jetzt tun? Just fixierte ich seine Lippen. Ah, da kam schon was. Wie so oft war ich etwas zu schnell, als ich von seinen Lippen las und sprach: »Zwangsarbeit.«

»Zwangsarbeit«, wiederholte die Majestät. »Ins Protokoll!«

Oh nein, was war das denn? Wasserbüffel rollte jetzt ganz doll mit den Augen. Seine nächste Lippenbewegung hieß: ›Nicht‹.

»Zwangsarbeit ne-ne-ne-ne-nicht«, stotterte ich angsterfüllt und räusperte mich. Von angsterfüllt war die Majestät Lichtjahre entfernt, denn er schlug wieder mit der Pranke auf und brüllte: »Fürs Protokoll: Staatsfeind uneinsichtig, unkonzentriert, unentschieden. Wäre für Zwangsarbeit eh nicht zu gebrauchen. Fürs Protokoll: Buße!«

Er deutete mit der Hand auf einen goldenen Sack, der an seinem Thron hing. »Weggesperrt geht er uns wenigstens nicht mehr auf 'n Sack.«

Bevor ich verkünden konnte, dass ich eigentlich ganz gerne auf Säcken ging, weil das ja eine Art Fußmassage war, und dass ich auf einem Reissack mal fast bis nach Saigon gereist war, was in Vietnam ist, richtete ich meine Augen besser stur geradeaus. Und ich blieb so still, wie die Stille um mich herum.

Mist klingelt in dem Moment wieder mein rechtes Ohr. Die Hoheit zuckte zusammen und blickte sich um.

Wenn ihn schon ein Klingeln aus dem Konzept bringt, sind die technisch hier wohl nicht auf dem neusten Stand. Na ja. Ich war froh, eine weitere telepathische Nachricht von Wasserbüffel zu erhalten. Sie war kurz und aussagekräftig.

»Halt die Klappe, Huong!«, empfing ich.

Kein Hallo, kein bis dann, wir haben dich lieb, du schaffst das schon. Nee, nix davon. Typisch Wasserbüffel! Nur eine knappe Information, wo ich gerade jetzt so viel Zuspruch gebraucht hätte. Tapfer schluckte ich wieder die Tränen runter. Zur Sicherheit legte ich die Pfoten auf meine Schnute und blickte einfach geradeaus.

Jetzt erhob sich der Tiger, schwang seinen Umhang ausladend um sich und fletschte die Eckzähne. Ich hatte Bammel wie noch nie. »Ich verkünde die Strafe.«

Ich hoffte inständig, dass ich mit dem Leben davonkommen würde. Hoffentlich wollte er kein Geld. Geld hatten wir – außer meinem Talisman – ja auch keins und ich hatte null Interesse, dass mich dieses Thema wieder einholen würde. Bedröppelt senkte ich die Augen.

»Sieh mich an, wenn ich mit dir rede, Staatsfeind!«, donnerte er mit Prankenschlag los.

Da er mich bisher öfter mit Staatsfeind angesprochen hatte, ging ich davon aus, dass er wieder mich meinte. Um ihn doch noch für mich zu gewinnen, sollte ich ihm meinen Namen mal buchstabieren. Der ging nämlich H-U-O-N-G, dachte ich gerade noch, doch als ich zu ihm aufblickte, änderte ich unverzüglich meine Meinung. Für ihn hieß ich Staatsfeind, meinetwegen. Seltsamer Name, aber egal. Ich wollte ihn ja nicht heiraten, er mich sicher auch nicht. Hätte ja schon größenmäßig überhaupt nicht gepasst. Außerdem war ich verheiratet, meine Frau war ja gestorben, wir waren nicht geschieden. Hätte ich auch nicht gewollt. Sie auch nicht, weil wir uns bis zu ihrem Tod heiß und innig liebten. All das ging mir in Sekundenschnelle durch den Kopf.

»Kommen wir zu deiner Strafe, Verräter: Erstens, wirst du weggesperrt, um über deine Taten nachzudenken. Und zwar so lange, bis du, zweitens, 120-mal geschrieben hast: ›Ich darf keine kritischen Fragen stellen. Ich tue, was alle tun. Ich schütze unser System und das System schützt mich.‹

Dann beugte er sich weit vor. »Wiederhole!«, schrie er jetzt so laut, als sei ich meilenweit entfernt.

»Ich ... ich darf keine kritischen Fragen stellen. Ich tue, was alle tun. Ich schütze unser System und das System schützt mich«, stammelte ich.

»Wie oft?«

»120-mal.«

Dann wurde ich abgeführt, ohne eine Information darüber, was mit meinen Freuden passieren würde.

Am Ende eines langen Ganges sperrte das grimmige, Känguru, das mich vorwärtstrieb, eine Gittertür auf. »So, hier wirst du bleiben, Ratte.« Ich lugte ins Halbdunkel. Das Zimmer erinnerte mich an meine Unterkunft im Kloster, als Büffel und ich mal Mönch auf Zeit waren. Es gab ein Bett, einen kleinen Tisch und einen Stuhl. Sonst nix.

Das Känguru schubste mich in die Zelle und trat selbst mit ein. »Verpflegung gibt es einmal am Tag. Bild' dir nicht ein, dass du was extra kriegst, kriegt hier keiner. Also gar nicht fragen, klar?« Ich nickte.

Es zeigte auf den Tisch. »Da liegen Papier und Stift. Was musst du schreiben?«, wollte es wissen.

»Ich darf keinen kritischen Fragen stellen. Ich tue, was alle tun. Ich schütze unser System und das System schützt mich«, stammelte ich.

»Wie oft?«

»Hundertzwanzig mal.«

Es nahm den Papierstapel in Augenschein. «Schreib klein, dann reicht es auch. Reicht es nicht, kommst du hier nicht lebend raus, merk dir das. Wenn du fertig bist, legst du alles in diese Schublade, verstanden?«

Ohne meine Antwort abzuwarten, wendete es sich einem

Nebenraum zu. »Uriniert wird nur in diese Toilette. Und nur im Sitzen, ist das klar?«, donnerte es erbarmungslos, sodass ich wieder nur ängstlich nicken konnte.

»Fragen deinerseits?«, wollte es wissen und wetzte sich die Krallen an der stählernen Tür.

Sein Tonfall erlaubte sowieso keine, also schüttelte ich den Kopf. Donnernd warf es die Tür ins Schloss und ich mich aufs Bett und weinte. Mein schlechtes Gewissen in Kombination mit Einsamkeitsgefühlen spülte mich im Nu weg.

Die Tränenquelle leer gepumpt, fühlte ich mich wie erschlagen. Ich drehte mich auf den Rücken und starrte zur Decke. Bevor ich in dieser Position tagelang bewegungslos rumliegen würde, traf ich eine neue Entscheidung. Ich mache jetzt das Beste aus meiner Situation. So wie Kyaal gesagt hat. Jawohl.

Und das beginnt, wie alles, mit dem richtigen Denken. Gefolgt von Selbstfürsorge. Ich glaube, in Buddhas Lehre heißt es, dass Gedanken wie Ströme sind, die uns tief in den Abgrund reißen können. Gedanken sind wie Hunde sozusagen. Und wenn ich nicht Alpha bin, sind sie es. Wenn uns nicht bewusst ist, in welche Richtung unsere Gedankenströme fließen, enden wir schnell im Bereich des Unheilsamen, hatte Büffel einmal gesagt.

Ich setzte mich hin. Ja, unsere Gedanken sollten immer aufbauend sein, dachte ich und schnäuzte. Außerdem übe ich mich jetzt darin anzuerkennen, dass nichts im Leben beständig ist. Vergänglich heißt das Zauberwort. Wenn alles vergänglich ist, ändern sich auch Situationen, die wir ablehnen, sinnierte ich. Und die ändern sich umso schneller, je mehr und besser wir sie akzeptieren und desto weniger wir dagegen ankämpfen, hatte Büffel gelehrt und erklärt, dass wir unliebsamen Dingen oder Umständen ja noch mehr Macht einräumen, wenn wir gedanklich gegen sie ankämpfen, weil wir ihnen dann unsere Aufmerksamkeit schenken. Logisch. Außerdem würde kein Gefühl länger als eineinhalb Minuten in uns bleiben, wenn wir es nicht mit dazugehörigen Gefühlen füttern und damit einladen sich weiter auszubreiten. Und, dass uns das Leben immer wieder neue Möglichkeiten bietet. Für Veränderung, Wachstum und Weiterentwicklung. Also komme ich hier auch wieder raus. Zurück zu meinen Freunden.

Ich knüllte das Kissen zusammen, stopfte es mir unter den Po und fing an zu meditieren. Dafür atmete ich tief ein, und langsam wieder aus. Obwohl ich gedankenleer sein wollte, fiel mir der Beruhigungsatem aus dem Yoga ein. Also atmete ich bewusst ins linke Nasenloch ein und nur durch das rechte wieder aus. Dann lang und tief durch das rechte ein und nur links wieder aus. Das praktizierte ich, bis mir ein anderer Trick einfiel. Dafür ließ ich zuerst eine Farbe in meinem Bewusstsein auftauchen. Die war grün. Darauf konzentriert atmete ich grün ein, bis mir die Farbe aus allen Poren und jeder Fellritze wieder rauskam. Grün einatmen und durch alle Poren wieder ausatmen. Das klappte gut und nach einigen Minuten grün atmen, befand ich mich in einer Blase aus grün. In ihrer Mitte fühlte ich mich geschützt. Bloß nicht abschweifen, sondern grün einatmen und durch alle Poren wieder raus pressen. Das tat gut.

So saß ich da und atmete, bis ich müde wurde. Gerade als mir die Augen zufallen wollten, bemerkte ich, dass ich nichts zum Ankuscheln hatte.

Ich stand auf, scannte die wenigen Güter, die mir zur Verfügung gestellt, also gegeben waren, und zog kurzerhand das Laken vom Bett ab. Daraus faltete ich mir eine Libelle. Mit zwei Flügeln. Unter Schmerzen riss ich mir dann ein paar Fellbüschel raus. Ebenso vier Barthaare. Das tat weh. Das Fell teilte ich in vier gleiche Büschel, so hatte ich zwei für Libelles Mund und zwei für ihre Augen. Die Augen kamen ganz oben hin. Augenbrauen, Wimpern, Tränensäcke, Falten und Ringe brachte die Gute schon mit. Lag wohl am Material und meiner Knotentechnik. Ich stellte fest, dass ich im Knoten nach wie vor weit und breit der Beste war.

Während ich so vor mich hinarbeitete, konnte ich meinem Geist nur danken, dass er mich einfach so nach Saigon katapultierte, direkt in mein florierendes Hängemattengeschäft. Wahnsinn, was aus der Not heraus so alles geboren werden kann. Mir fiel ein, dass man damals noch nicht von neun bis fünf knotete, sondern es nur eine Schicht gab, denn wer nicht schlief, der arbeitete, also knotete. Ich sah Annapurna, die Zirkustiere und noch zwei, drei andere Klopfer aus der Zeit vor mir und wendete mich dann Libelles Mund zu. Tja, wohin mit dem Mund? Ich legte die beiden letzten Fellbüschel zum Vogel-V in den unteren Bereich von Libelles Gesicht. Mithilfe meiner ausgerissenen Barthaare, dem Quantenfeld, Spucke, gutem Willen und einem kurzen Wutausbruch, – weil es irgendwie nicht halten wollte – sowie ein paar Löchern, die ich in das Laken kaute, gelang es mir schließlich, Libelle die Emotionen ins Gesicht zu zaubern, die ich so dringend brauchte. Mit Augen und Mund sah sie freundlich und gütig aus, obwohl ich einen lächelnden Mund nicht richtig zustande brachte. Egal, Mund ist Mund. Dann legte ich mich ins Bett. Bevor ich unbeschäftigt Angst im Dunkeln kriegen würde, sprach Libelle mich behutsam an: »Huong«, sagte sie, »mach dir keine Sorgen, im Moment gibt es nichts, was du tun müsstest, also entspann dich. Ich bin bei dir und passe auf dich auf. Versprochen.« Mit ihr im Arm schlief ich nach diesem chaotischen Tag irgendwann ein.

Als ich aufwachte, stellte sich die Frage: ›Wo zum Weißwangengibbon bin ich?‹, nur ganz kurz. Blitzartig rekonstruierten Geist und Gehirn die Ereignisse des Vortags. So ein Mist. Eingekerkert war ich. Im Gefängnis in Yangon und hatte Buße in Form einer elenden Schreibarbeit zu tun. Jämmerlich.

Eins war klar, ich wollte hier raus, zu Hörnchen und Kyaal. Nee, Moment mal, Hörnchen konnte ich Büffel im Moment keinesfalls nennen, denn sofort wurde ich weich und zwei Tränen suchten sich bereits den Weg über mein Gesicht. Depressiv sein, und mir so früh den ganzen Lebenstag versauen, wollte ich keinesfalls. Ich will raus? Dann muss ich proaktiv mitmachen. Also machte ich mich an die Arbeit. Was sollte ich schreiben? Ach ja: ›Ich darf keine kritischen Fragen stellen. Ich tue, was alle tun. Ich schütze unser System und das System schützt mich.‹ Die Sätze fand ich sofort zum Kotzen. Vor allem, weil ich es hasse, das zu tun was alle machen.

»Scheiß Sätze, scheiß schreiben, scheiß ich«, fluchte ich laut. Glücklicherweise wurde mir sofort klar, dass ich auf diesen Geistesblitz keinesfalls eingehen sollte, denn das würde alles nur noch schlimmer machen. Also ordnete ich das Papier, kaute am Stift und begann zu schreiben.

Die ersten Wörter dauerten ewig und waren das reinste Gekritzel. Und sie waren viel zu groß. Wenn ich in dieser Größe fortfahre, würde das Papier niemals reichen, ich würde die Arbeit nie abgeben können, niemals diesem Kerker entkommen, niemals Büffel und Hund wiedersehen und niemals mehr nach Hause kommen und überhaupt niemals wieder glücklich sein und vielleicht auch nicht mehr leben. Weil ich dachte, verschrieb ich mich. Meine Version hieß nämlich: Ich darf kritische Fragen stellen. Aber nein! Ich durfte ja gerade *keine* kritischen Fragen stellen. Scheiß kritische Fragen. Frustriert zerknüllte ich das Blatt und warf es in die Ecke. Au Backe! Da hatte ich schon ein Blatt weniger und mehr Wucht in den Krallen. Nach einem weiteren Wutanfall der zu zwei zerknüllten Seiten führte, merkte ich, dass ich es so nicht schaffen würde.

Mich fröstelte bei dem Gefühl, dass Gevatter Tod schon den Gang vor meinem Kämmerchen entlang huschte, mich zu holen. Denn was anderes als Tod sollte es schon bedeuten, wenn gesagt wurde, ich käme nicht lebend raus, wenn das dämliche Papier für die bescheuerten Sätze nicht reichen würde, und ich deshalb die Buße nicht zu Ende bringen könnte? Libelle schaltete sich ein, indem sie sagte, dass mich diese Art Gedanken überhaupt nicht nach vorne, geschweige denn lebend in die Freiheit bringen würden. Stattdessen dürfte ich das Schreiben ruhig noch einmal probieren. Schließlich wüsste ich doch, dass Gewinner niemals aufgeben und jeder Fehler eine Herausforderung wie Handlungsaufforderung sei, es besser zu machen. Weiter nix. Mein Geist spielte mit indem er mir eine tolle Belohnung – also die Freiheit – in Aussicht stellte und diese in den schillerndsten Farben ausmalte. Wenn ich planvoll in die Schreiberei einsteigen und dranbleiben würde, wäre ich ruck zuck hier raus.

Da ich so selten schrieb, musste ich bei null anfangen. Passenderweise kamen mir Schwungübungen in den Sinn. Umwendend stellte ich mich aufs Bett und begann große Buchstaben an die Wand zu malen. Mit ›l‹ fing ich an. Ich hatte mich zu ›a‹ vorgearbeitet, als die Metallklappe im unteren Drittel der Tür geöffnet wurde, und man mir mein Futter hinstellte. Pampe an Körnern. Kurz dran geschnuppert ergab: Das Abendessen bei den Ziegen war dagegen der reinste Genuss, und jedes Matschetöpfchen ein Festmahl. Das hier war ungesundes Zeug, von hier ansässigen Scheusalen lieblos zusammen gerührt und auf den Teller geklatscht – ekelig. Ohne Liebe. Bei Liebe und essen dachte ich sofort an Wasserbüffel. Zu ihm wollte ich. Also sammelte ich die Papierknüddel auf. Da ich jedes Stück brauchen würde, entfaltete ich sie und strich die Blätter, so gut es ging, glatt. Zum Pressen legte ich sie unter die Matratze.

Ich wollte mich gerade wieder den Schwungübungen zuwenden, da sagte Libelle: »Mittagsschlaf Huong. Komm, lass uns einkuscheln und ausruhen.«

»Recht hast du«, antwortete ich, legte mich aufs Bett, drückte sie an meine Brust und döste.

Nach dem Nickerchen war die Motivation voll auf meiner Seite. Also setzte ich die Schwungübungen an der nächsten Wand fort. Aufgabe war jetzt, immer kleiner zu schreiben. Um nicht nur einzelne Buchstaben zu üben, schrieb ich jetzt ›Wasserbüffel‹ in großen Lettern. Gleich daneben ›Hund‹. Weil mir das Wort ›Hund‹ so locker von der Pfote ging, schrieb ich's gleich noch dreimal. Weinend schrieb ich ›Huong‹ dazu und malte ein großes Herz um unsere Namen. Herzen konnte ich gut und so malte ich die ganze Wand damit voll.

Dann setzte ich mich auf den Boden, probierte die Körner

des Mahls an die Wand zu werfen, und in die Herzen zu treffen. Direkt in der Mitte mussten sie landen. Für jeden Treffer erhielt ich einen Punkt. Als ich über die Hälfte der Körner verschossen hatte, stellte ich fest, dass mich das kindische Verhalten nur an diesen Kerker binden würde. Ich räusperte mich und wurde zum erwachsenen Rattenmann. Als dieser räumte ich die Sauerei auf, setzte mich dann ordentlich an den Tisch und begann zu schreiben. Erfreut stellte ich fest, dass es schon ein bisschen besser ging. Als ich drei Sätze fehlerfrei fertig hatte präsentierte ich sie Libelle. Sie war voll des Lobes für mich, ja, geradezu außer sich vor Freude über meine Fortschritte. Dafür drückte ich ihr einen dicken Kuss auf. Bisher redete sie mit meiner Stimme, also verstellte ich die und so hatte Libelle nun eine eigene Stimme.

Innerhalb der nächsten Stunden unterhielten wir uns angeregt, bis ich merkte, dass so viel Ablenkung nur meiner baldigen Freilassung entgegenstand. Also setzte ich mich wieder ordentlich an den Tisch. Wenigstens fünf Sätze pro Tag wollte ich zustande bringen. Waren noch zwei für heute.

Als das erledigt war, erklärte ich Libelle, dass ich nun meditieren würde. Das fand sie ganz prächtig. Ich schloss die Augen und konzentrierte mich auf den Atmen. Das klappte, also begann ich die Energie durch meinen Körper fließen zu lassen. Ich war gerade einmal von oben nach unten durchgegangen, als Libelle meinte, sie wolle auch meditieren, wüsste aber nicht, wie sie es anstellen solle. Ich erklärte es ihr, lehnte sie mir gegenüber an die Wand und wir praktizierten gemeinsam. Der nächste Durchgang meiner Meditation war die reinste Gedanken- und Bilderattacke. Ich sah Büffel und Kyaal vor mir, was ein Übermaß an innerer Unruhe auslöste. Ich wollte aufstehen, zwang mich aber, sitzen zu bleiben. Um mich wenigsten ein bisschen zu bewegen, richtete ich mich räucherstäbchengerade auf. Ich atmete ein und schon beim

Ausatmen tauchte die Ziegenherde vor meinen Augen auf. Ich wünschte ihnen Frieden, ließ sie traben und atmete weiter. Die Energie floss direkt zum nächsten Gedanken; dem listigen Köter. Hundesohn und räudige Töle waren treffende Bezeichnungen, die mir zu ihm einfielen. Nee, das war nicht gut. Der will ja auch nur glücklich sein und Schmerz vermeiden. In Gedanken entschuldigte ich mich, sagte aber, dass ich ihn trotzdem unfair fand, uns zu bespitzeln und sich mit so einer unheilvollen Tätigkeit bei jemandem zu verdingen, anstatt mit seinen eigenen Ideen die Welt zu verbessern. Ach Stopp, ich meditiere ja. Mit der Atembeobachtung an der Nase wurde es nichts. Ich öffnete meine Augen. Libelle saß ganz ruhig da, so still und leise, dass ich nicht mal ihren Atem wahrnehmen konnte und bei mir klappte es überhaupt nicht. So ein Mist! Für heute gab ich auf. Frustriert legte ich mich hin und schlief irgendwann ein.

Am nächsten Morgen meditierte Libelle immer noch. Oder schon wieder? Sie säuselte mir zu, des Meditierens müde zu sein, schließlich hätte sie die ganze Nacht praktiziert. Also schlug ich ihr einen Tausch vor.

»Du kannst ja schlafen und ich meditiere.«

Da sie einverstanden war, bettete ich sie und setzte mich auf das gepresste Kissen. Meine Meditation war unwesentlich besser als gestern. Also eigentlich gar nicht.

Bevor ich schon morgens mein Frustfell anziehen würde, schlug ich mir Selbstfürsorge durch Sport vor. Die Zelle bot wenig Platz, also wurde ich notgedrungen zum Stellenläufer. Dann zum Stellenhüpfer. Sidestep ging auch noch. Zwei Schritte nach rechts, mit den Pfoten an die Wand klatschen, dann zwei Hüpfer nach links, und an die andere Wand klatschen. Gut aufgewärmt begann ich mit dem Training. Rückenübungen wechselten sich mit Bauchmuskeltraining ab. Nach einer Stunde war ich durchgeschwitzt, weshalb ich entschied, mir Yoga für den Abend aufzuheben. Ich lugte aufs Bett. Libelle schlief tief und fest.

Im Badezimmer stellte ich das Fehlen einer Dusche fest. Improvisieren war angesagt. Nur wie? Okay, es ging nicht anders. Ich zog die Toilettenspülung und als das Wasser fast durchgelaufen war, setzte ich mich in die Schüssel. Da ich Erdbewohner und daher grundsätzlich Wassersparer war, entsprach ›kurz‹ ganz meiner Duschdevise. Ich wusch mich unter den Achseln, am Po und den Pfoten. Den Rückendreck bekam ich à la Kyaal los. Dazu schubberte ich auf dem Rücken liegend durch die ganze Schüssel. Dann stieg ich aus, spülte noch mal und wusch mir das Gesicht mit dem frischen Wasser. Schade die Brauenbürsten sind bei Büffel im Gepäck. Dem Becken entstiegen, schüttelte ich mich kräftig. Im Nu war ich trocken und herrlich warm.

Auf leisen Sohlen schlich ich zum Schreibtisch und widmete mich der Buße. In recht ordentlichen Buchstaben begann ich zu schreiben: Ich darf keinen kritischen Fragen stellen. Ich tue, was alle tun. Ich schütze unser System und das System schützt mich. Ich wollte fünf Sätze fertig haben, bis Libelle aufwachen würde. Bei Satz vier angelangt wurde geräuschvoll die Klappe geöffnet.

Eine Pfote schob mir die heutige Mahlzeit hin. »Teller von gestern her«, waren die einzigen Worte, die es für mich übrighatte.

Flink schob ich ihm den Teller durch die Klappe zu, verbeugte mich und log: »Es hat ausgezeichnet geschmeckt. Ich danke Ihnen für die Anlieferung und das Abholen des Schmutzgeschirrs natürlich auch. Sagen sie dem Küchenchef bitte die allerbesten Grüße. Und ich wünsche Ihnen noch von ganzem Herzen einen wunder ...«

Rummms, fiel die Metallklappe ins Schloss. Der hat ja gar

nix gesagt! Kein Hallo, keine Erkundigung nach meinem Befinden, keine Frage, ob ich gut geschlafen habe, geschweige denn irgendein Interesse an meinen Fortschritten bezüglich der Buße. Na ja, der macht hier eben nur seinen Job! Das Essen hob ich für Libelle auf.

Als ich mich der Schreibarbeit zuwandte, wurde ich richtig stolz auf mich. Null Fehler im zweiten, dritten und vierten Satz! Konzentriert schrieb ich weiter. Als Libelle aufwachte, hatte ich mein Soll schon überschritten. Statt fünf Mal hatte ich schon zehn Mal die geforderten Sätze geschrieben. Wie erwartet war Libelle total stolz auf mich, was sie netterweise gleich mehrmals erwähnte. Als sie dann auch noch sagte, dass ich eine Pause machen und danach ihr Yogalehrer werden könnte, war ich überglücklich.

Ich pausierte gerade so lange, bessergesagt so kurz, dass ich mich wieder fit und frisch fühlte. Libelle wollte beim Yoga nicht gleich mitmachen, nur erst mal zugucken. »Ist kein Problem. Ist eh 'n Schnupperkurs«, erklärte ich und lehnte sie an die Wand, die beherzte. Da saß sie gut. Weil ich sie während der Übungen nicht sehen konnte, redeten wir jetzt telepathisch miteinander. Voller Bewunderung äußerte sie sich über meine Künste, als ich in der Position des ›nach unten schauenden Hunds‹ stand und sie war total verblüfft, wir lange ich in der Übung ›Baum‹ auf einem Bein stehen konnte. Sogar mit geschlossenen Augen. Ihr Lob ging runter wie Kokosnussmilch.

Apropos Kokosnuss, ich bekam Hunger. Libelle sagte, sie würde immer einen Tag in der Woche fasten, als Entlastung. Und der sei ausgerechnet heute. Welch Zufall. Sie meinte, der Hunger würde es mir schon reintreiben und so verspachtelte ich über die Hälfte des Mahls. Später schrieb ich noch ein paar Sätze.

Zur Abendmeditation bat ich Libelle den Ton eines Gongs

von sich zu geben, wenn die Zeit rum wäre. Ich hatte es richtig gut gemacht und die Energien mehrmals von Kopf bis Fuß fließen lassen, als sie gongte. Super. Schon fertig. Ich hakte nach, ob sie die Sätze liebender Güte sprechen wollte. Oh, sie war halb an der Wand heruntergerutscht und schlief. Na ja, auch gut. Also sprach ich die guten Sätze für alle Wesen und legte mich dann neben meine kleine, herzallerliebste Libelle. Bevor ich die Augen schloss, überlegte ich, ob denn der Dalai Lama auch hier ist oder ob er noch kommt. Könnte ja passieren, weil der doch auch in Gefangenschaft ist, oder? Nee, Gefangenschaft war das nicht. Das Wort, das Hund benutzt hatte, hieß ja Exil. Hm. Hört sich trotzdem nach Unfreiwilligkeit an. Mit dem Wissen, dass ich nicht der einzige Gefangene oder Unfreiwillige auf dieser Welt war, drückte ich Libelle an mich, klappte die Augen zu, und weg war ich.

# Ayla

Tags drauf probierte ich zu errechnen, wie lange ich noch bleiben müsste, wenn ich weiter täglich fünf Sätze schreiben würde. Hm. Zehn mal zwei Mal glaube ich insgesamt ... nee dann wäre ich ja schon fertig. Das konnte auch nicht sein. Ich schielte zum unbeschriebenen Blätterhaufen. Der war noch ziemlich hoch. Schriftlich rechnen sei immer besser, meinte Libelle und weil es noch genug Platz an den Wänden gab, und das Papier meine Lebensversicherung war, rechnete ich an der Mauer. Zehn mal zehn Mal und zwei Mal müsste ich sie schreiben. Oder war das schon zu viel? Das Ganze durch fünf. Heiliger Reissack, das waren dann ja sechs mal zehn Tage. Nee, das konnte nicht sein. Hektisch malte ich sechs mal zehn Striche an die Wand. Verrechnet. Wie ich es auch drehte, ich kam immer zu anderen Ergebnissen. Schlussendlich hatte ich eine zeitliche Palette von neun Tagen bis sechs Wochen zu bieten. Da mir alle Ergebnisse zu lange erschienen, erhöhte ich mein Arbeitspensum.

Ich schrieb bald so klar und deutlich wie lange nicht mehr, und die Sätze konnte ich schon im Schlaf aufsagen. Das wollten die wahrscheinlich auch. Das grenzt ja an Gehirnwäsche, jammerte ich, probierte aber, mich nicht von negativen Gedanken runterziehen zu lassen. Alle Gedanken an meine Freunde musste ich streichen, denn sie machten mich depressiv. Libelle entpuppte sich als weltbesten Mentaltrainerin. Um mich bei der Stange zu halten, nahm ich neue Rituale auf. Morgens natürlich Sport, Meditation und schreiben bis das Essen gebracht wurde. Essen, Mittagsschlaf mit Libelle im Arm und weiterschreiben. Dann Yoga mit Libelle als Zuschauerin und wieder schreiben, bis ich mich schlafen legte.

So strukturiert gingen die Tage dahin. Langsam wurde der blanko Papierstapel kleiner. Der Beschriebene größer. Das gab mir Hoffnung auf baldige Entlassung.

Schlaftrunken wankte ich an Tag neun zur Toilette. In Anleh-
nung an meinen Traum würde ich heute revolutionieren. Jawohl! Das heißt einfach mal im Stehen pinkeln. Oh, was ist das
denn? Im Toilettenbecken paddelte eine Mücke. Nach tage-
langer Isolation war ich froh, ein echtes Lebewesen zu sehen.
Sie sah irgendwie angestrengt aus. Ob sie in Not war? »Hallo!«, sprach ich sie an. Ihre Blicke flogen mir zu, die dunklen
Augen waren erschrocken geweitet. Hier stimmte was nicht.

»Bist du suizidal oder soll ich dir helfen?«, fragte ich vorsichtig.

»Nein, ich bin eine Mücke. Kannst du mich hier rausholen?
Ich ertrinke.«

»Aber natürlich«, antwortete ich und steckte meine Pfote
ins Wasser. »Krabble ein Stück an mir hoch, dann haben wir
dich gleich im Trocknen.«

Kurz darauf saß die Mücke auf meinem Bett.

»Ich muss erst mal ausruhen«, sprach sie abgeschlagen
und schon waren ihr die Augen zugefallen. Oder war sie bewusstlos? Heiliger Reissack, dann müsste ich sie in stabile
Seitenlage bringen. Ich sprach sie an und rüttelte sie. Keine
Reaktion. Nach der Atemkontrolle war ich erleichtert. Sie atmete und war nicht bewusstlos.

Während sie schlief, fuhr ich mit meinen Pflichtsätzen fort.
Gerade beendete ich den achten Satz aus dieser Reihe, als ich
ein Gähnen wahrnahm. Sofort sprang ich auf und kniete mich
neben die Schlafstelle, auf der sich die Mücke jetzt ausgiebig
rekelte.

»Na, wie geht es dir? Hast du deinen Unfall gut überstan-
den?«, wollte ich wissen. »Ich bin übrigens Huong. Huong aus
Vietnam.«

Sie richtete ihre Flügel. »Ja, mir geht es so weit gut. Und

sieh mal, meine Flügel arbeiten wieder. Danke Huong aus Vietnam, dass du mich gerettet hast.« Sie klimperte mit den Wimpern und den Flügelchen und hob kurz ab.

Das war gut und schlecht zugleich. Sicherlich würde sie jetzt ganz schnell durch die Gitterstäbe in ihr altes Leben entschwinden, und ich wäre weiter hier eingekerkert. Sie landete neben mir.

»Ich heiße Ayla und lebe bei der Zuckerrohrgetränke-Bar in der 75. Straße. Da, wo auch die große Shopping Mall ist. Der Marktstand der Familie Wang-Li ist da auch ganz in der Nähe. Da wo Kätzchen wohnt. Direkt an der Ecke 77. Straße. Kennst du das?«, wollte sie umgehend wissen.

Ich schüttelte den Kopf. »Ich kenne hier nur die große Pagode, sonst nix. Mach du es mal gut, Ayla«, begann ich mich von ihr zu verabschieden. »Du möchtest bestimmt gerne nach Hause.«

Verdutzt blickte sie mich an. »Wieso nach Hause? Ich bin jetzt für dich da. Du hast mir das Leben gerettet, also hast du einen Wunsch frei. Was kann ich für dich tun, Huong aus Vietnam?«, fragte sie.

»Was?«, ich schüttelte mich. »Kannst du schreiben?«, fragte ich sogleich. »Ich muss noch so viele blöde Sätze schreiben, sonst lassen sie mich nicht frei, und ich komme nie wieder zu meinen Freunden zurück.«

Die Anspannung der letzten Tage holte mich ein und ich begann zu weinen.

»Geht es dir um die Sätze oder um deine Freunde?«, fragte sie.

»Na das hängt ja miteinander zusammen«, wimmerte ich. »Ich bleibe eingesperrt, bis ich die Sätze fertig habe«, erklärte ich und deutete auf den Papierstapel. »So viel Papier habe ich schon verbraucht. Der Rest wird nicht reichen. Und mehr bekomme ich nicht. Das heißt, ich werde es niemals schaffen.

Und jetzt, jetzt bin ich schon so lange hier und weiß gar nicht, wo Wasserbüffel und Hund sind und wie es ihnen geht«, schluchzte ich, dass mir der Schnodder aus den Nasenlöchern tropfte. »Und, falls ich hier jemals lebend rauskomme«, schniefte ich, »weiß ich gar nicht, wie ich sie in dieser riesigen Stadt wiederfinden soll.« Die Verzweiflung schüttelte mich durch.

Ayla entfloh meinem Tränenmeer und landete auf meiner Schulter.

»Ich kann dir bei allem helfen, Huong. Es ist leichter, als du denkst.« Sie klang ruhig und zuversichtlich.

»Das heißt, du schreibst die Sätze für mich?«

»Nein. Ich hole dich hier raus und bringe dich zu deinen Freunden. Die finden wir auf jeden Fall, sei unbesorgt.« Wieder klimperte sie mit ihren Wimpern und Flügeln. Ich war gerührt, aber zu hundert Prozent skeptisch.

»Das ist ja sehr nett von dir, aber wie willst du das denn anstellen?«

»Sag' bloß, du weißt nicht, dass aus einer Mücke ganz schnell ein Elefant werden kann? Ich war schon öfter Elefant. Sogar schon Arbeitselefant in Thailand«, klärte sie mich über ihre Vita auf.

»Was?« Ich wischte mir die Tränen ab und schnäuzte kräftig ins Kissen.

»Ja, ich kann mich ganz leicht in eine Elefantenkuh verwandeln, und dann ...« – sie flog zum vergitterten Fenster – »biege ich die Stäbe auseinander und wir hauen ab. Gleich heute Nacht.«

»Wenn das funktioniert liebend gern. Aber als Elefant passt du doch gar nicht durchs Fenster«, gab ich zu bedenken.

»Da verwandle ich mich kurz wieder in eine Mücke. Lass mich mal machen, Huong. Das klappt. Ich verspreche es dir! Willst du?«

»Und wie!« Plötzlich war ich auch zuversichtlich.

Bis zum Einbruch der Dunkelheit hatten Ayla und ich viel Zeit zu quatschen. Ich berichtete ihr, warum wir diese Reise unternommen hatten, wie und warum ich gefangen genommen wurde und dass wir noch weiter nach Thailand wollten. Vor allem, weil Hund vielleicht bald sterben würde und sich sehnlichst wünschte ein letztes Mal, den Sonnenuntergang am Meer zu genießen, was immer das Meer sein soll, endete ich.

Sie lächelte. »Wenn wir deine Freunde gefunden haben, bringe ich euch alle nach Thailand. Nach Koh Chang, dort kenne ich mich bestens aus«, sprach sie jetzt voller Begeisterung. »Ich habe dort meine Jahre als Arbeitselefant zugebracht, und kenne einen wirklich schönen Strand. Da wird es diesem Hund gefallen. Ich fliege euch hin«, sprach sie Wimpern klimpernd. »Ist zu Fuß zu weit und eure Reise war ja schon beschwerlich genug«.

Ich war total perplex. »Fliegen kannst du auch, Ayla? Du bist ja ein Multitalent.«

»Na hör mal. Das ist doch selbstverständlich. Ich kann als Mücke fliegen und als Elefant auch.«

Irgendwann kam mal wieder der Känguruwärter oder sonst wer und schob mir das Essen durch die rostige Klappe.

»Wie viel hast du schon, elende Ratte?«, fragte er bissig.

»Achtmal immer zehn Sätze«, erwiderte ich kleinlaut.

»Was? Drückst du dich immer so kompliziert aus, Staatsfeind, oder was?«, blaffte er. »Und wie viel sind das im Ganzen? Los sag schon, du Dummkopf«, forderte er mich auf und schlug auf die Metalltür, dass es durch den ganzen Trakt schepperte. Sofort geriet ich ins Schwitzen.

»Insgesamt schon mehr als die Hälfte, circa 80«, hörte ich Ayla plötzlich mit meiner Stimme sprechen.

»Na bitte, geht doch, Ratte.« Die Klappe fiel donnernd ins

Schloss und er entfernte sich.

»Du hast mich gerettet, Ayla. Vielen, vielen Dank. Ich habe es nicht so mit Zahlen«, erklärte ich und verbeugte mich hochachtungsvoll vor ihr.

»Nein, du hast mich gerettet. Ich wäre absolut tot, wenn du nicht gekommen wärst, Huong.«

Wir einigten uns darauf, dass jeder jeden gerettet hatte und lachten. Welch Wohltat. Ich schob ihr den Teller hin.

»Hier, iss! Du brauchst bestimmt Kraft für deine Verwandlung. Ich brauche nichts. Libelle auch nicht, denn die fastet heute.«

»Welche Libelle?«, fragte sie und sah sich um.

Ich machte die beiden miteinander bekannt. Ayla schaute mich verdutzt an, sagte aber nichts. Voller Hunger verschlang sie den heutigen Matsch und je später es wurde, desto aufgeregter wurde ich.

Als es dunkel geworden war, legte sie einen Flügel auf ihre Lippen, um mir anzuzeigen, sie nicht zu stören. Ich setzte mich aufs Bett, zwang mich weiter zu atmen, drückte Libelle an mich und konnte meinen Augen kaum trauen. Aus meiner Mückenfreundin wurde im Nu ein stattlicher Elefant, der fast den ganzen Raum ausfüllte. Zielsicher umgriff ihr Rüssel einen Gitterstab. Der brach wie eine dünne Reisnudel. Mit den anderen verhielt es sich ähnlich und ruck zuck war das Fenster frei.

Genauso schnell wie Ayla sich in den Elefanten verwandelt hatte, wurde sie jetzt wieder Mücke. Hurtig schnappte ich mir Libelle und kletterte an der schlecht gemauerten Wand hoch, die genug Stiegen bot. Ayla war schon draußen und wieder Elefant. Sie war jetzt viel größer als Wasserbüffel. Ich kletterte auf ihren Rücken. »Halt dich gut an einer Hautfalte fest, Huong. Es geht los. Bist du bereit?«

Und wie ich bereit war. Wie durch Zauberei hoben wir ab. Unsere Flucht war perfekt. »Juhu!«, schrie ich aus Leibeskräften und glitt auf Ayla durch den nächtlichen Himmel. Urplötzlich fühlte sich das Leben wieder so gut an.

Ich war ja noch nie geflogen. Der Fahrtwind, nee, es müsste ja der Flugwind gewesen sein, strich mir durchs Fell. Meine Haut wurde so nach hinten gezogen, dass ich straffer und sicher zehn Jahre jünger wurde. Das Gefängnis lag längst hinter uns und war nur noch durch die immer kleiner werdenden Lichter zu erkennen. Gekonnt eilte Ayla durch die Luft. Erst jetzt fiel mir auf, dass wir gar nicht verabredet hatten, wohin wir flogen. Als hätte sie meine Gedanken gelesen, drehte sie sich zu mir um.

»Deine Freunde sind ein Wasserbüffel und ein Hund, richtig?«

»Ja, ein brauner Wasserbüffel und ein heller Hund mit

schwarzen Ohren«, brüllte ich gegen den Wind zurück.

»Okay gut. Dann finde ich sie.«

Wir kreisten über Yangon und ich erkannte den goldenen Stupa am Ende der Stadt. Kurz später flogen wir direkt drüber. Hm, was war das denn? Mir fiel auf, dass es bereits hell war. Seltsam. Waren wir nicht nachts losgeflogen? Wer weiß, vielleicht verschiebt Fliegen die Zeit. Ich hatte keine Lust, mich mit Rätseln zu beschäftigen, die ich nicht lösen könnte, also scannte ich den Boden nach meinen Freunden ab. Ayla zog Kreise über einer Grünfläche unweit der Pagode.

Vor lauter Aufregung begann ich zu weinen und krallte mich weiter an Aylas Hautfalte fest. Gleich würde ich Wasserbüffel wiedersehen. Mein größtes Glück. Meine Augen suchten den Boden ab, ob ich die beiden irgendwo ausmachen konnte. Und da, was war das? Kaum zu glauben, da waren sie.

»Ich habe sie. Da unten, nur ein Stück von der Pagode entfernt. Siehst du sie? «, rief ich Ayla aufgeregt zu.

»Ah, sie sind im Kan Taw Mingalar Park. Ja, ich sehe sie. Ein brauner Büffel mit einem Hund. Gut Huong, wir befinden uns ab sofort im Landeanflug. Gut festhalten. Es könnte ruckelig werden.«

»Alles klar, Ayla!«, schrie ich zurück und klemmte Libelle unter meinen Po, damit die Gute nicht wegflog. Mein Herz klopfte bis zum Hals. Ayla flog immer tiefer und schon erkannte ich Bäume, Wege, einen Teich und meine Freunde. »Oh ja, das sind sie!«, schrie ich aus Leibeskräften.

Es ruckte, als sie ihre elefantösen Beine ausfuhr. Dann stellte sie die Ohren auf und wir bremsten. Ihre Ohrbremse versperrte mir die Sicht, doch ich wusste, dass wir Büffels und Hunds Position ansteuerten.

»Jetzt ducken, leg dich ganz eng auf mich. Und festhalten«, schrie Ayla.

Sofort tat ich, was sie befahl. Da ich Angst bekam, kniff ich die Augen zu. Es rumste noch einmal und dann war es still. Kein Wind mehr. Ich schüttelte mir das Adrenalin aus'm Körper, rieb mir den Schlaf von gestern aus den Augen und ploppte zum Druckausgleich mit beiden Ohren.

Übermütig sprang ich von Aylas Rücken. Es knirschte im rechten Knie wie lange nicht mehr. Schmerz entsteht, Schmerz vergeht, dachte ich. Im Moment war ich froh, frei zu sein. Ich blickte mich um. Anscheinend waren wir mitten im Park gelandet.

Ayla war zufrieden. »So Huong, ich hoffe, du hattest einen angenehmen Flug und herzlich willkommen in der Freiheit. Schön, dass du dich für Ayla Airlines entschieden hast. Ich freue mich, dich schon bald wieder an Bord begrüßen zu dürfen«, wisperte sie und klimperte zuckersüß mit ihren elefantösen Wimpern.

»Oh Ayla, ich danke dir tausendmal.« Ich drückte ihr einen dicken Kuss auf den Rüssel. »Der Flug, war echt spitze. Weißt du, dass ich zum ersten Mal geflogen bin?«

Sie kicherte. »Nein, aber ich habe es geahnt. Aus der Luft hatten wir deine Freunde ja schon im Visier.«

»Ja, sie müssen hier irgendwo sein«, antwortete ich. »Schau mal da hinten bei dem Erfrischungsstand, da ist ein kleiner Teich. Kann gut sein, dass sie dort sind, weil Wasserbüffel so gerne badet.«

»Gut, dann schauen wir mal«, sprach sie und wir schlenderten Richtung Wasser.

Fehlanzeige. Kein Büffel, kein Hund. Wir entschieden uns unter einer Baumgruppe Platz zu nehmen, um von dort aus das Gelände mit den Augen abzusuchen. Ich war so aufgeregt, weshalb ich dringend urinieren musste, und verdrückte mich hinter den Baumstamm. Die Erleichterung war wie immer super. Ich wollte gerade zurückgehen, als …

»Huong! Huong? Wo kommst du denn plötzlich her?«, fragte eine Stimme, die ich bestens kannte.

»Wasserbüffel?«, schlagartig drehte ich mich um und rief: »Hörnchen, da bist du ja!« Meine Stimme zitterte wie meine Knie. »Ayla, wir haben sie gefunden! Sie sind hier.«

Ayla kam um den Baum zu uns herum. Sofort schmiss ich mich an Wasserbüffels Huf. Ich schluchzte vor Freunde und Aufregung, vor Scham und Erleichterung und vor lauter Liebe und Leben. Dann wieder wegen all der Angst und Blamage in Haft und für ein Dutzend weitere Gefühle. Mit seiner weichen Schwanzspitze streichelte er mir liebevoll über den Rücken.

Seine Stimme bebte. »Meine geliebte Lieblingsratte. Ich hatte solche Sorgen um dich. Da bist du ja wieder.«

Jetzt kam auch Hund freudestrahlend angelaufen.

»Wir haben dich so vermisst, Huong!«

Er leckte mich freudig ab. Ayla hatte unser Wiedersehen beobachtet. Ich schüttelte mich kräftig und deutete auf meine Begleiterin.

»Zuerst möchte ich euch meine Retterin vorstellen. Das ist Ayla, die Mücke, äh, die beste Elefantin der Welt.«

»Ayla, dies sind Wasserbüffel und Kyaal.«

»Ich freue mich, eure Bekanntschaft zu machen. Etwas muss ich allerdings korrigieren, nämlich dass Huong mich gerettet hat. Ich verdanke ihm mein Leben. Moment, ich nehme wieder meine kleinere Form an.«

Lustig, wie verdutzt Hund und Wasserbüffel waren, als sich die mächtige Elefantenkuh im Nu in eine zarte Mücke verwandelte.

»Die Freude ist ganz auf unserer Seite, Ayla.«, sprach Wasserbüffel und aus seinen Augen krochen zwei Rührungstränen. »Wie kann ich mich erkenntlich zeigen, dass du Huong zurückgebracht hast?«, wollte er wissen und lächelte überglücklich.

»Mit nichts. Es ist alles ausgeglichen«, antwortete sie.

»Dann kommt mal mit ihr zwei. Wir haben da drüben am Wasser das Lager aufgeschlagen und gerade unseren Morgenspaziergang gemacht. Wegen der Bewegung. Ihr habt sicher Hunger«, zwinkerte Hund.

Gemeinsam trotteten wir zum Lager. Es war professionell gebaut wie immer. Zufrieden setzten wir uns. Kyaal, der scheinbar meine Aufgaben übernommen hatte, kramte gleich was zu knabbern raus. Für Ayla gab es eine Banane, wovon sie als Mücke wahrscheinlich ein Jahr essen könnte. Schön, dass Büffel und Hund auch alleine wunderbar zurechtgekommen waren.

»Das habe ich mir alles bei dir abgeguckt, Huong. Ich dachte, die Versorgung übernehme ich, bis du wieder da bist«, japste er.

»Eure Unterkunft am See ist schön gelegen«, schmatze Ayla.

»Ja, es ist wirklich nett hier, und sehr leise. Wie viele Nächte sind wir jetzt hier?«, überlegte Büffel laut.

»Dritte glaube ich«, antwortet Hund, der schon wieder kopfüber in der Provianttasche hing und weitere Leckereien hervorzauberte.

»Oh, dann müssen wir ab morgen unbedingt woanders kampieren. Wir dürfen nicht riskieren, aufzufallen«, meinte Wasserbüffel, während Hund weiter auftischte.

»Oh lecker, getrockneter Fisch!«

Ich grapschte gleich vier auf einmal und stopfte sie hastig in mich rein. Den Melonenshake stürzte ich sofort runter, als ich aufgekaut hatte. Ich wurde fast ohnmächtig, weil all meine Geschmacksknospen spontan auf Hochtouren arbeiteten.

»Das Essen in Haft war dürftig«, rülpste ich.

»Alles in Ordnung, Huong. Iss dich nur satt«, lachte Hund und reichte mir noch zwei Fische.

»Wir haben auch schon über die Weiterreise nachgedacht. An der Pagode waren wir jetzt jeden Tag. Wir könnten morgen noch einmal gemeinsam hingehen und dann aufbrechen. Der Sternenstaub neigt sich auch dem Ende.«

Ich winkte ab. »Ob mit oder ohne Sternenstaub, zur Pagode kriegt mich keiner mehr.«

Ayla und ich berichteten von unserer Flucht und der Möglichkeit, dass sie mich bereits suchen, da ich ihre Gehirnwäsche frühzeitig beendet hatte.

»Wir wollen uns von hier nach Thailand durchschlagen und dort entspannen. Du bist aufs Herzlichste eingeladen, uns zu begleiten«, erklärte Büffel an Ayla gewandt und blinzelte.

»Das ist ja verrückt. Da kann ich mich ja als Reiseleiterin melden.«

Mit glänzenden Augen berichtete Ayla uns in den schillerndsten Farben von der Insel Koh Chang, die ich voller Euphorie schon als meine allerliebste Lieblingsinsel bezeichnen konnte, obwohl ich noch nie dort gewesen bin. Anyway. Wir erkoren das genannte Paradies zu unserem nächsten Ziel.

Hund wälzte sich vor Hochgefühl auf dem Boden, bis er die Grasnarbe abgeschubbert hatte. Ayla lächelte glücklich und Hörnchen und ich drückten uns.

# Unterkunft beim Markt

Wir bauten das Lager ab und fanden, dank Aylas Kontakte, eine vorläufige Bleibe beim Markt. Bei einer ihr bekannten Katze konnten wir für eine, höchstens jedoch zwei Nächte blieben.

»Meine Eigentümer sind in Bagan, planmäßig kommen sie morgen Abend zurück. Spätestens übermorgen. Dann müsst ihr verschwunden sein, sonst gibt das Ärger«, maunzte Kätzchen.

»Ach, dann sind wir schon wieder weg. Ärger hatten wir hier schon genug«, plapperte ich und erntete einen strengen Blick von Wasserbüffel.

Die Katze nahm meine Antwort zur Kenntnis und vertiefte sich wieder in ihre Unterhaltung mit Ayla.

Wasserbüffel nahm mich zur Seite. »Mensch Huong, dass du immer schneller redest, als du denken kannst. Das ist leider keine gute Angewohnheit von dir. Bitte, ab jetzt immer: Erst denken, dann sprechen.«

»Wieso, was ist denn?« Verlegen kratzte ich mich am Kopf. »Und nenn mich bloß nicht noch mal Mensch, hörst du?«

»Ja. Entschuldigung ist mir so rausgerutscht. Ich wollte dich nicht beleidigen. Aber stell dir mal vor, Kätzchen hätte weitere Fragen gestellt. Ruck zuck könnten wir wieder in der Klemme sitzen«, erklärte er. Ich nickte eifrig und sah alles ein. »Ich bessere mich, Hörnchen, ganz bestimmt.«

»Kannst du es mir bei unserer Freundschaft schwören?«, wollte er wissen.

Da kam der Sicherheitsfanatiker wieder in ihm durch. Kurz traf sein strenger Blick erst meine Augen, dann meinen Geist.

Ich hob die linke Vorderpfote, legte sie auf mein Herz und sagte: »Ja, ich verspreche es. Also nein, ich meine, ich schwöre.« Ein erleichtertes Lächeln umspielte seine Lippen.

»Gut, dann komm.«

Wir rückten ab und gesellten uns zu den anderen. Ayla summte einmal um uns herum und ließ sich dann auf einem Blatt nieder.

»So, das hier ist der Gästebereich. Hier könnt ihr es euch gemütlich machen«, schnurrte Katze freundlich. »An der nächsten Ecke zur 78. Straße gibt es einen Brunnen. Er ist offen für alle. Möchtet ihr euch erfrischen? Ich führe euch gern hin«, lud sie uns ein. »Menschen baden auch drin, aber na ja, ist nicht zu ändern.«

Nach Waschen war mir so gar nicht zu Mute, nach Einrichten schon. Da es bei Hund und Büffel genau andersrum war, schnappte sich Kätzchen die beiden und marschierte mit ihnen zum Brunnen. Später wollten wir zusammen zum Markt gehen. Ayla hatte sich auf dem Blumenblatt zusammengerollt und schlief. Ich verschaffte mir einen Überblick. Der ganze Bereich war betoniert. Dicke Bambusstangen trennten ihn von – ich lugte um die Ecke – ah ja, von der Küche, erkenntlich an der Kochstelle. Utensilien zur Nahrungsmittelzubereitung lagen auch rum. Neben dem Bambus stand eine Mülltonne. Dran geschnuppert verriet, dass sie leer war. Ich rubbelte mir die Ohren und nahm die andere Seite des Gästebereichs in Augenschein.

Da standen zwei Blechtiere, ein grünes und ein rotes mit viel Rost dran. War also kein Diamantfahrzeug dabei. Ich bohrte in der Nase und betrachtete das große Fahrrad, das an der gegenüberliegenden Wand lehnte. Fahrräder waren mir irgendwie suspekt. Das Tuch dahinter sowie die Planen zwischen den Rädern könnte ich als Polsterung allerdings gut brauchen. Ich stahl sie ja nicht, ich entlieh sie ja bloß. Und das nur bis morgen. Vorsichtig schlich ich ums Rad herum und zerrte die Planen vor. Die Anstrengung ergab neue synaptische Verknüpfungen. Heiliger Reissack! Was war das denn?

Zwei Gründe sprachen sofort gegen die Nutzung des fremden Eigentums. Allem Anschein nach war die Plane ein Hotel. Durch mein Ziehen hatte ich die Gäste aufgescheucht, denn es kamen irre viele von ihnen raus. Für eine Familie zu viele. Selbst eine Großfamilie hatte nicht so zahlreiche Mitflügler. Ich beobachtete, wohin sie liefen. Könnte für später von Interesse sein, denn eigentlich mochte ich Kakerlaken ganz gerne. Besonders als Süßspeise in angedickter Kokosnussmilch. Ich ließ sie ziehen, denn ich hatte weder Milch noch einen Grill zur Pfote. Würde ich auch heute nicht mehr rankommen.

Der zweite Grund wog wesentlich schwerer. Es war von offizieller Seite überhaupt nicht erlaubt, dass ich Änderungen an der bereitgestellten Räumlichkeit vornahm. Was, wenn eine der Kakerlaken im Dienst der Familie steht, uns nach deren Rückkehr verpfeift und wir wieder eingebuchtet werden? In großen Lettern sah ich schon die Sätze vor mir, die wir schreiben müssten. Wasserbüffel würde sich bedanken! Also stopfte ich alles zurück an seinen Platz.

Da stopfen immer Hunger macht, bekam ich Appetit auf eine Zwischenmahlzeit. Protein war von Nöten. Ich klopfte auf die Plane und eine Kakerlake älteren Datums kam langsam raus gewackelt. Ich wollte sie gerade bewusstlos schlagen und mir einverleiben, als mein Mitgefühl für dieses Geschöpf ins Unermessliche wuchs. Oh Jammer, diese kleine Kakerlake. Sie will doch auch bloß Schmerz vermeiden und glücklich sein. Und schmecken tun die alten Viecher sowieso nicht mehr. Zäh und voller Giftstoffe. Sie blieb vor mir stehen und fuchtelte wild mit den Fühlern. Da ich in Gebärdensprache nicht mal über Basics verfügte, erschloss sich mir ihr Anliegen nicht. War auch kein Dolmetscher in der Nähe, also stellte mich auf die Hinterbeine und hielt Ausschau nach dem Rest der Gesellschaft.

Aha, da hinten sind sie ja. Ich sprach die Kakerlake an, dass sie wahrscheinlich die Abholzeit für einen Ausflug verpasst hatte, denn in Yangon gibt es ja so viel zu sehen. Laut klappernd wackelte sie weg und ich widmete mich wieder der Gestaltung der Räumlichkeit. Direkt vor dem Gästebereich befand sich der Marktstand der Familie. Das erkannte ich an den aufgebauten Tischen und dem Sitzbänkchen.

Mein Unterbewusstsein entschied zum Besten für uns alle. Nichts, aber auch gar nichts würde ich an diesem Platz verändern. Super, da spare ich außer Inhaftierung und Buße noch Zeit und Mühe, dachte ich und begann unser Lager herzurichten. Als ich die erste Tasche öffnete, fiel mir der Lederbeutel in die Pfote. Mist. Jetzt sind die beiden ohne Sternstaubschutz losgezogen, na wenn das mal gut geht. Als ich meine Hängematte zwischen dem rostigen Blechtier und einer Bambusstange spannte, fiel mir ein, dass Sternenstaubwirkung sowieso nachlässt, wenn man mit Wasser in Berührung kommt. Lässt sich beim Waschen ja nicht vermeiden. Deshalb hatte ich ja auch darauf verzichtet. Als Kätzchen mit meinen Freunden zurückkamen, fiel mir ein Reissack vom Herzen. Wir schmausten und bedankten uns mittels der Leckereien bei Kätzchen für die Herberge.

Mit Sternenstaub im Fell gingen wir später los zum Markt. Es war noch nirgends geöffnet, denn die Verkäufer richteten gerade ihre Stände ein. Wir schauten uns um.

In den Auslagen gab es Äpfel, Orangen, Clementinen und Früchte, die ich nicht kannte. Nelken als Gewürz und als Blumen waren zu haben. Mit Gladiolen und Rosen ergaben sie herrliche Sträuße. Es duftete köstlich nach Fisch. Kein Wunder, an zwei Ständen lagen sie, aufgeklappte und getrocknete, mit oder ohne Gräten und in vielen weiteren Varianten. Es gab Gewürze in bunter Fülle, und wie auf jedem Markt verschiedenste Sorten Reis. Sogar mit Delikatessen wie Eiern warteten sie hier auf. Manche ein paar Tage alt, andere sollten hundert Jahre und mehr auf der Pelle haben. Hier bekam jeder, was er gerne mochte.

Oh, was war das da vorne? Lecker. Ein Händler hatte den dünnen, grünen Spargel, den ich so liebte, erntefrisch und reichlich aufgeschichtet. Damit ich nicht in Versuchung geriet, auch nur ein winziges Stängelchen an mich zu nehmen, konzentrierte ich mich auf die Früchte und ein mir unbekanntes Gemüse. Ich blieb eisenhart und Buddhist. Und als dieser mopste ich nix.

Wir blieben noch einen weiteren Tag in Yangon, dann konnten wir uns der Zugkraft des Paradieses nicht länger erwehren. Ayla meinte, dass wir auf Koh Chang dem Zauber des Strandes – was immer das sein sollte – erliegen würden und uns endlich mal ausruhen könnten.

Bei der Sitzplatzvergabe für den Flug dorthin ging es nach Größe und Gewicht. Das ersparte uns das Feilschen, wer, neben wem sitzen sollte. Unsere Elefantin war ja Freiluftfliegerin, daher hatten wir eh allesamt Fensterplätze. Wie nice. Und wie aufregend! Die stillgelegte U Htaung Bo Straße bot genug freie Strecke, damit Ayla Anlauf für den Flug nach Thailand nehmen konnte.

»Ist zwar nicht interkontinental die Reise, aber trotzdem. Sicher ist sicher«, meinte Kätzchen, als wir gemeinsam unsere Rollbahn begutachteten.

Wir verabschiedeten uns und dann ging alles wie im Flug. Die Strecke maß knapp über tausend Kilometer. Ayla glitt langsam durch die Lüfte und alles lief reibungslos. Irgendwann war ganz viel Grün zu sehen. Thailändisches. Und, oh Schreck, offensichtlich das Ende der Welt. Hinter dem Grüngürtel beherrschte unendliches Blau die Szenerie. Aber der Himmel war es nicht. Dass ich das Ende der Welt mal aus nächster Nähe betrachten würde, hätte ich vor einigen Monaten auch noch nicht geahnt.

»So, Freunde, haltet euch fest, wir sind im Landeanflug!«, krakeelte Ayla gegen den Wind.

Wir krallten uns aneinander fest. Büffel an Ayla, Kyaal hatte Büffels Ohren fest in den Pfoten und ich saß ganz oben drauf und hielt mich an Kyaal fest, so doll ich konnte. Libelle klemmt irgendwo unter Büffel.

»Alles klar Ayla!«, schrien wir zurück.

Obwohl ich mich mit der Fliegerei ja schon etwas auskannte, klopfte mein Herz erneut bis zum Hals. Wieder ruckte es, als sie ihre Beine ausfuhr. Ihre aufgestellten Ohren bremsten mehr und mehr. Vor Angst schloss ich reflexartig die Augen, es rumste und dann war da wieder diese magische Stille.

»Herzlich Willkommen in Thailand!«, trötete Ayla.

»Oh Ayla, das war ja absolut toll«, japste Wasserbüffel und stieg von ihrem Rücken.

»Dankeschön. Den Rest müssen wir zu Fuß gehen. Es ist nicht weit bis zum Meer. Ihr werdet sehen, es ist herrlich hier.«

»Koh Chang! Wir kommen«, kläffte Hund vergnügt.


Verwundert war ich schon mit der Landschaft beschäftigt. Überall schossen schlanke Palmen in die Höhe. Auf ihren Wedeln saßen Vögel und flöteten ganz bezaubernd. Kyaal staunte auch und meinte, das sei das Schönste, was er jemals gesehen habe. Ging mir genauso.

Oder fiel mir die prächtige Natur nach der schrecklichen Stadt und der düsteren Zelle überhaupt erst wieder auf? Wir lebten bei Bauer Nguyen ja auch in herrlicher Landschaft, aber ich glaube, die nahm ich schon gar nicht mehr wahr, einfach weil sie ja immer da war. Schlimm. Spontan fragte ich mich, warum man vieles, wenn nicht sogar alles erst zu schätzen weiß, wenn man es verloren hat. Macht ja gar keinen Sinn.

Oh, die anderen hatten sich in Bewegung gesetzt, also hinterher, bevor sie im Dickicht verschwinden. Schade, dass es keine Straße gab.

Ehe ich an Schlangen oder ähnliche Geistesplagen denken würde, nahm ich Anlauf und sprang auf Wasserbüffels sicheren Rücken.

Irgendwann änderte sich die Vegetation und wir stießen auf einen Weg. Rechts und links von uns wuchs der Wald jetzt in Reihen.

»Ist ja witzig, hier steht ja nur eine Sorte Bäume. Guckt euch das an«, fiel es Hund als erstem auf. Tatsächlich.

Ayla schaute erst nach oben und dann zu uns. Wieder wurde deutlich, dass man gut beraten ist, auf Reisen Ortsansässige dabei zu haben.

»Oh ja, das ist eine Kokosplantage und wie ihr seht, wachsen die Kokospalmen hier ganz hervorragend. Aus Kokos kann man viel machen. Deshalb wird hier viel davon angebaut, denn nicht nur Tiere, sondern auch Menschen schätzen seine Eigenschaften.«

Umgehend schrieb ich den Menschen zwei Punkte auf dem von mir über sie erstellten ›Verhaltenskodex zum Erhalt des Planeten Konto‹ gut. Na immerhin, bald kamen sie aus dem Minusbereich raus. Hätte ich ihnen fünf Punkte geben sollen?

Unerwartet ertönte ein so lautes Geräusch, dass wir allesamt zusammenzuckten. Ayla schwenkte aufmerksam den Kopf, lauschte, klimperte mit den Wimpern, horchte wieder und nickte dann.

»Das muss ein Affe sein. Seltsam, es klingt, als sei er in Not. Normalerweise machen sie diese Geräusche in der Gruppe, um ihr Wohlgefallen auszudrücken. Einzelne Affen schreien so nur, um auf sich aufmerksam zu machen«, erklärte sie, was ihm bei uns hundertprozentig gelungen ist.

Es bedurfte keiner Abstimmung, feststand, wir würden diesen Affen finden. Schade nur, dass wir ihn dafür erst suchen müssten. Ayla hob ihren Rüssel und trompetete irrsinnig laut durch all die dünnen Bäumchen, um uns als Rettungstrupp anzukündigen. Hund und ich sollten den Boden absuchen. Ayla und Büffel begutachteten die Bäume. Affe half uns seinerseits mit Rufsignalen, die er unablässig sendete. Die gradlinige Bepflanzung gedieh uns bei der Aktion sehr zum Vorteil und schlussendlich fanden wir ihn. Ein dürres Äffchen, das aufgeregt auf und ab sprang und irgendwie am Baum fest war. Jetzt sah ich's. Seine Pfote steckte in einer Kokosnuss, die gemeinerweise eine Öffnung hatte. Hinterlistigerweise war die ganze Kokosnuss mit einem Strick am Baum festgebunden.

»Uhiuhiuhi. Eine Affenfalle«, analysierte Ayla und zog mit ihrem Rüssel am Strick, dass die Palme schwankte.

In der folgenden Lagebesprechung nahmen wir erst eine Arbeitsaufteilung und uns dann Affe vor. Als Rettungstrupp übernahmen wir Bergung, Erste-Hilfe-Maßnahmen, psychische Betreuung sowie einen kompletten Check-up dieser armen Kreatur. Er war den Umständen entsprechend in Ordnung. Sein Name: Funky Monkey. Alle weiteren Daten zu seiner Identität wurden noch von retrograder Amnesie verschleiert. Wir behielten ihn im Auge und dazu schloss er sich uns praktischerweise an.

Über all das hatte ich das Ende der Welt ganz vergessen. Das änderte sich abrupt, als wir wieder Weitsicht hatten.

»Sieh' mal einer an: Das Ende der Welt ist blau!«

Ich blieb stehen. Nie vorher hatte ich mir Gedanken über das Ende der Welt gemacht und wie es da wohl aussieht.

»Das da hinten meinst du? Das ist doch das Meer, Huong«, erklärte Ayla.

»Und das ist gleich hier bei den Bäumen?«, fragte ich.

»Nein, nein, dazwischen kommt doch erst noch ein ganzes

Stück Strand?«

»Ein Stück was?«

»Na Strand«, sagte Hund mit leuchtenden Augen.

Er war total hin und weg, warf sich auf den Rücken und drehte sich vor Freude wild hin und her.

»Zwischen dem grün hier und dem Wasser«, setzte Ayla an.

»Heiliger Reissack! Du meinst, das Blaue ist alles Wasser?«, unterbrach ich sie, denn sofort schlotterten mir die Knie.

»Na klar, das Meer besteht doch aus Wasser«, säuselte Ayla.

Sicherheitssuchend blickte ich zu Wasserbüffel. Seit unserer Landung hatte er nichts mehr gesagt, sondern staunte nur.

»Na kommt, gehen wir. Da unten wird es noch viel schöner«, sagte Ayla.

Und im Vertrauen auf ihre Ortskenntnis marschierten wir los. Die Luft war feuchter und schwerer als zu Hause.

Wir waren schon eine Zeit gelaufen, tauchte hinter einer Kurve eine freie Strecke bergab auf. Büffel keuchte seit geraumer Zeit angestrengt, und das gefiel mir gar nicht. Überraschend kam mir der Geistesblitz der Woche.

»Hörnchen, bleibt mal stehen. Wir haben doch noch die Rollschuhe. Die hast du jetzt so viele Kilometer rumgeschleppt.«

Affe schwang sich – einen Salto über Wasserbüffel schlagend – auf die nächste Palme.

»Lass uns die Dinger eben rauskramen und du probierst sie noch mal. Es geht doch bergab. Und schau dir die Piste an. Blitzeblank, extra für dich.«

»Super Idee, Huong«, bellte Kyaal.

In kurzen Sätzen berichtete Wasserbüffel Ayla und Affe von unserem ersten Fahrversuch auf den von mir, also seiner Lieblingsratte – wie er an dieser Stelle betonte – selbst gebauten Rollschuhen. Ich ergänzte, dass er Hund damit einen Tag gezogen hatte, was vorzüglich ging.

»Vermutlich sind sie ganz unten«, kläffte Kyaal.

Affe schaute verdutzt in die Runde. Büffel kannte mich und meine Beharrlichkeit. Bevor ich ihm weiter in den Ohren liegen würde, sagte er freiwillig: »Nun gut. Wir probieren es. Aber ich stelle eine Bedingung.«

»Bedingung? Wieso? Wo doch Bedingungen sonst gar nicht dein Ding sind. Lass hören.«

»Wir fahren gemeinsam. Umso schneller sind wir doch alle dort, wo wir hinwollen.«

Klang einleuchtend.

»Ayla, du müsstest nur deine Mückengestalt wieder annehmen, und dann könnt ihr alle auf mir mitfahren.«

»Stimmt, groß genug bist du«, äffte Affe begeistert gleich viermal hintereinander.

»Okay, wir probieren es. Aber seid nicht enttäuscht, wenn es nicht klappt«, meinte Büffel.

Wir legten eine Rast ein, und Hund und ich durchsuchten die Taschen. Im Tausch gegen die Rollschuhe nahm Libelle jetzt den Platz in der Tasche ein. Mit Bedacht schnallte ich Hörnchen die Schuhe um. Hund ging noch mal pinkeln, Ayla wurde zur Mücke und Affe schlug sich – schon hoch zu Ross, bessergesagt zu Büffel – belustigt auf die Brust. Ich zwang Hund, mit Anlauf auf Wasserbüffels Rücken zu springen, da dieser angeschirrt nicht mehr in die Knie gehen konnte. Ich hatte gerade ganz vorne Platz genommen und vergewisserte mich mit einem Blick zurück das auch Ayla, nun als Mücke, sicher an Bord war, da rollten wir auch schon los. Langsam und kaum spürbar. Kaum zehn Sekunden später hatte sich dieser Umstand ganz ins Gegenteil verkehrt. Bei dem Tempo hatte wir Glück, dass es nur geradeaus ging.

Über Kurven hatten wir nie gesprochen, nicht einmal dran

gedacht. Heiliger Reissack, jetzt bloß nicht ans Sterben denken ermahnte ich mich und schrie aus Leibeskräften: ›Ahhhhh!‹, wie alle anderen auch. Das tat gut, bremste aber nicht. In der Ferne tauchte eine Straße auf, auf der Blechtiere unterwegs waren. Im nächsten Moment waren wir auch schon drüber gesaust und weiter ging die irre Fahrt. Schreckliche Vorstellungen wurden Realität und ich frage mich bis heute, wie es sein konnte, dass wir plötzlich langsamer wurden und dann ganz gemächlich durch ein weiteres kleines Stück Wald kurvten bis zu dem Ort, den Ayla Strand genannt hatte. Der Ort war fast weiß und die Fahrt zu Ende.

Wir schüttelten uns, jeder auf seine Art, das Adrenalin aus dem Körper. Nicht, dass wir uns später zoffen müssten um es loszuwerden. Neugierig schauten wir uns um.

Hund fand zuerst die Sprache wieder: »Wahnsinn!« Er warf sich auf dem Boden hin und her, wie er es immer tat, wenn er sich freute. »Was ich mit euch erlebe, hätte ich mir nie träumen lassen. Und dann noch das hier. Landen wir an so einem tollen Strand. Verrückt.«

Affe – dessen Vita weiter im Dunkel lag – turnte durch das, was Ayla Sand genannt hatte, eine Art zerronnenes Gestein oder so ähnlich. Und so viel Sand wie hier sei eben der Strand.

Ich weiß nicht, ob die letzte Stunde, das letzte halbe Jahr oder einfach nur die Sonne dran schuld war, dass ich dem Strand per se erst mal skeptisch gegenüberstand und mich auch im Sitzen wackelig auf den Beinen fühlte. Dazu noch das ganze Wasser. Und so klebte ich noch auf Wasserbüffels Rücken, und da wollte ich auch bleiben.

»Als ich Arbeitselefantin war, bin ich oft an diesem Strand gewesen, denn meine Aufgabe war, die gefällten Palmen hierherzuschleppen, wo sie auf kleine Boote verladen wurden.«

Sie drehte sich um, zeigte mit dem Rüssel in die Ferne und

meinte, dass da hinten damals überall Kokos- und Gummi-
baumplantagen waren.

»Ich hatte es sehr gut und schon nach fünf Jahren Bäume
schleppen schickten sie mich in die Wildnis zurück. Es ist echt
nett hier. Kommt!«

»Nett? Ich würde sagen, es ist das Paradies«, lechzte Kyaal.

Wasserbüffel war auch fasziniert. »Schön! Seht nur, wie
das Wasser glitzert. Und dann der Sand, der ist ja richtig weich
unter den Hufen.«

»Ja, das lässt sich ganz toll laufen«, bellte Hund.

»Ich glaube, du musst mal absteigen Huong. Ich will das
Gepäck dringend loswerden. Dann trabe ich gleich mal ins
Wasser.«

Widerwillig kletterte ich von ihm runter, knurrte statt zu
quengeln, und setzte mich in den Sand. Der war durchaus
weich.

»Guckt mal, das Wasser. Da vorne ist es türkis und erst ganz
hinten, wird es richtig blau.«

Hund war längst außer sich vor Freude und wälzte sich im
Sand.

»Ich weiß gar nicht, was du an so viel Wasser herrlich findest. Kannst du mir das mal erklären?«, quetschte ich ihn aus.

»Ja klar. Ich war mit der Familie ein paar Male am Strand.
Und das war so toll. Abends sahen wir zu, wie die Sonne unterging und weißt du was, Huong?«

»Nein.«

»Da wusste ich, dass alles in Ordnung ist, wie es ist. Ich
fühlte mich mit allem verbunden.«

Ich bohrte in der Nase. Irgendwie hatte Kyaal recht. Es sah
wirklich klasse aus.

»Guck mal, wie friedlich es hier ist und wie einfach es ist, zu
sein, ohne was zu müssen, zu wollen oder zu tun. Nur sein, als
Teil des Universums«, bellte er und wedelte mit dem Schwanz.

Ich sah mich weiter um. Der Komfort ließ keine Wünsche offen und so schob ich meine Bedenken zur Seite und richtete mir erst mal 'n feisten Hängemattenplatz ein, dass Ayla nur so staunte. Ich erzählte ihr ein paar Schoten aus Saigon, und wie der Hängemattenverleih damals zustande gekommen war, verlor mich in Details über die Wichtigkeit unterirdischer Lebensmöglichkeiten für Ratten und natürlich ließ ich auch Wächterratte sowie Annapurna und ihren Gemahl nicht außen vor. Geschweige denn Dong Thi Phuc, meine heißgeliebte Frau, unsere Kinder, den Bauern. Heißt: Ich habe die arme Ayla ganz schön zugetextet, kam verbal aber zum Stehen, bevor mir auch noch Wasserbüffels Lebensgeschichte von den Lippen gekrochen wäre. Apropos Wasser und Büffel.

»Wo ist er?«, fragte ich Ayla, die neben mir saß.

«Na im Wasser.«

Sie strahlte übers ganze Gesicht und wog den Rüssel hin und her. Prustend tauchte Wasserbüffel gerade wieder auf.

»Komm rein, Huong. Das Wasser ist ganz warm, fast wie die Quellen im Kloster und da vorne ist es ganz flach.«

Dann tauchte er auch schon wieder unter.

»Ich gehe ein paar alte Freunde besuchen, Huong. Wir treffen uns später hier wieder, ja«, sagte Ayla im Aufstehen.

»Ist prima«, nickte ich. »Danke noch mal, dass du uns an diesen tollen Platz gebracht hast.«

Wasserbüffel rief wieder nach mir. Mit einem Ruck war mein Mut größer als die Angst. Ich stand auf, klopfte mir den Sand vom Fell, sprintete los und stürzte mich rein. Es war sofort super. Ich planschte herum und Hund, der sich bis eben im Sand gewälzt hatte, kam nun auch angerannt. Später saßen wir alle zusammen – bis auf Affe, der vergnüglich in einer Palme schaukelte – aßen und schauten. Aufs endlose Meer, zu den Palmen, den Sträuchern voller Hibiskusblüten und den Booten weit draußen und den Sand, auf dem wir saßen. Wasserbüffel und Kyaal wollten noch den Strand erkunden, also etwas laufen. Ich hatte keine Lust und blieb zurück. Ich ließ das Rieselgestein durch meine Pfoten gleiten und machte einfach mal nix. Ich hing ab und das war grenzenlos gut.

# Erleuchtungsgeist

Dann hielt ich einen richtig guten Schlummer, bis sich Stimmen nährten, Körper wahrscheinlich auch.

»Der Erleuchtungsgeist bezieht sich darauf, dass man den festen Entschluss fasst, Erleuchtung zu erreichen. Dann heißt es: Dranbleiben und üben. In Stille und im Alltag. Ob in Stadt oder Steppe, das Ziel wird ständig weiterverfolgt, sei es auch noch so schwierig.«

Zweifelsfrei zu erkennen, wer da sprach.

»Das bedeutet dann logischerweise auch, darauf zu achten kein Lebewesen aus dem eigenen Geist auszuschließen, oder?«, fragte Hund.

»Richtig. Außerdem urteilt und verurteilt man andere nicht mehr. Verstehst du? Man macht auch keine Tauschgeschäfte mehr, sondern liebt die anderen der Liebe wegen. Nicht wegen eigener Vorteile. Man probiert, jede sich bietende Gelegenheit zu nutzen, um diese innere Haltung zu üben und sich darin stets zu verbessern.«

»Na und dann drückt sich diese Einstellung ja auch im Handeln aus«, kombinierte Hund.

»Ja. Und zwar in den befreienden Handlungen. Wir sprachen schon drüber, wenn du dich erinnerst.«

Sie ließen sich neben meiner Hängematte fallen. Perfektes Timing. Die Vibration des Bodens gab mir Anschwung, und so schaukelte ich gemütlich hin und her.

»Hallo Huong, hast du geschlafen?«, wollte Hund wissen. »Wir waren gerade bei den befreienden Handlungen. Weißt du noch?«

»Klar. Die befreienden Handlungen zeichnen sich durch Großzügigkeit aus. Das bedeutet Materielles, wie auch Kraft und gute Gefühle mit anderen zu teilen. Geduld ist das nächste, denn nur wer voller Mitgefühl ist und in jeder Lage einen entspannten Geist behält, kann nicht mehr von Störgefühlen heimgesucht werden und somit auch anderen kein Leid antun, zumindest nicht absichtlich. Freudige Anstrengung gehört auch dazu und meint, dass man immer sein bestes für sich und andere gibt. Und das sinnvolle Verhalten, also Ursachen für Schwierigkeiten zu vermeiden und anderen so viel zu nützen wie möglich. Meditation, also die Innenschau im Stillsitzen, um Gedanken und Gefühle so zu sehen, wie sie erscheinen und Weisheit sind die beiden letzten, in die du uns eingeweiht hast, Büffel«, sprudelte das Wissen plötzlich aus mir raus, dass ich mich nur wundern konnte.

Mit vor Freude geweiteten Augen endete ich und musste mich umgehend schütteln. Büffel war Doppel-B: Baff und begeistert.

»Super, Huong! Das hast du toll zusammengefasst. Und wenn wir probieren, unsere Handlungen mit der Einsicht oder der Vorstellung zu verbinden, dass alles Teile einer Ganzheit sind, wird jede Handlung in sich selbst Liebe. Und es wächst Liebe überall. Je weiter jemand, sagen wir zum Beispiel Huong, auf dem Pfad zur Erleuchtung wandert, desto mehr wird ihm bewusst, dass wir und alles in der Welt miteinander verbunden sind. Weisheit und Mitgefühl wachsen in Huong dann ganz natürlich. Er möchte dann nur noch, dass seine Taten zum Wohle anderer Wesen beitragen.«

Wie angenehm, dass er mich als so positives Beispiel anbrachte. Ich nickte heftig.

»Und an Huong – um bei dem Beispiel zu bleiben – sehen wir, dass es ein sehr langer Weg ist, bis das Ego hinter all diesen Aspekten des Erleuchtungsgeists zurücktritt«, endete Büffel.

In meinem bestärkten Gefühl, ein ganz tolles Kerlchen zu sein, nickte ich noch immer, als Hund fragte: »Und was ist Ego?«

»Ein schwieriges Thema«, lachte Büffel. »Ich erzähle euch später davon. «

# Ego, Ich und Selbst

Als Ayla von ihrem Besuch zurück war, gab es Bananen satt.

»Kannst du uns schon was über das Ego sagen?«, wollte Hund wissen?

»Über meins oder das Allgemeine?«, schnaubte Büffel. »Sammeln wir mal die Fakten: Ego ist ein lateinisches Wort für ›Ich‹ oder ›Selbst‹. Es meint ein und dasselbe. Das Ich ist allen unglaublich wichtig. Menschen vor allem und die haben am meisten mit dem Ich zu kämpfen. Na ja, wir ja auch. Indem wir alle Aussagen und Umstände mit uns selbst verbinden erhalten wir unsere Vorstellung vom Ich aufrecht.«

Mir war sehr lieb, dass Ayla gleich nachfragte, wie Wasserbüffel das meint.

Der antwortete: »Oft denken wir: Ich will nach Yangon, Ich will dies und das. Oder auch: Ich habe Angst. Oder: Ich will auf keinen Fall, dass dies oder jenes passiert und wenn es schon passiert ist, will ich es nicht akzeptieren und lehne es ab. Wir füttern die Idee des Ich durch alles, was wir dort rein geben.«

»Zum Beispiel Besitz?«, hakte sie nach.

»Genau. Das ist meine Hängematte«, sprach Wasserbüffel und deutet auf die Matte.

Da ich mal gehört hatte, dass Büffel zunehmenden Alters sich gern Besitztümer anderer aneignen, wurde ich sofort hellhörig.

»Hä? Stimmt doch gar nicht«, widersprach ich sofort. »Die Matte gehört mir. Passt du doch sowieso nicht rein! Was willst du denn damit?«, fragte ich verständnislos. Besser wir klärten das sofort.

»Danke für das gute Beispiel, Huong«, lachte er.

Hund runzelte nur noch die Stirn und fragte dann: »Wird das Ich auch durch Gefühle genährt oder durch andere Wesen, Beziehungen, und Dinge, die wir tun?«

»… oder haben wollen?«, unterbrach Affe und grapschte sich noch eine Banane.

»Ja. Das Ego wird mit jeder Zuschreibung größer und der Egoträger – sagen wir Huong, um bei dem Beispiel zu bleiben – wird dem immer mehr ausgeliefert. Das führt zu Unruhe in seinem Geist, der ungezähmt von einem zum anderen Gedanken springt. Ihr erinnert euch, Gedanken sind wie Hunde und es kann nur einer Alpha sein. Wenn du nicht bewusst die Führung übernimmst, dann werden die Gedanken es tun. Noch mal, weil es wirklich wichtig ist: Entweder gibst *du* den Weg an und gehst vor, oder die Gedanken schleifen dich auf *ihrem* Weg einfach mit.

› *Wir sind, was wir denken.*

*Alles, was wir sind, entsteht aus unseren Gedanken.*

*Mit unseren Gedanken formen wir die Welt.*‹

So hat Buddha es gesagt.«

»Und Gedanken gestalten Gefühle. Das heißt, mit den Gedanken fängt alles an. Gute Handlungen genauso wie heilloser Unsinn, also Handlungen, mit denen ich Schaden anrichte«, kombinierte Kyaal.

»Genau«, nickte Büffel. »Gedanken entstehen, dann kommen die Gefühle, aus welchen sich wiederum die Handlungen ableiten, ja.«

Aus vorangegangenen Lehrstunden sowie eigener Erfahrung konnte ich auch noch was beisteuern. Nämlich zur Welt der Gefühle.

»Es gibt drei Arten von Gefühlen. Die angenehmen oder glücklichen, dann die unangenehmen, leidvollen und als letztes die neutralen Gefühle. Es können nie zwei Gefühle zur gleichen Zeit da sein. Wenn du traurig bist, kannst du nicht gleichzeitig glücklich sein. Den, den du liebst, kannst du nicht gleichzeitig hassen. Außerdem steht das Unbewusste immer mit dem Körper in Kontakt. Gefühle machen sich, also immer auf körperlicher Ebene bemerkbar. Egal ob kribbeln, Schmerz, klopfen oder was auch immer«, gab ich mein Wissen Preis.

»Ja. Und damit nageln wir uns am Ursprung fest. Den Gedanken. Guckt euch die Menschen an. Sie sagen: ›Das ist mein Mann‹, oder ›Das ist meine Frau‹, ›Ich bin glücklich‹, ›Das ist mein Haus, mein Auto, mein Rad.‹«

»Mein Garten?«, musste ich nachfragen.

»Meinetwegen auch der. Fakt ist, dass all diese Zuschreibungen, was meins ist, ja gar nicht stimmen.«

»Du meinst, die Sachen gehören anderen?«, fragte Affe.

»Nein. Niemandem. Im Laufe ihres Lebens merken die Menschen, dass sie all ihre Besitztümer nicht mitnehmen können, wenn sie eines Tages sterben.«

»Die meisten haben ja auch so hohe Ansprüche«, fiel ich ein. »Meinst du, die wollen so wie wir, aus insgesamt acht Sachen wählen was sie essen? Nee. Das reicht den Menschen nicht.«

Mit dem Geschmack von Banane im Teigmantel auf der Zunge musste ich plötzlich an Bauer Nguyen denken und an unser Zuhause. Und den Sonnenuntergang und die weiten Reisfelder. Ob Nguyen Wasserbüffel vermisst? Mich kannte er ja nur am Rande. Vielleicht denkt er ja, ich bin tot. Warum sollte er? Und warum sollte ich tot sein? Aber eines Tages werde ich tot sein. Wie ich wohl sterbe? So trieb ein ganzes Hunderudel meinen Gedankenstrom vor-, ach nee, abwärts. Ich wendete mich umgehend den anderen zu. Scheinbar ging es noch immer um Menschen.

»Habt ihr schon mal einen gesehen, der immer nur im gleichen Fell rumläuft? Nee. Dann brauchen sie Wechselfell, aber nicht nur eins«, stellte Hund gerade fest.

»Fakt ist: Sie schaffen sich Zeug an, Sonnenschirme und Häuser zum Beispiel. Das haben wir ja unterwegs gesehen.

Darum müssen sie sich dann kümmern. Guckt euch Huong an, der kann seine Hängematte zusammenrollen einpacken und weg ist er. Das kann ein Mensch doch nie. Also verplempern die Zweibeiner viel Zeit mit der Pflege um ihren ganzen Kram, statt zu meditieren und nach innen zu schauen«, sprach Wasserbüffel. »Außer Mönche und Nonnen, die nicht.«

»Scheinbar wird Schnickschnack schnell zum Energiefresser«, ergänzte Hund.

Büffel nickte. »Exakt. Zum Energiefresser und zur Beschäftigungsquelle. Menschen lenken sich gern von sich selbst ab. Dafür gibt es in ihren Leben mannigfache Möglichkeiten. Doch irgendwann stellt ein jeder von ihnen fest, dass ihnen gar nichts gehört. Kein Mensch und kein Ding. Was zum Zeitpunkt des Todes bleibt, ist einzig der innere Kern. Und den entdeckt man nur in der Stille. Aber es geht noch weiter, denn eine Person existiert auf der Ebene der sogenannten ›Höheren Lehren‹. Was heißt das?«, fragte Wasserbüffel sich selbst und reichte die Antwort gleich nach: »Es bedeutet, dass das ›Ich‹ nur in Verbindung mit den körperlichen und geistigen Elementen zustande kommt. Diese Ansammlungen nennt man im Buddhismus Aggregate. Ein ›Ich‹ kann nicht ohne die Aggregate existieren.«

»Und was bedeutet das?«, fragte Ayla.

»Dass alles eine Rolle spielt und in der Gesamtheit das ausmacht, was du Ich nennst. Also die Elemente des Körpers, Gefühle, Wahrnehmung, Bewusstsein und die willensmäßigen Aktivitäten.« Büffel kam jetzt voll in Fahrt. »Das Ich, auch Selbst genannt, erscheint uns sehr deutlich, richtig?«

Die Art, wie er uns musterte, ließ nur eine Antwort zu. ›Ja.‹

»Tatsächlich lässt sich aber weder im Körper noch im Geist etwas finden, was dieses Selbst sein könnte. Aber es existiert auch nicht völlig getrennt davon. Es ist anzunehmen, dass es ohne Körper keinen Geist gäbe. Das heißt, das Selbst existiert, ist jedoch letztendlich nicht auffindbar. Im Körper lokalisieren kann man es jedenfalls nicht. Können wir uns darauf einigen? Und Huong, ich hoffe sehr auf deine Zustimmung. Thema Physiologie. Oder ist der Geist etwa ein Organ? Und wenn ja, wo bitteschön sitzt es?«

»Können wir.« Genervt, weil wir uns in dieser herrlichen Umgebung weiter mit den Kompliziertheiten des Lebens beschäftigen sollten, statt einfach zu sein, schwang ich mich aus der Matte, ging pinkeln und dachte über das Gesagte nach.

Büffel erklärte gerade, dass das Ich oder Selbst und auch alle anderen Dinge nur durch die Benennung und die Position, die unser Geist dazu einnimmt existieren.

Galant schwang ich mich wieder in die Hängematte und gab zu bedenken, dass die Position, die unser Geist zu irgendwas einnimmt, immer mit Bewertungen in gut und schlecht einhergeht.

»Aha.« Ayla blies Sand durch ihren Rüssel.

»Du sagtest, wir und die Dinge existieren nur in Abhängigkeit von den uns erzeugenden Faktoren? Unsere Eltern oder wie?«, fragte die Gute gerade.

»Auch. Dazu kommt noch die Umwelt. Du lebst ja nicht alleine im Nirgendwo. Da sind viele andere Wesen, es gibt Plätze, Dinge und so. Menschen definieren sich zusätzlich noch über verschiedene Rollen, dann die Familie, den Beruf und vor allem über ihren Körper, weil sie den sehen und anfassen können. Wenn was davon wegbricht, bewerten sie das als schlecht, aber uns Tieren geht es ja ähnlich. Bei all diesen Verwicklungen verkennen wir nämlich, dass nichts, aber auch gar nichts, eine eigene Existenz hat. Sie entsteht nur aus der Bedeutung und Benennung, die wir gemeinschaftlich verabredet haben. Also nicht wir fünf. Sondern alle.«

»Dass Dinge sind, was sie sind, wissen wir also nur, weil wir alle vom gleichen Begriff und dem dazugehörigen Gefühl ausgehen, oder wie?«, hakte Kyaal nach.

»Ja, so ist es«, sagte Wasserbüffel. Er holte tief Luft und erklärte weiter: »In tiefer Meditation kann sich deine Wahrnehmung von einem Ich kurzfristig auflösen. Das heißt transzendieren.«

Ich wurde hellhörig, denn das hatte ich auch schon erlebt. Ob meditieren oder transzendieren. Anyway. Damals, als Mönch auf Zeit, als wir ganztags nix anderes gemacht als meditiert haben. Wahrscheinlich ließ sich das Transzendieren da gar nicht vermeiden, spielte ich das neue Wort durch meine Gehirnwindungen. Es war an Tag acht oder neun im Waldkloster, als ich mich während der Meditation plötzlich nicht mehr als Ich, Huong, sondern als Lichtfunke im endlosen Raum mit noch mehr Lichtfunken überall um mich herum wahrnahm. Das Erlebnis hat mich sehr beeindruckt, auch wenn es in der Art nie wieder aufgetaucht ist und höchstens eine Sekunde dauerte.

Meine Aufmerksamkeit schwang zurück zu Wasserbüffel, der weiter erklärte: »Wenn sich das Ego aufgelöst hat, erlebst du das ewige hin- und herpendeln zwischen den Polen von gut und schlecht nicht mehr.«

»Sondern?«, fragten wir im Chor.

»Du bist dann lediglich – sagen wir – ein etwas. Aber solange du ein ›Ich‹ hast, stellst du ständig Verbindungen zwischen dir und einem Gefühl, zwischen dir und einem Gedanken, zwischen dir und anderen, zwischen dir und der Umgebung und diesem und jenem Umstand her.«

»Zwischen mir und allem, was mich umgibt?«, strebte Hund wieder nach vorne.

»Ja, du benennst alles, was dir per Sinneseindruck geliefert wird, sortierst, was du erlebst und erfährst, steckst es in Schubladen, um es zu analysieren und zu wissen, wer du bist und wo du im Leben stehst. Anders gesagt: Du nagelst dich täglich selbst an eine Wand mit allem was du glaubst zu sein oder zu haben«, endete er und lächelte in die Runde.

»So habe ich das ja damals im Kloster erlebt«, sprach ich jetzt. »Als sich mein ›Ich‹ einmal kurz auflöste, fielen alle Ängste und alles Tamtam von mir ab. Da fühlte ich mich frei und weit und irgendwie verbunden mit allem.«

»Ja, zuzulassen, dass sich das ›Ich‹ durch die Konzentration auf etwas anderes als sich selbst auflöst, bringt Gemütsruhe«, wusste Büffel. »Dadurch wird das ›Ich-Gefühl‹ weniger und das Mitgefühl für alle Lebewesen und die Verbundenheit mit allem wächst. Die Erkenntnis, dass Körper, Gedanken und Gefühle in ständiger Veränderung sind und schon deswegen kein wirkliches ›Ich‹ bilden können, wird Befreiung genannt. Darüber sprachen wir schon.«

»Und ich dachte, das sei Erleuchtung«, stöhnte Kyaal. Auf dieses Stichwort hin fuhr Büffel fort und die Wörter strömten aus ihm raus.

# Erleuchtung

»Die Natur des eigenen Geistes jenseits von Begierden, Hoffnung, Ängsten und falschen Vorstellungen erfahren zu können, nennt man volle Erleuchtung. Ihr solltet wissen, dass es zwei Ebenen von Erleuchtung gibt.« Bevor wir nachfragen konnten, ließ er uns wissen, dass der Zustand inneren Friedens die kleine Erleuchtung ist.

»Ob klein oder groß. Ist das nicht egal?«

»Leider nein«, antwortete Büffel. »Die kleine Erleuchtung die wird ja zum eigenen Nutzen erlangt. Denn wenn man verstanden hat, wie der Geist tickt, glaubt man nicht mehr die Zielscheibe von Angriffen anderer oder der Umstände zu sein. Das ist sozusagen die Voraussetzung, damit man den Weg zur vollen Erleuchtung überhaupt beschreiten kann.«

Wir wussten ja schon, dass man inneren Frieden nur erlangt, wenn man die Vorstellung einer festen Identität aufgibt. Also Besitzdenken, Anhäufungen von Reichtum, Egotrips, Zuschreibungen und Bewertungen jeglicher Art sollten der klaren Sicht auf die Dinge weichen. Theoretisch gehört die Hängematte damit uns allen, sinnierte ich, musste aber gleich darauf feststellen, dass praktisch nur ich in die Matte reinpasse. Wegen der Größe.

Wasserbüffel sagte gerade: »Im Wissen, das alles entsteht und vergeht, können wir die Reishalme mal grade sein lassen statt durch unbewusst ablaufende Gedanken, Gefühle und Handlungen immer wieder Negativitäten zu verbreiten, was gehörig Energie verschleudert und vor allen nicht zum ersehnten Ziel, in Liebe zu sein, führt. Der Schlüssel dazu heißt: Nach innen schauen und beobachten, ohne auf Gedanken oder Gefühle zu reagieren. Das trainieren wir ja durch regelmäßige Meditation. Unabhängig davon gibt es natürlich auch Meditationen, in denen wir uns bewusst etwas vorstellen oder ein Gefühl ganz deutlich erspüren und dem nachgehen.

»Und wie kann man nun die volle Erleuchtung erlangen?«, wollte Ayla wissen.

»Auch durch Meditation«, kläffte Kyaal und fuhr fort: »Die Zustände, in denen wir uns an die Ich-Illusion ketten, werden durch Meditieren klarer und weniger, weil wir insgesamt bewusster werden. Wir registrieren was wirklich passiert und auf der Erfahrungsebene – also durch die Beobachtung der Körperempfindungen – erkennen wir dann, dass alles entsteht und vergeht. So habe ich es zumindest verstanden«, meinte Hund.

»Ja. Erst dann kann sich Freude einstellen, die jeden Augenblick einzigartig werden lässt, ohne dass man ihn festhalten will. Frei von Störgefühlen und festgefahrenen Ideen darüber, wie die Sachen sind, ist die Befreiung des Geistes erreicht. Möchte man andere auf die Möglichkeit der Erleuchtung aufmerksam machen, oder ihnen dabei helfen, spricht man von voller Erleuchtung. Merkt euch das: Alle tragen die Anlagen zur Erleuchtung in sich«, endete Wasserbüffel und schnaubte.

»Ach, Hörnchen«, seufzte ich, schaute meinen Freund von der Seite an und rubbelte mir die Ohren. »Du bist schon weit fortgeschritten. Du erlangst bestimmt Erleuchtung. Du handelst immer zum Besten und hast stets das Allgemeinwohl im Fokus. Damit lebst du all die positiven Aspekte, die du uns auf der Reise erklärt und gelehrt hast. Das ist schon beeindruckend.«

»Was für positive Vorsätze?«, wollte Hund wissen. »Leben wir auch danach?«

»Aber natürlich«, meinte Büffel, »die positiven Vorsätze lauten ja:

> *Ich will die Wahrheit sagen.*
> *Ich will keine Ungerechtigkeit dulden.*

*Ich will keine Angst haben.*
*Ich will keine Gewalt anwenden.*
*Ich will in jedem vorerst das Gute sehen.‹*
Außerdem: Anderen hilfreich sein und mich bemühen, nicht zu urteilen, weder über mich noch andere oder gar die Umstände. Nicht der Vergangenheit hinterher zu trauern und mich nicht in Sorgen um die Zukunft zu verlieren.«

»Sondern im Hier und Jetzt leben, denn einen anderen Augenblick als diesen gibt es nicht. Nie«, beendete ich Wasserbüffels Aufzählung.

»Schaut mal, wie viel sich durch diese Reise in uns allen verändert hat. Keiner klaut, plappert, streitet oder bringt Negativitäten in die Welt. Das ist doch herrlich«, strahlte ich.

»Ach Huong, meine kleine Lieblingsratte«, wisperte Büffel und legte seine Schwanzspitze auf meine Schulter. So saßen wir da, Seite an Seite. Kyaal hatte sich ganz entspannt ausgestreckt, lag flach auf dem Boden. Den Kopf auf die Vorderpfoten gelegt schaute er verträumt aufs Meer. Affe hing irgendwo hinter uns in einer Palme. Und Ayla, die saß auf der anderen Seite neben Büffel und glitt mit ihrem Elefantenrüssel sacht über den Sand.

Vor uns rauschten Wasserkräusel ans Ufer. Der Sand wurde nass, das Wasser zog sich zurück, der Sand wurde wieder trocken und so ging es immerfort. Mir fiel auf, dass sich das Entstehen und Vergehen an diesem Schauspiel direkt beobachten ließ. Ich reckte mich genüsslich und fühlte mich im Einklang mit mir und der Welt. Gefühle wahrzunehmen ist ja ganz wichtig. Steckt ja schon im Wort: Gefühl, könnte doch bedeuten, ›geh und fühl‹, selbst wenn das etwas an den Barthaaren herbeigezogen ist. Wenn man nicht fühlen, sondern alles verdrängen sollte, würde es ja nicht Gefühl, sondern Gedränge heißen. However.

Ich schlug einen gedanklichen Bogen, zurück ins Hier und

Jetzt. Wie herrlich am Strand zu entspannen, wenn man so viel erlebt hat und so weit gelaufen ist wie wir. Die Sonne senkte sich und schien direkt aufs Meer. Dabei malte sie meine liebsten Pastelltöne in den Himmel. Beinahe hätte ich Worte der Begeisterung von A wie abgefahren bis Z wie zauberhaft für dieses Schauspiel ausgesprochen, konnte mich aber bremsen, und statt alles auszuplaudern, was mir in den Sinn kam, einfach in Stille genießen. Ich sog das komplette Farbspektakel mit jedem Atemzug in mich hinein. In der Ferne tauchten wieder die Boote auf, die unglaublich weit draußen auf dem Meer schipperten. Und das jetzt, wo es dunkel wurde. Versteh' einer die Homo sapiens. Na ja, dass der Planet auch Menschen beherbergt, hat seine Vorteile. Denn die machen so viele irre Sachen, da wird es für uns Tiere nie langweilig.

Die Sonne fiel ins Wasser und weg war sie. Hinter uns wogen schlanke Palmen im Abendwind. Hund wimmerte zufrieden. Es war tatsächlich, wie er es beschrieben hatte, und ich wusste, dass gerade jetzt alles in Ordnung ist. Weil ich es mit jeder Faser fühlte.


Der Erste, der nach dem Sonnenuntergang sprach, war Büffel: »Heute schenke ich euch eine Meditation. Ihr könnt euch hinsetzen oder legen, ganz wie ihr möchtet.«

»Oh, tolle Idee!« Sofort machte ich es mir bequem. Im Liegen.

Nachdem wir alle unsere Position gefunden hatten, sprach er: »Zuerst konzentrieren wir uns auf unseren Atem. Und dann stellen wir uns vor, dass wir einen wunderschönen Blumengarten in unserem Herzen haben. Auf dem Nährboden der Liebe ist er entstanden und wird mit Fürsorge und Zuneigung gepflegt. Wir haben die allerschönsten Blüten mit einem herrlichen Duft. Und dieser Blumengarten in unseren Herzen beglückt uns, erfüllt uns mit Freude und dem Gefühl der Geborgenheit. Und jetzt binden wir einen herrlichen Blumenstrauß, mit den schönsten Blüten.«

Ich pflückte querbeet wie ein Weltmeister und als ich einen duften Strauß zusammen hatte sagte Büffel: »Diesen Strauß schenken wir in Liebe und Zuneigung demjenigen, der uns hier am nächsten sitzt oder liegt.«

Vor meinem inneren Auge sah ich mich Hund das Bouquet überreichen und die Freude in seinem Gesicht. Da ging die Meditation auch schon weiter

»Jetzt denken wir an unsere Eltern, ob sie noch am Leben sind oder nicht.«

Ich schluckte und machte in Gedanken für meine Eltern den schönsten Strauß zurecht, den ich in meinem Herzen ernten konnte. Ich band Lilien, Rosen, Nelken und allerlei Fantasieblumen kunstvoll zusammen und überreichte ihn meinen Eltern. Und ich zollte ihnen meinen Respekt, meine Zuneigung und Dankbarkeit und sah ihre Freude. Das war schön.

Er fuhr fort: »Und wir denken an unsere liebsten Wesen, mit denen wir vielleicht zusammenleben. Und jeder von ihnen bekommt einen herrlichen Blumenstrauß. Wir überreichen ihn in Liebe, um unsere Herzenswärme zu vermitteln, ohne dass wir erwarten, etwas zurückzubekommen.«

Den Strauß, den ich für Wasserbüffel zusammenstellte, war noch farbenfroher und er wurde so riesig, dass ich ihn – wäre er echt gewesen – nicht hätte tragen können. Als i-Tüpfelchen hauchte ich noch viele rote Herzen drauf, überreichte ihn in Gedanken und freute mich.

»Und wir denken an unsere guten Freunde und Bekannte. Wer immer uns in den Sinn kommt, gleich ob sie leben oder schon gestorben sind. Und wir pflücken für jeden von ihnen einen schönen Blumenstrauß, um ihnen unsere Liebe und Zuneigung und Fürsorge zu vermitteln. Wir erkennen, dass umso mehr wir die Blumen aus unserem Herzen verschenken, desto mehr wachsen dort«, sprach Büffel leise.

Ich sah alle glasklar vor mir, pflückte für Dong Thi Phuc, Annapurna, für Wächterratte und Oberguru und alle, die ich in Saigon kannte sowie meine Bekannten im Nachbardorf bei uns zu Hause. Herrlich. Die Meditation ist echt ein Glücklichmacher, ging es mir durch den Kopf.

»Jetzt denken wir an die, die unseren Alltag bevölkern. Unsere Nachbarn, Lehrer, Verkäufer, Imbissbesitzer, Bauern. Wer immer es ist, den wir öfters treffen, alle sind wichtig als ein Teil unseres Lebens. Und wir überreichen jedem von ihnen so einen schönen Strauß und sehen die Freude, die dadurch entsteht«, leitete er uns an und ich pflückte und verschenkte in einem fort.

»Und jetzt denken wir an irgendein schwieriges Wesen in unserem Leben, das wir ablehnen, über das wir uns geärgert haben. Und wir pflücken und überreichen diesem Wesen die schönsten Blumen unseres Herzengartens.«

Obwohl es mir schwerfiel, für Bauern Nguyen einen Strauß zu binden, spürte ich doch die Erleichterung, die entstand, weil ich unsere Schwierigkeiten fallen ließ und mein Herzchen für ihn öffnete. Zum ersten Mal empfand ich so was wie Verständnis und Achtung für Nguyen und hoffte, es ginge ihm gut, ganz ohne uns. Ich lauschte weiter seinen Worten.

»Jetzt öffnen wir unser Herz ganz weit und lassen so viele Wesen wie möglich herein, um sich an den schönen Blumen zu erfreuen. Als Geschenk darf sich jedes Wesen eine Blüte pflücken, als Zeichen der Liebe, die wir ihnen schenken. Und wir sehen ihre Freude. Nun gehen wir über die Landesgrenzen hinaus, zu den Wesen auf anderen Kontinenten. Wir lassen alle, die ganze Familie der Tiere und Menschen und einfach alle, die den Erdball bevölkern, in unser Herz hinein und wir sehen, wie die Blumen sie erfreuen. Und uns wird bewusst, wie grenzenlos unsere Liebe ist. Und wenn wir die Achtsamkeit jetzt wieder auf uns selbst richten, sehen wir, dass keine einzige Blüte im Blumengarten unseres Herzens fehlt. Ganz im Gegenteil, sie wachsen noch üppiger und prächtiger, weil wir sie verschenkt haben. Und das Glück und die Freude des Verschenkens erfüllen uns und schenken uns das Gefühl der Verbundenheit mit dem Leben.«

Dann schlug Wasserbüffel den Gong. Gerührt sprachen wir die Metta Sätze.

»Mögen alle Lebewesen glücklich und zufrieden sein und die Blüten ihres Herzengartens erwecken«, begann ich.

»Alle Lebewesen, die großen und die keinen, sichtbare und unsichtbare, die in der Nähe und die in der Ferne. Tierische und menschliche« sagte Wasserbüffel. »Mögen sie alle sicher sein und warm.«

»Mögen sie gesund sein an Körper, Geist und Seele«, fuhr Hund fort.

»Mögen sie alle von den Errungenschaften unserer Meditation profitieren«, hörte ich Aylas Stimme.

»Mögen alle Lebewesen weit entfernt sein von Problemen, Krankheit, Ärger und Zorn«, säuselte Affe.

»Mögen alle Lebewesen Liebe in ihren Herzen spüren. Mögen wir und alle Wesen die reine Liebe erlernen, die wahre Liebe, die frei von Bedingungen ist, sondern liebt, um der Liebe willen«, sprach Wasserbüffel.

»Mögen alle Lebewesen glücklich und in Frieden leben, frei von Ablehnung und Anhaftung«, schlossen wir gemeinsam.

In Stille blieben wir sitzen. Eingehüllt in Dunkelheit, in der sich die Vergänglichkeit und das Leben spiegelten. Alle vermeidlichen Wichtigkeiten hatten sich aufgehoben.

Ohne noch etwas zu sagen gingen wir schlafen. Affe, Hund und ich kletterten auf eine Bambuspritsche, die wir heute entdeckt hatten. Ayla und Büffel legten sich nebeneinander davor in den Sand. Ich bemühte mich, die innere Ruhe zu halten und driftete auf einer großen Gedankenlücke in die Welt der Träume.

Vogelzwitschern weckte mich, als es schon hell war. Die anderen schliefen noch. Geräuschlos glitt ich von der Pritsche und schlenderte zum Wasser.

Das Meer hatte, genau wie der Himmel, offensichtlich kein Ende. Bunte Vögel ließen sich auf dem Lüftchen des Lebens treiben und sangen. Schön! Ich drehte mich um und betrachtete die schlanken Palmen. Unglaublich waren auch die Sträucher daneben mit ihren verschwenderischen Blüten. Und mittendrin in dieser ganzen Schönheit stand ich, Huong, Ratte aus Vietnam.

Obwohl ich selbst nur ein pelziges Fleischklöpschen, ein Staubkorn, ja nur ein kleiner Funke war, war ich Teil des Ganzen. Ganzheiten bestehen ja immer aus den unterschiedlichsten Einzelheiten, das wusste ich. Ich fühlte mich randvoll mit Dankbarkeit, glücklich und zufrieden. Das müsste zweifellos das Nirwana sein. Die Erleuchtung hatte ich wahrscheinlich übersprungen, was nur logisch wäre, schließlich gehörte ich schon immer zur schnellen Sorte.

Gedankenversunken hatte ich nicht bemerkt, dass Wasserbüffel auch aufgestanden war und neben mir stand. Zärtlich legte er seinen Schwanz um mich und zog mich zu sich. Er herzte mich und ich herzte zurück. Ich schaute in seine gütigen Augen und mein Herz quoll über vor Liebe.

»Hörnchen«, sprach ich.

»Na was denn, Huong?«

»Ich glaube, wir sind im Nirwana angekommen und haben die Erleuchtung einfach ausgelassen«

»So weit würde ich nicht gehen«, antwortete er. »Wir sind

ein Stück des achtfachen Pfades gegangen, haben geholfen und geschützt, gefühlt, unsere Ernährung und weitere Gewohnheiten umgestellt, haben neue Freunde gefunden, viel gelernt und sind körperlich gut in Form und sind dabei unseren Geist zu zähmen.« Er blickte aufs Meer. »Tja, und was dein Gefühl im Nirwana zu sein angeht Huong, haben wir damit schon wieder eine buddhistische Weisheit, über die es sich nachzudenken lohnt.« Hellhörig geworden drehte ich mich zu ihm um. »Buddha hat gesagt:

› *Glaube nichts, weil ein Weiser es gesagt hat.*
*Glaube nichts, weil alle es glauben.*
*Glaube nichts, weil es geschrieben steht.*
*Glaube nichts, weil es als heilig gilt.*
*Glaube nichts, weil ein anderer es glaubt.*
*Glaube nur das, was Du selbst als wahr erkannt hast.*‹«

»Plötzlich ist alles so klar, Hörnchen. Ich weiß jetzt und fühle ganz genau, dass wir nur diesen Moment haben. Was war, können wir nicht mehr ändern, und was kommen wird, ist ungewiss, und daher lohnt es sich nicht, uns darüber zu sorgen.«

Er nickte. »Du sagst es. Erwünschtes wird mal eintreten und ein anders Mal nicht. Es werden Dinge passieren, die wir nicht möchten, genauso wie das, was wir möchten. Es gibt nur eine Sicherheit: Alles wird sich immer und immer wieder verändern, denn alles entsteht und vergeht. Also bleibt uns nur dieser Moment als Ausdruck vom großen Ganzen.«

»Und als Teil dieses Ganzen fühle ich gerade wie das Leben mich durchströmt und ich mit allem eins bin«, sagte ich.

Die Wellen rollten im Sand weißen Schaum zu Kronen auf, der Glanz auf dem Wasser erinnerte an Sternenstaub.

Und ob jetzt Nirwana oder Erleuchtung oder gar nichts davon – das, was wir haben, ist dieser Moment. Dieser eine Moment, der sich an einen nächsten reiht, der wiederum in den nächsten fließt, über alle Zeiten – möglicherweise sogar über mehrere Leben hinweg. Ich hockte einfach hier, zwischen Himmel und Erde, atmete mich in die Welt und die Weite. Und das Leben atmete mich.

Die Wolken verzogen sich und augenblicklich küsste uns die Sonne. Da sieht man es wieder: Es geht eben immer gen Licht.

Ich popelte bis zum Anschlag in der Nase und fühlte mich gelassen und friedfertig. Dankbar und voller Liebe warf ich dem Leben einen doppelten Handkuss zu.

Und meinen Freunden auch.

# Danksagung

Ich danke der Ratte, die 2011 morgens in Hoi An, Vietnam über die Straße huschte, mich inspiriert hat und seitdem auf jeder Reise mit weiteren Ideen und Themen aus meinem Rucksack klettert.

Für ihre Korrekturen und Anmerkungen danke ich Antje Stender, Kirstin Fossgreen, Karin Meyer, Thomas Daesler und meinem Ehemann.

Ich bedanke mich bei meiner Grafikerin, Vivien Jäkel, die mit ihren liebevollen Illustrationen den Protagonisten noch mehr Leben eingehaucht hat.

Paul-Georg Schönlau danke ich für den Schrift- und Bildsatz.

Ein besonderer Dank gilt meinem Großvater, Ulrich Genzky, sowie meinem Vater, Uwe Genzky, die mir all die Kreativität in die Wiege gelegt haben.

Und ich danke dir. Für dein Interesse an dieser fabelhaften Reise und deiner Zeit, die du den Figuren und den Gedanken dieses Buches schenkst.

Wenn Huong oder Wasserbüffel dich inspirieren, tiefer in die angesprochenen Themen einzutauchen, freue ich mich umso mehr.

Zu guter Letzt danke ich dem Leben, für meine vielen Rucksackreisen durch Asien, und das ich dort 2010 den buddhistischen Pfad entdecken durfte.

Mögen alle Wesen glücklich und in Frieden leben.

# Quellenangaben nach Kapitel

**Hier und Jetzt**
Dhamapada 274-276
http://www.palikanon.com/khuddaka/dhp/dhp.html

**Effekte von Meditation Teil 1**
https://www.spektrum.de/magazin/meditation-veraendert-das-gehirn/1335995
https://www.welt.de/wissenschaft/article123325891/Wie-Meditation-Gehirn-und-Geist-veraendert.html Autorin: Andrea Barthélémy

**Regentag und Mittagsschlaf**
http://www.spiegel.de/wissenschaft/mensch/gesunde-siesta-mittagsschlaf-verlaengert-das-leben-a-466072.html
https://jamanetwork.com/journals/jamainternalmedicine/fullarticle/411678

**Siddharta Gautama**
Alles zum Leben über Siddharta Gautama:
https://www.wissen.de/fest-feiertage/buddha-das-leben-des-siddharta-gautama-2013-08-24
https://www.religionen-entdecken.de/lexikon/s/siddharta-gautama

**Siddharta als Mönch**
https://www.wissen.de/fest-feiertage/buddha-das-leben-des-siddharta-gautama-2013-08-24
https://www.religionen-entdecken.de/lexikon/s/siddharta-gautama
https://www.religionen-entdecken.de/lexikon/h/heilige-schriften-im-buddhismus

https://de.wikipedia.org/wiki/Pali-Kanon
https://www.religionen-entdecken.de/lexikon/e/erleuchtung

## Drei Arten von Leiden
http://www.buddhawege.de/CMS/Drei-Arten-des-Leidens.64.0.html

## Mentales Training
https://www.zeitblueten.com/news/mentale-staerke-trainieren-mentales-training/
Frei nach dem Zitat von Henry Ford. Industrieller / Automobilhersteller

## Nirwana
https://de.wikipedia.org/wiki/Nirwana
https://religion.orf.at/v3/lexikon/stories/2568984/
https://mobil.religionen-entdecken.de/lexikon/n/nirwana

## Gewohnheiten ändern
https://zeitzuleben.de/gewohnheit-aendern/
https://www.habitgym.de/gewohnheiten-aendern/

## Samsara, das Rad des Lebens
https://amp.de.vaskar.co.in/34791/1/samsara.html
https://www.buddhakids.de/html/daseinsbereiche.html
https://de.wikipedia.org/wiki/Sechs_Daseinsbereiche

## Wiedergeburt
https://www.buddhaland.de/lexicon/entry/256-daseinsmerkmale/
https://www.tipitaka.net/tipitaka/dhp/verseload.php?verse=277
http://www.palikanon.com/wtb/patisandhi.html

http://www.palikanon.com/diverses/max_ladn2/lehrebuddhas4.htm

### Ein ständiger Wechsel
You Tube: Körperzellen Rock von Astrid Kuby und Michael Mosaro

### Karma & Karma und Nichtgegebenes
https://www.beachcleaner.de/deutsch/fakten/abbauzeit-von-plastik/
https://www.bund.net/fileadmin/user_upload_bund/publikationen/chemie/chemie_achtung_plastik_broschuere.pdf

### Sechs befreiende Handlungen
http://www.buddhismus-schule.de/inhalte/paramitas.html
https://www.buddhanetz.net/die-sechs-paramitas-des-buddhismus
https://hilftachtsam.de/metta-meditation-anleitung-einfuehrung-texte-uebung-praxistipps/
http://www.buddhismus-schule.de/inhalte/wirklichkeit.html
https://www.taravida.de/buddhismus/35/wirklichkeit-wie-wirklich-ist-sie-wirklich.html
http://www.zitate-und-weisheiten.de/buddhistische-weisheiten/

### Herdentiere
https://www.helles-koepfchen.de/artikel/3525.html
https://www.dgvn.de/meldung/15000-liter-wasser-fuer-ein-kilo-fleisch/

### Ein Vormittag mit Rotschirmchen
https://de.wikipedia.org/wiki/Shwedagon

**Goldener Löwenthron**
http://www.kidsweb.de/religionen_spezial/buddhismus/
grundregeln_buddhismus.html
http://www.phathue.de/buddhismus/die-grundlehren-des-
buddha/der-edle-achtfache-pfad/

**Ego, ich und Selbst**
Zitat: Buddha

**Erleuchtung**
http://www.zitate-und-weisheiten.de/buddhistische-weis-
heiten/
Frei nach: Der Blumengarten-Liebende Güte Meditation (Metta) von Ayya Khema

# Über die Autorin

Nicole Genzky reist seit 1973 durchs Leben und seit Jahren im Winter mit dem Rucksack durch Asien.

Dort befreit sie den Strand von Plastikmüll und entspannt mit aufgeklapptem Laptop, und den Protagonisten ihrer Bücher unter Palmen.

Die restliche Zeit des Jahres lebt sie mit ihrem Ehemann in der Nähe von Hannover.

Mit der »Xiè-Xiè Freizeit- und Erlebnispädagogik für Kinder« bespaßt sie seit 17 Jahren kleine Leute deutschlandweit und hilft Erwachsenen Belastungen loszuwerden und ihr Ding zu machen..